中國學術思想 研究輯刊

二二編

林慶彰 主編

第 1 冊

《二二編》總目

編輯部編

虞翻易學的氣論思想研究（上）

黃嘉琳 著

花木蘭文化出版社

國家圖書館出版品預行編目資料

虞翻易學的氣論思想研究（上）／黃嘉琳 著 -- 初版 -- 新北市：
花木蘭文化出版社，2015〔民 104〕
目 14+168 面；19×26 公分
（中國學術思想研究輯刊 二二編；第 1 冊）
ISBN 978-986-404-358-3（精裝）
1.（漢）虞翻 2. 易學 3. 學術思想
030.8 104014674

ISBN- 978-986-404-358-3

9 789864 043583

中國學術思想研究輯刊
二二編 第一冊 ISBN：978-986-404-358-3

虞翻易學的氣論思想研究（上）

作　　　者	黃嘉琳
主　　編	林慶彰
總 編 輯	杜潔祥
副總編輯	楊嘉樂
編　　輯	許郁翎
出　　版	花木蘭文化出版社
社　　長	高小娟
聯絡地址	235 新北市中和區中安街七二號十三樓
	電話：02-2923-1455／傳真：02-2923-1452
網　　址	http://www.huamulan.tw 信箱 hml 810518@gmail.com
印　　刷	普羅文化出版廣告事業
封面設計	劉開工作室
初　　版	2015 年 9 月
全書字數	472406 字
定　　價	二二編 22 冊（精裝）新台幣 40,000 元

《二二編》總目

編輯部　編

《中國學術思想研究輯刊》二二編 書目

《中國學術思想研究輯刊》二二編各書
作者簡介・提要・目次

第一、二、三冊　虞翻易學的氣論思想研究

作者簡介

黃嘉琳

學經歷：中國文化大學　文學博士

教育部　審定助理教授

教育部　中等學校教師檢定及格

專長：漢代易學、漢代思想

提　要

　　漢代常藉著天地間的殊異形類來展現本體宇宙論，以無限多的有限之物表達無窮之境，身處漢末的虞翻集兩漢《易》學大成並承繼漢代思潮，運用卦體爻象來對應天地宇宙萬物，以「卦變說」、「卦氣說」、「月體納甲說」及「逸象說」等將本體宇宙思想展現在卦爻間，本文先釐清虞翻《易》學體系中所建構的基本架構，再歸納分析虞翻的思想理路，進而探求虞翻《易》學中的氣論思維。

　　第一章爲「緒論」，闡明研究動機與目的、研究方法及前人對此議題研究的相關文獻作一歸納整理。「研究動機與目的」簡要敘述氣論思想在先秦發展的概況，列舉史書、道家、儒家等先秦氣論思想。

　　第二章爲「虞翻生平及著述」，「虞翻生平」由家學溯源談起，再以四個不同階段闡述虞翻生平，最後對於虞翻生卒年總歸整理，生卒年之說有四，本文列舉各家說法並提出己見。「虞翻著述」分成「專門著述」與「注解之作」兩個部份說明。

　　第三章爲「虞翻《易》學思想背景」，第一節爲考察《易》學源流，由《史記》、《漢書》中對孔傳《易》學脈絡進行論述，第二節說明秦火對於《易》學的影響，進而造成今古文經之爭，並闡述《易》學與五經博士之關聯，第三節則介紹漢代《易》學流派，其中列舉與虞翻思想較爲密切的《易》學家來進行介紹，分爲「西漢占驗派象數《易》學」、「東漢注經派象數《易》學」及「漢末《易》學與丹道融合」三部份說明，西漢《易》學家有孟喜、焦延壽、京房，東漢《易》學家有鄭玄、荀爽、虞翻，最後敘述漢末魏伯陽將《易》學與丹道相互結合。

　　第四章爲「漢代氣論思想」，以《春秋繁露》、《白虎通義》論「儒家之氣」，以《淮南子》、《老子指歸》論「道家之氣」，以《太平經》、《周易參同契》論「道教之氣」，以《論衡》、《潛夫論》論「自然之氣」，以《京氏易傳》、《太玄經》、《易緯》論「《易》家之氣」，最後總結「《易》家之氣」的特色。

　　第五章爲「虞翻之《易》學基礎建構」，《易》學基礎建構篇幅較大，故以兩兩相關爲一組來介紹虞翻《易》學體例，第一節爲「互體說」與「連互說」，第二節爲「互反說」與「旁通說」，第三節爲「半象說」與「兩象易說」，第四節統合其它《易》學體例，分別有「中」、「伏」、「承」、「據」、「乘」、「應」、「數」。

　　第六章爲「虞翻之『至神謂易』論」，闡述虞翻《易》學思想中本體世界之建構，由至神之易而生乾坤兩儀，再藉由乾陽坤陰相摩相盪，變化陰陽，同氣相求，品物流行，最後論述五行與三才之道。

　　第七章爲「虞翻之『乾坤生六子』論」，「卦變說」敘述乾坤生六子，消息卦生雜卦，藉此開展出卦爻體系，「卦氣說」則將卦爻與氣候相互對應，以四正卦主四時、值月，十二消息卦值月等闡明卦與氣之相應，「月體納甲說」則以月相的盈虛圓缺與卦爻對應，「逸象說」爲虞翻延伸擴展世界的法則，以八卦之象比附各種物類，藉以構造整全氣論世界。

　　第八章爲「虞翻之『以乾通坤，進德脩業』論」，藉《易》道主變開啓道德修養論，修養過程需與時偕行，以達既濟之終，又藉由「爻位貴賤吉凶說」、「人事貴賤爻位說」象喻人之行事，最後透過乾坤相通，持敬行義，居寬行仁，善改其過，使賢者成聖，聖者能與天地合德，鬼神合吉凶。

　　第九章爲「虞翻對後代《易》學之影響」，本文列舉四個《易》學家存有氣論思維者，有宋代張載「乾起知於易，坤效法於簡」，如虞翻以乾爲易、坤

為簡，宋代邵雍「先天易之卦氣」，承繼孟喜、虞翻之四正卦而獨自開創一套卦氣系統，明代王夫之「乾坤陰陽即太極實體」，以乾坤為陰陽二氣，太極之實有即乾坤，建構本體宇宙整體觀，清代惠棟以「易」為氣變之始，再敘述卦與氣的關係，此即《易》學思想中有氣論思維脈絡的延續與遞嬗。

　　第十章為「虞翻《易》學氣論思想之價值與特色」，說明虞翻《易》學體系的本體宇宙思想，尤其對氣論思想進程的建構及陰陽二氣在《易》學卦爻中的開展與表現。

目　次
上　冊

第四、五冊　清初浙東《易》學研究——以黃宗羲、黃宗炎爲中心作一考察

作者簡介

　　李鴻儒，東吳大學文學博士，現爲中華文化教育學會理事、東吳大學中文系助理教授，主要研究與教學領域爲《周易》理論與應用、易學史、道家思想、文獻考證、宋代圖學、國學導讀、中國古典要籍選讀及國文教材；著有《周易爻變思想研究》暨〈論《易》學的全型發展〉、〈論《周易》的「感應」與「共性」思維〉、〈黃宗炎《周易象辭》初探〉、〈論文化道統對社會功能的實踐——以《周易》爲例〉、〈論《周易》爻辭的結構向度與道德涵義〉、〈論《老》、《莊》的陰陽觀——兼述「道」與「太極」的關係〉、〈老子思想與《易》相通論〉等單篇論文。

提　要

　　夫「天崩地裂」之明末清初，固以辨證批判、回歸經典爲其《易》學之內涵；然就清初浙東學人而言，其力圖恢復《易》之原貌，且於《易》學有專著、對後世影響較廣者，唯黃宗羲（1610-1695）、黃宗炎（1616-1686）昆

仲耳！故自清世以至近代，學者於清初浙東《易》學家之探究與評議，多著眼於黃氏二人；儘管如此，彼等於宗羲、宗炎《易》學之析論與評述，洵有未盡與商榷者。

本書於論述上，採用夾敘夾議方式；至若探究內容，則可析分爲八大項：

其一，考述宗羲、宗炎之生平學行——所謂「論世」而「知人」，藉由考述二人之生平、著述、交游及治學，方能讓本書更臻於完善。

其二，論宗羲、宗炎《易》學之淵源——黃氏昆仲之《易》學，除本乎「自得」外，其淵源於「家學」、「經傳」、「師友」及「先儒」者，洵不可掩也。

其三，探究宗羲、宗炎《易》學之底蘊——宗羲之《易》學底蘊，非惟呈顯於《易學象數論》對「象」、「數」之窮究與辨正，其於相關著作中闡發義理、崇聖尊儒、宣揚仁義及援《易》論政之著墨，亦爲不可或缺之要素；至若宗炎，其《易》學底蘊自涵藏於《周易象辭》、《圖學辨惑》及《周易尋門餘論》等三書中，且行文脈絡與論述指涉，可梳理爲「象數篇」、「義理篇」及「圖學篇」。

其四，紬繹宗羲、宗炎《易》學之主張——宗羲之《易》學主張，涵蓋「太極爲萬物之總名」、「萬殊皆爲一氣所統」、「理、氣、心合一」……等九項；宗炎之《易》學主張，則可歸納爲「心性情合一」、「《易》爲文字之祖」、「道德事功合一」……等七項。

其五，檢覈宗羲、宗炎《易》學之得失——審乎二人之《易》論，固多有可取者，然可議之處亦不乏見。

其六，釐清宗羲、宗炎《易》學之同異——綜觀二人之《易》學，其持論相異者固有之，而同者尤多；前者（異）蓋緣於自得與個人遭遇，後者（同）則繫乎家學、師承、經傳及所處學術氛圍。

其七，審視宗羲、宗炎《易》學之影響——宗羲、宗炎既爲清初批判圖書之舵手，則二人對後世《易》家有所影響，乃自然之理；其中，宗炎所倡「陳摶刻《極圖》於華山石壁」，暨周子《太極圖》「雜以仙眞」、《太極圖說》「冒以《易》道」，儼然已爲當世學術之主流。

其八，權衡宗羲、宗炎《易》學之評價——諸家於宗羲、宗炎之《易》學，固有咎其失者，而贊譽爲多；且所評或侷於《易學象數論》一書，或以《周易象辭》、《尋門餘論》、《圖學辨惑》分論，洵未有就其整體《易》學而

發者。

此外，透過釐清宗羲、宗炎《易》論之同者，乃得以窺見清初浙東《易》學所蘊藏之主體意識：其一，尊師而不囿於師；其二，批圖數而歸經傳；其三，窮辨證而貴創新；其四，講德功而重致用；其五，崇氣論而究情性；其六，護儒學而斥佛道。儘管如此，其間多藏有可議之處！蓋「門戶之見」向來為學者所詬，然學者多有涉入其中而不自覺者！雖掌舵清初浙東《易》學之黃氏昆仲，仍不免落入此氛圍。竊以為，篤守經傳、聖訓，自是可取；而闡發《易》理、擴充《易》用，亦可贊矣！

目　次

上　冊

第六冊　錢澄之《田間詩學》研究

作者簡介

　　江曙，1985 年生，男，安徽桐城人，現暨南大學在站博士後。南京大學文學博士，研究方向爲明清、近代文學。博士學位論文爲《商務印書館與中國近代小說（1898～1919）》，博士後研究方向爲方言與中國近代小說。主持博士後資金資助項目與研究生科研創新項目各一項，在核心期刊發表學術論文十餘篇。

　　林紅，1986 年生，女，江西宜春人，暨南大學研究生。研究方向爲《詩經》、明清學術史。在核心期刊發表《虎座飛鳥性質用途論》、《漢唐之間袁氏世系考證》等多篇論文。

提　要

　　本書以錢澄之的《田間詩學》爲研究中心，通過細緻的文本研究總結它的注釋特色，並概括它的詩學理論與風格，從而定位它在明清《詩經》學史上的坐標與地位。錢澄之作爲明末清初遺民的代表人物，通過與同爲遺民的「清初三大家」之一王夫之以及貳臣孫承澤進行比較，在這種雙向的比較中凸顯遺民身份對他們《詩經》學研究的影響，從而對這個群體的《詩經》學著作做一個獨特的關照，論述錢澄之《田間詩學》在遺民《詩經》學史中的

地位與作用。

《田間詩學》採用博採諸家、斟酌舊解並有所發揮的「學體」，在個人發揮、識斷的部分採用「按」、「愚按」的形式，從地點解釋、說解語義、名物訓詁、間附己見、標示章旨脈絡等不同層面來詮釋經文大義，運用歷史參照、引經據典、禮學釋義等方法。

《田間詩學》在詩學理論上重點探討詩樂關係，主張詩全入樂，提出「以聲為用」；論《周南》、《召南》之「南」，把「南」理解為一種特殊的古樂；關於十五國風的次序，他承襲他父親的觀點，「認為國風之次第，可以觀周室之世變焉」；大雅、小雅之別，指出應以音樂性質的差別來區分；三頌論，認為頌為音樂，並做區分。「《商頌》雖是祭祀之歌，祭其先王之廟，述其生時之功，正是死後頌德，非以成功告神，其體異《周頌》也。《魯頌》主詠僖公功德，才如變風之美者耳。又與《商頌》異也。」《田間詩學》漢宋兼採，繁複引用並有所創新，語言通俗平易，且有遺民底色。

通過與同為明遺民的王夫之和與身份迥異的貳臣孫承澤比較，突出遺民身份對《詩經》研究的影響。最後定位錢澄之《田間詩學》在明清詩學中的地位，並強調它在遺民《詩經》學研究中承上啟下的作用。

目　次

第七、八冊　莊述祖《詩經》學之研究

作者簡介

　　姜龍翔

　　現職：國立高雄師範大學國文學系助理教授

　　學歷：國立高雄師範大學國文學系文學博士

　　　　　國立高雄師範大學經學研究所文學碩士

　　　　　國立臺南師範學院語文教育系教育學學士

　　經歷：小學教師

　　　　　國立高雄餐旅學院通識教育中心兼任講師

　　　　　私立正修科技大學通識教育中心兼任助理教授

　　　　　國立高雄師範大學經學研究所兼任助理教授

　　專長：詩經、尚書、朱子學

　　著作：朱子《詩》《書》學義理思想研究

　　　　　莊述祖《詩經》學之研究

　　　　　其他期刊論文計四十餘篇

提　要

　　莊述祖乃清代常州學派之先驅，學者對莊述祖學術特質的認識多集中在與劉逢祿、宋翔鳳《公羊》今文學之間的傳承，而忽略莊述祖本身學術面向之廣度。據此，筆者透過莊述祖《詩經》學之研究，闡明莊述祖崇尚《毛傳》，推崇古說，有別於今文學派之主張。而莊述祖《詩經》著作為《毛詩考證》

及《周頌口義》，由此可看出其學術性格之兩種向度：前者表現其於文字考據之研究，可與乾嘉考據學接軌；後者闡述其聖王天道之理想，乃上承莊存與，下啓劉逢祿，影響今文學派的政治主張。透過本文的研究，試圖還原莊述祖之學術在乾嘉學派及常州學派之間所發生之轉變。本文共分六章：第壹章〈緒論〉，說明研究主題、方法、目的、學術價值以及相關文獻探討；第貳章〈莊述祖生平、著作及師友淵源〉，介紹莊述祖生平事蹟、學術養成歷程、著作存佚及師友淵源；第參章〈《毛詩》文字考證之評述〉，針對《毛詩考證》及《五經小學述》關於《詩經》之解說，逐條進行分析，並參考歷代學者及新近出土文字資料，爲《毛詩》異文作一銓定；第肆章〈《詩經》篇章大義之闡述〉，針對《周頌口義》中討論《周頌》之大義內容，逐條進行說明。第伍章〈莊述祖《詩經》學之分析、影響與評價〉，討論莊述祖對於《毛詩》異文考證之分析、《詩經》研究之方法及重點歸納並分析其《詩經》學後世學者的影響及學者的評價，並提出自己的評論。第陸章〈結語〉，綜合全文的論述，敘述研究的結果與心得。

目　次

第九冊　周代喪葬禮制思想研究——以士爲中心

作者簡介

　　楊婕妤，1984 年生於桃園縣大溪鎮。元智大學中國語文學系碩士班畢業。曾任莊雅州教授國科會研究助理、孫長祥教授元智經典五十助教，曾任職桃園縣至善高級中學國文老師，現爲桃園縣育達高中國文老師。

提　要

　　本文主要以「士禮」爲出發，針對「三禮」中「喪葬」之範圍，深入討論其思想與意義，從喪葬之禮彰顯「人存在的價值」問題，以期能供當前喪葬禮作一反省，或能注入傳統文化之智慧。

　　人面對生命的有限性，感到徬徨不安，希望能毫無遺憾地過完此生，更不希望自己死後便毫無價值地被丟棄，因此從處理死亡、死後的問題，最能掌握人對自身生命的意義。喪禮的過程中，能使生者的悲傷情感獲得宣發，並理智地接受死亡的事實，更透過儀式中的每一步驟展演各種倫理、價值等行爲模式，使觀禮者學習與觀看喪祭之禮，了解喪禮、祭禮意涵後，更重要的是如何好好的把握人生在世的時期，並立即去實踐，以盡一個人應盡的義務；期望建立自我生命不朽的價值與意義，並且在參與喪禮的過程敬慎其事，可直接或間接的起到功德教化的社會功能。總而言之，周代喪禮特色在回歸人本身的主動性，決定人生的方向、追求人存在的意義、實踐生命的價值，

導致喪禮走向「生命價值」的追尋、「功德價值」的崇拜。由個人爲起點的喪禮，還更整個社會族群的人倫倫理與社會價值體系，更推向「慎終追遠，民德歸厚」的社會意義。

目 次

第十冊　從儒家之「經權辯證」論道德衝突問題

作者簡介

蕭美齡，台灣台南人，1974 年生於越南西貢。國立中央大學哲學研究所碩士，東海大學哲學系博士。現為朝陽科技大學通識學院兼任助理教授，開設人生哲學、心靈經典導讀等課程。學術興趣為先秦儒道哲學、中西倫理思想比較研究。

提　要

本文以儒家之「經」、「權」關係及倫理學上的「道德衝突」概念為線索，嘗試在「道德衝突」的脈絡上梳理儒家對「經」、「權」關係的各種討論，並以此作為消解日常生活上各種「道德衝突」之參考或指引。

筆者的討論主要分為三個部份。在第一部分，筆者首先釐清儒家「經」、「權」二概念之意義，並由此敘述宋明儒者有關經、權關係之論辯及當中所反映的經權辯證意涵。這可說是一描述性的工作。至於第二部分的工作則可說是規範性的。筆者試對義務論、效益主義與德性倫理學對於道德衝突問題之思考方式作出比較，從而歸結出有助於妥善解決道德衝突的幾項依準。最後一部分則可說是批判性的。本文試圖主張：儒家非但特重道德心之覺醒，對「人格整全性」之護持亦甚強調。要言之，儒家的行動主體在其人格之整全中，在道德行為上可達成以下效果：一、免受私欲所蔽；二、在涉及各種人倫關係的活動中，不會因為無法同時滿足不同的道德價值或信念，而產生不必要的情緒。三、在一般情況下，他能堅持普遍的道德法則；在面對事態的變化時，他卻能因事制宜，作出恰如其分的道德裁量。本文將指出，儒家此一立場，恰可與義務論、效益主義和德性倫理學這些西方道德理論互補長短。

目　次

第十一冊　孟子「中道」思想研究

作者簡介

　　董祥勇（1980～），男，江蘇鹽城人，哲學博士，淮陰工學院人文學院副教授，南京信息工程大學中國哲學與文化研究所兼職研究員，淮安市哲學學會理事，研究方向爲先秦哲學、中西文化比較。曾在《學術月刊》、《湖北社會科學》、《理論與改革》、《蘭州學刊》等刊物發表論文 20 餘篇。

提　要

　　在孟子繼承與發展儒學的努力中，「中道」乃是他的思維進路和基本方法，更是儒學本旨下的價值理想；而作爲哲學觀念，「中道」則是孟子哲學理論的重要內容，也滲透於其中的所有環節和領域。身爲「中庸」的具體形態，「中道」的內涵無疑與之具有一定的共性，但是，獨特的歷史境遇及其個人的理論風格，又決定了孟子視域內的「中道」有其特質。

　　性善是孟子哲學中較具特色的主張，也是「中道」的基本依據。爲他所力主的性善，固然充滿著濃鬱的先天既成色彩，但卻並沒有排斥其後天生成性，「擴而充之」亦是性善的重要維度，是「中道」視野中性善的本有意向。作爲「四端」之一的「是非之心」，是智的根本內容，智則是其展現形態，它是認識論上的，更是價值論上的，而是否智，乃是能否「中道」而行的內在機制。「禮」是性善論的重要內容，本於「中道」爲訴求，禮背後所挺立的，乃是德性與其價值，然禮及其存在又具有相對性，故孟子又有較爲明顯的納禮於「權」傾向。

　　孟子就德行的主張，是以德性爲其旨的，但「中道」精神在德行層面的鋪展，又使之相應地更爲複雜。他對聖凡關係進行了考察，尤其是主張正視「狂」和「狷」，認爲可以經由價值的塑造，使兩者趨近於「中道」。至於德行中的義利關係，義首先被視爲重要的道德因素，然而，面對現實的利（功），孟子又主張相對地顧及，從中也閃耀著「中道」的影子。己與群的關係，涉及德行如何展開的問題，孟子也力圖於其中貫徹「中道」理念，從利的層面而言，群利更多屬於義的維度，因而個體應服從群，自德性的層面而言，個體之德與群德可良性互動。

　　至於「中道」在社會發展層面的推展和目標，顯然是集中於王道的。民是政治實踐的焦點，有見於民及其作用，孟子重視德性教化對民之「恒心」的必要性，但又正視利對民的重要意義。君臣關係的處理，也是王道的重要環節，在「中道」精神下，孟子坦承君臣在「位」上的高下，但他卻有著相當的以德定「位」的傾向，使君臣之間多了幾分複雜性。王道的主體，則是富有道德的王，即內聖是王的德性本質，所以，尊王賤霸是孟子的根本立場，然而，他又並未絕然否定霸及其意義，相反，霸可以實現向王的上達，這也成了「中道」的有力注腳。

　　仁義乃孟子哲學的德性之本，也是「中道」的德性支點，自其道德實質

而言，「中道」與仁義是二而一的。具體來說，仁和義源自於天道，是本就內在於人的，不過，它們又是在人的道德踐履中，彰顯自身及其價值的。天人之際的互動與協調，也是「中道」的首要原則和終極目標，天人合一是孟子哲學的總旨，天與人之間的互動蘊含並展現著「中道」，同時，更是後者進一步展開的本體論前提和判斷準則。

「和」也是「中道」的重要內容和目標，體現了對不同性質的「端」的統一性的追求，然而，「中道」意義上的「和」，並不是純粹形式層面的，而是有道德的剛性品格作支撐的。缺乏剛性內質的「和」，實際上就是「鄉愿」，與「中道」有本質的差異，揭露並批判「鄉愿」的最佳途徑，便是如孟子所說的「反經」。無視這一點，將易陷入認識上的誤區，而「中庸」（「中道」）曾經的歷史命運，也作出了相應的佐證。

目　次

第十二冊　荀子與儒家六藝經典化——出土文獻視野下荀子與儒家經典生成研究

作者簡介

　　崔存明，北京印刷學院社會科學部教授、「北印學者」。1970 年生，籍貫遼寧大連。1999 年獲北京師範大學歷史學碩士學位；2011 年獲首都師範大學歷史學博士學位。主要從事先秦史與大學公共歷史課教學與研究工作，發表學術論文 21 篇，出版古籍整理著作《萬曆杭州府志》（中華書局 2005 年，合著）、《傳習錄注》（首都經貿大學出版社 2007 年），譯著《語言的歷史》（中央編譯出版社 2012 年，合著）。

提　要

　　經荀子發展的儒家思想對漢代以降中國社會制度的演變與文化傳承都產生了實質性影響。與此不相適應的是學術史上對荀子的評價卻長期毀譽參半，造成荀子對儒家思想貢獻與其歷史命運的悖反。這種現象直到清代才有所改觀：考據學家們在對宋明理學之弊的反思過程中，揭示出荀子對儒家經典文獻的闡釋與傳承之功，從而開啟了一條重新評價荀子歷史地位的新途徑。透過這一新視角考察發現，荀子一生以發揚光大孔子所開創的六藝之學

為己任，他的學術活動主要是以儒家六藝之學的講授與傳承為根本。荀子在講授六藝之學的過程中，對諸子思想進行充分的批判與綜合，吸取各家思想之精華、捨棄其糟粕，實現儒家思想的綜合創新，從而不斷加強了儒家六藝文獻的影響。因此，荀子對儒家六藝的講授與傳承一方面實現了儒家思想的綜合創新，另一方面也促進了作為儒家思想載體的六藝文獻的經典化，使之得以傳承千載。然而，清代以前的傳統荀子研究大多聚焦在討論荀子對儒家思想的貢獻方面，而忽略他對儒家經典的形成與傳承之功的考察。有鑒於此，本書在清儒成就基礎上引入經典化理論視角，利用出土文獻研究荀子與儒家六藝經典化，以期為結合時代發展重構荀子及其思想的學術價值與歷史地位做出新的努力。

目　次

第十三冊　老莊自然觀念新探

作者簡介

　　蕭平，字無陂，號抱樸，湖南長沙人，哲學博士，現任教於湖南師範大學公共管理學院哲學系，主要研究中國古代哲學，尤其是道家道教，目前正致力於道家自然觀念史、道家情感哲學、語言哲學的研究。已出版《自然的觀念——對老莊哲學中一個重要觀念的重新考察》和《傳習錄校釋》兩部專著，在《中國哲學史》、《孔子研究》、《中州學刊》、《文化中國》等海內外刊物上發表論文十餘篇，數篇被人大複印資料《中國哲學》、《倫理學》轉載。

提　要

　　本書嘗試擺脫科學自然觀的研究範式和自然哲學的研究進路，從哲學自然觀的角度入手，借助哲學語義學與觀念史的研究方法，重新考察了老莊自然觀念的基本意蘊及其歷史淵源，揭示了自然觀念的內在張力及其歷史影響。

　　本書認爲，老莊的「自然」蘊含著雙重內涵：一是根源性自然，源於「自」的「原初、本始」含義，強調天地萬物根源於道的原初本性，是謂「物之自然」。老莊主張尊重萬物之本性，以「無爲」來規範人的行爲方式，體現了理性的科學精神。二是自覺性自然，源於「自」作爲反身代詞「自己」的含義，強調人自己而然、自覺而然，是謂「人之自然」。老莊深刻地反思人類文明發展的現狀，主張人應當自主其生，自覺地生存在世，宣揚人的主體性與自由，體現了深厚的人文精神。老莊的自然是人之自然與物之自然的統一，也是科學精神與人文精神的統一。「自然」是道家哲學的核心價值觀念，蘊含著對一切存在者生存境域的關注，尤其強調人的自由精神，在歷史上產生過重要影響，對現代人的生存與發展有重要的意義。

　　然而老莊的自然蘊含著雙重張力：一是道生萬物與萬物自生之間的緊張，二是物之自然（必然）與人之自然（自由）之間的緊張。這種內在張力集中體現在道家自然觀念的歷史演變上，漢代的宇宙生成論著重發展了物之自然的內涵，而魏晉道家則宣導人之自然，反映了人性的自覺，體現了對自由精神的追求。

目　次

第十四冊　自然與自由的統一——莊子與康德的比較研究

作者簡介

　　路傳頌，1983 年生，安徽省阜陽市界首市人。2006 年畢業於淮北煤炭師範學院歷史系，獲歷史學學士學位，同年進入西北大學中國思想文化研究所學習，主要從事道家思想文化研究、中西方思想文化比較研究，分別於 2009 年獲歷史學碩士學位，2013 年獲歷史學博士學位。2013 年開始留校任教，教授「歷史學與思想史」「秦漢思想史專題」「中國傳統文化概論」「批判性思維」「西方哲學基本問題及理論」等課程，發表論文多篇。

提　要

　　當代社會迫切需要重新思考人與自然之間的關係，中國古代哲學家不遺餘力地探討「天人之際」，為當代人提供了豐富的智識資源；西方哲學對自然與自由的關係的討論同樣是對這一問題的思考。莊子與康德對此問題的看法在各自的文化傳統中都具有典型性，對莊子與康德的比較研究有益於當代人對這一問題的重新思考。

　　莊子與康德二人都把自然分為可知的自然和不可知的自然兩個維度，即「道」與「物」、「物自身」與顯象以及感性自然或感官世界。就不可知的自然與自由的關係而言，莊子的道與康德的物自身概念在各自的思想體系中，佔據著相似的地位，發揮著相似的功能，都是自由的超感性根據，為自由提供可能性。物和顯象屬於可知的領域。莊子認為實體化、客體化的物是從氣化之流的整體中分化出來的，是一種暫時的形態；物與物之間處於彼此對立、相互依賴關係中，是有限的、不自由的。康德認為物（顯象）本質上是物自身在心靈中的再現，根據心靈用以描述自然的範疇，物遵循嚴格的因果必然律，沒有自由。

　　莊子與康德二人也都把自我分為真實自我與經驗自我兩個方面。莊子一方面主張擴大自我認同的範圍，不受軀體的限制而把整個自然作為精神的府宅，另一方面主張虛化「成心」亦即經驗自我，使心靈保持開放，不受任何教條式的思想、觀念的束縛。康德認為自我不在自然之內，而是自然的邊界、自然的立法者。康德把純粹理性作為真實自我，實際上是用理性佔據了物自身的位置，並把認識論中的消極本體轉變成實踐中的積極本體。與此不同，

莊子否認任何單一的心靈屬性或精神力量有資格成爲眞實自我，而是把「德之和」作爲人的本質自我。

康德的「先驗自由」是一種與自然不相容的自由，不存在於自然之內；康德的「自律」應該被修正爲一種理想化的後天自由，是擁有自由意志的主體應該追求的目標。莊子的「自然」概念本身就含有自由的涵義，自然與自由是相容的；「逍遙」和康德的「自律」一樣也是一種理想化的後天自由，但「自律」是理性的道德自由，伴隨著人的感性被壓抑的痛苦意識，而「逍遙」則是一種審美化的自由，表現爲心靈的諸種精神力量之間的和諧。

康德的自然概念與自由概念之間存在著一個鴻溝，需要用審美和目的論來溝通。康德以「美」統一了自然與自由，但自然與自由的統一隻是通往自由的橋梁，康德的最終目標是要超越自然，達到自由的彼岸。康德在目的論中所承諾的自然與自由的統一，是在以人爲目的、以自然爲工具的等級關係中的統一。莊子認爲根源於「成心」的自我中心主義和人類中心主義使人與自然相互對立，並使人自身陷入不自由的生存狀態之中。康德認爲「自律」的關鍵在於一種思維方式的轉變，莊子也同樣認爲「逍遙」有賴於一種「用心」方式的轉變，並寄希望於通過一種審美的「用心」方式，克服自我中心主義和人類中心主義，恢復人與自然之間的和諧。自然與自由的統一，對莊子來說不是橋梁，而是終極目標。

目　次

第十五冊　馬其昶《莊子故》研究

作者簡介

　　林柏宏，臺灣台北人，1984 年生。世新大學中國文學系碩士班畢業，現為國立臺灣師範大學博士候選人，研究領域為莊子、易經、詮釋學。

提　要

　　清代學者馬其昶，被譽為桐城派殿軍作家，其學遍及經史子集，著有《莊子故》一書，而享譽盛名。其稟受漢學家學，並師承桐城，故有漢宋兼具的治學色彩。由於治學不囿門戶，故《莊子故》能採集 193 種文獻資料，而為清代採集最博之《莊子》注本。

　　注釋間的歸納與比較，為本文最主要的探究方法。透過歷代莊學注本的比對，檢視《莊子故》的注釋效力，並藉此凸顯其思想內容的準確性以及侷限性。就訓釋內容而言，此書一方面存著大量文獻考訂、音義辨析；另一方面也注重章節篇旨的架構聯繫，透過不同進路之琢磨，以宏觀之視野對莊子思想進行考察。然有承桐城派雅潔宗旨的影響，其資料經過大量刪汰、精鍊與修訂，逐漸鎔鑄為馬氏注莊思想的一家之言。

　　與同時期注本相較，馬氏《莊子故》不同於王先謙《莊子集解》訛誤甚多而有待修訂，亦不同於郭慶藩《莊子集釋》多取他人意見而少自己見解（且多排抑宋明學者意見）。《莊子故》無論就訓釋規模或注釋效度來看，其價值實皆超出同時期著作。

　　《莊子故》逐漸不傳的原因，並非在於學術價值不高，而在於分別為嚴復《莊子評點》、錢穆《莊子纂箋》與胡遠濬《莊子詮詁》作為藍本來參考，以隱流之形式保存於後代著述而傳承至今，再加上王叔岷先生《莊子校詮》集大成之勢，馬氏《故》之式微也就成為必然趨勢。評介此書之學術內容與

價值意義，正是本文所著力的地方，然亦藉由此書的研究，釐清近代莊學注解的發展脈絡，並對《莊子》思想的疑義內容，作一嘗試性的解決，也算是以當代視角，對莊學相關問題，盡上一分文本詮釋的努力。

目　次

第十六冊　秦漢之際陰陽五行政治思想源流研究（修訂版）

作者簡介

　　李國璽，淡江大學中國文學系學士，中央大學哲學研究所碩士，台灣大學哲學研究所博士。主要研究領域為先秦周易經傳與秦漢陰陽五行。

　　在為學方法上，主張由文字、聲韻、與訓詁等傳統中國語言學方法為主，並結合現代語言研究與語言哲學為輔佐而進行研究；於文獻引證上，則不侷限於以經史子集或是現代學門各種分類加以區別，務求旁徵博引，詳細考察，盡力還原古代思想之內涵與風貌。

　　另外著有《由春秋時期的筮策占斷論易經之詮釋與運用》一書。

提　要

　　本文是以殷周以至秦漢的「陰陽五行」概念之源流及演變作為探討對象，以此一時期之史書、子部諸書、五經為經典資源，檢視「陰陽五行」一詞核心意涵，及其相關之概念。

　　首先是討論商周之際，「五行」一詞概念的起源，由於目前最早的文獻紀錄中，「五行」一詞在《尚書‧周書‧洪範》僅表示「金木水火土」的物質性意義，即為後世所稱的「五材」。然而在〈洪範〉篇之中，已與「五味」相結合，因此「五行」已不是一個單純的字詞概念，然而及至春秋時期，「五行」擴及至一年之中季節劃分的概念，然而在眾多古籍之前，「五行」是為曆制的概念，迅速地為四季所取代，因此在眾多的古籍之中，「五行」仍然保留其為曆制的看法或類似性敘述。本章主要是先行考證「五行」的本然性意義與「五材」之外，也將「五行」為曆制的觀念作一番探討與辨析，探討時期上自商

周之際下至春秋，其主要探討的原始文獻爲《尚書》、《大戴禮記・夏小正》等篇章。

而「五行」的概念自戰國而至秦漢之際，也開始言及「五星」，而「五星」之所以與「五行」之概念相結合，一方面固然是古代天文學的進步與發展所致，另一方面也與西周末年而至秦漢所提出的「陰陽之氣」與「五行之氣」有所關聯，而「氣」的觀點及至秦漢，已成爲古人解釋天地萬物的一個最主要的哲學概念，職此之故，「五行」遂與「五星」相結合，基於古人向來有天地崇拜的自然觀，與效法古代聖王之政治觀，於是將「五行」與「五星」相互連結。

再者則是討論「五行無常勝」到「五德相勝」其中概念之相關與差異，並且說明其沿革。也承襲上一章節所言：古人認爲「五星聚會」是表示朝代更迭的天文異象作爲基礎，而後以《史記》記述之歷史爲主要脈絡，與《呂氏春秋》所提出「五行氣勝」的概念，進而討論古代中國對於政權更迭，與古代政治上所謂之三皇五帝、三王五霸聖人政治觀等演變，並如何與鄒衍「五德相勝」之說連結。

然後進而論述「五行」的概念如何作爲「五德相勝」說的基礎與建構其體系，並約略說明「五德」之說的政治理論對於正朔與服色等觀念的影響。而「五德」之說又如何產生了朝代更迭的政治預言觀，也進而確立了黃帝在中國歷史與政治上作爲始祖的起源地位。

再者則是辨析古人如何以「氣」與陰陽五行，來解釋音樂概念中的自然發生觀，並且由古人對於音律的說明，討論人爲所制定的音樂何以同於天地自然陰陽五行的規律，以及「數」的本身如何在古人的觀點中呈現某種自然規律性，如同天象曆法的往復規律性質般的視爲某種上天意志的表徵，產生通貫事物原則的效用，並且成爲建構音樂的核心元素，進而能夠呼應與調和天地自然，並且說明音律何以成爲政治運作的制度。而此觀點在各家學者的闡述之下與發展，「五音」、「五氣」、與「五行」至此於漢代完成聯繫，納入廣義「五行」的系統中，完成樂之終始法象於天，音律稟於天地陰陽之氣，由其數可推至星曆，其協同民人相和以致同心同德的和諧架構。

基於禮是政治制度最高的運作法則，因此樂與陰陽五行皆成爲政治制度中的核心元素；其特徵是由「樂」與「陰陽五行」之基本規範逐步擴充，構築成爲天地人秩序的最高原則。是故其必須符合天地變化與生死的概念，並

強調人類在此架構中的作用與價值。由於刑德制度仍不能避免災異的發生，所以生與死的概念也必然的建立於禮制之中而呈現出來。這種尊崇天地鬼神與表明順從天地之道的態度，也說明了人對天地自然規律的認知意義，與客觀規律的不可抗性。因而人的生死在此框架中，自是成爲一個可以衡量客觀現象的向度。至此「禮」的內涵擴充至「樂」、「陰陽五行」與「刑德」，其中組成的元素之間，已然成爲理論的並列前提，而不是相對而不可共融的概念，其相互之間甚至可以相輔相成，進而使得禮制的意涵豐富許多。

目　次

第十七冊　貞觀治道與法家思想

作者簡介

　　管力吾，湖南桃源人，1938 年生。海軍官校 51 年班，海軍工程學院電子系卒業，美國田納西大學電機碩士及國立屏東教育大學中國語文碩士，國立高雄師範大學中國文學博士。服務海軍 28 年，之後任教東方技術學院電子工程學系，與理工結緣近五十載。教職退休後，投身自幼即不能忘情之中國文學。軍職、教職及攻讀文學學位期間，發表論文二十餘篇，著有《韓非政治思想探析》一書。

提　要

　　學者多以貞觀時代乃力求施行儒家治道，近乎儒家治世之時代，本書則由貞觀治道之眞實內涵辨析治道中蘊含之儒、法兩家思想，因漢以後能影響治道之思想，僅此二家。全書著力於推證「貞觀治道，法家思想色彩重於儒家思想」之立論基礎，並予以系統之呈現。

　　法家思想下之君王持國，所倚賴的「帝王之具」爲法、術、勢三者。貞觀時代，唐太宗向法、重法、決事於法之程度，超越親情與私恩，貞觀群臣之向法深度，也與太宗之旨向若合符節。

　　太宗有玄鑒深遠，人所不測之人格特質，其在君王獨擅的用術藝術上，表現尤爲突出。善能掌握人性之特質，將儒家標榜之恩情、仁義等，一一融入術中，治事御人，天機神隱，人或入其術中而不自覺，或雖有自覺而不能自拔。

　　太宗之任勢，主在以法輔勢，以勢行法，將君勢提昇至更高之高度。法家之慧見：法與自然之勢結合而爲人設之勢，中材之主，操人設之勢即可以妥善治國。唐太宗聰明睿智，掌握法、術、勢三大治國利器，宜乎有貞觀之治。

　　唐承隋之後，典章制度襲隋之處實多。隋祚二世而滅，太宗在隋之二帝間，鑒戒惕勵，反其道而行，冀得其正，但欲罷不能而循隋二帝之跡者亦所

在多有，鑒戒與取法往往盤根錯節。

　　法家以法爲治道之惟一手段，儒家以法爲治道之輔助手段，貞觀之朝，則以法爲治道之主要手段。雖非唯一手段，但定位遠在輔助手段之上。法家君王之用術與任勢，在太宗之行事中，處處可見其斧鑿刀痕，而太宗刻意仿效儒家精神所行的仁義諸事，後之儒者對其批判遠多於讚美，蓋因此等假仁借義之事，頗多可歸於術用。

　　法家思想之特色爲重事功、尚實利。太宗之爲政，偏向於法家之崇功務實。相較之下，儒家思想只能扮演一定程度之浸潤角色。指導貞觀治道之思想，當屬之法家。

目　次

第十八冊　本心與善政：陸九淵政治思想研究

作者簡介

　　孫華，女，1979 年出生，遼寧瀋陽人。2006 年畢業於遼寧大學哲學與公共管理學院哲學專業，獲碩士學位，研究方向爲中國哲學。2010 年畢業於吉林大學行政學院政治學專業，獲博士學位，研究方向爲中國古代政治思想。

提　要

　　陸九淵是宋代儒家著名的思想家。但在以往對陸九淵的研究中，大多局限在對他的哲學思想和教育思想的研究，而他的政治思想往往被人們所忽視。陸九淵提出了「心即理」、「宇宙即是吾心，吾心即是宇宙」等著名論斷，而這些論斷的核心概念即是「本心」。人們認爲陸九淵正是以「本心」爲基礎構建了自己的理論體系，但卻很少探究「本心」的具體內涵或者把「本心」作爲一個不可分解的概念來使用。本文正是從不可分解處入手，對陸九淵思想體系的基石 ── 「本心」的內涵給予了清晰明瞭的界定。並由此出發，全面且系統的闡釋陸九淵的「本心」概念，特別是「本心」的倫理道德思想。陸九淵的政治思想是「本心」在政治領域的體現，他提出「民爲邦本、憂國之心」和「君之心，政之本」的民本思想，並在民本思想的基礎上，提出了一系列國家治理的構想和措施，對後世產生了深遠的影響。本文試圖通過解讀陸九淵「本心」概念，在政治的層面上深入理解陸九淵的「心學」，進而對陸九淵的政治思想的理論價值及其局限做出恰如其分的評價。

目　次

第十九冊　明清之際的公私觀研究

作者簡介

沈驊，男，1972 生，江蘇蘇州人，蘇州大學社會學院專門史碩士畢業，政治與公共管理學院中國哲學博士畢業，現爲蘇州科技學院歷史系副教授、碩士生導師。主要研究方向爲中國思想史和江南地方文化，在各類學術刊物上發表論文二十餘篇，（合）著四部。

提　要

先秦、兩宋、明清之際和明清之際這四個歷史時期，是傳統公私觀念演進的四個重要階段。明清之際思想家群體的公私觀是思想史、哲學史中承上啓下的重要一環，其地位之重要不容忽視。

明清之際思想家群體的公私觀較之於前代，至少在以下三個方面有較爲明顯的進展：首先，是對私觀念前所未有的肯定。明清之際思想家群體對私觀念的肯定是多角度、多方位的，在一定程度上洗去了長期籠罩在私觀念之

上的道德貶義色彩。其次，是對天下爲公論的反省和批判。明清之際思想家已經注意到，在君主專制下，天下爲公的美好理想在現實社會中已經蛻變爲天下爲君。更重要的是，明清之際思想家在設計構想經世的政治和經濟制度時，將批判天下爲君、爲天下人爭取自私權利的要旨注入其中，這使得他們的制度設計更具可操作性。第三，是合私爲公論的提出。在傳統的以公滅私模式中，公佔據了絕對主流地位和話語權，私的地位被貶抑到極點，幾無存身之所，公私關係高度緊張。而在合私爲公論中，公被視爲諸私之總和，兩者之間可以和平共存，存在著一條由此及彼的通途，爲公和私的和諧相處提供了一條可能的途徑。

　　明清之際思想家群體在公私觀念領域取得的這些進展，從現實層面看，是明末經濟和社會發展的必然結果，尤其是商品經濟的發展，可以極大的提高普通民眾的權利意識和平等意識；從理論層面看，是對先秦儒家思想的重新詮釋，與西方政治學說沒有直接的聯繫。因此可以說，明清之際公私觀念領域的新變化，完全萌生於中國傳統社會內部，帶有很大程度的自生自發性質，這是極爲可貴的。

目　次

第二十冊　梁啓超、錢穆對清代學術史的研究比較──以《中國近三百年學術史》爲核心探討

作者簡介

張冠茹，一九八七年生於台北市。十六歲時，受高中國文教師蔡燕徵啓蒙立志爲文，進入元智大學中語系後受教於鍾雲鶯教授《儒家思想》、《宋明理學》，遂開啓研究之路。就讀中山大學碩士班時，因機緣而幸得鮑師國順之指導，此後尤致力於清代義理思想之探索，協楊師濟襄之鼎力相助，完成《梁啓超、錢穆對清代學術史的研究比較──以《中國近三百年學術史》爲核心探討》一文。現今樂執教鞭中，期待將研究所得傳於後世英才。

提　要

梁任公、錢賓四先生皆著有《中國近三百年學術史》，但因兩人的學術立場不同，所撰寫的清代學術史亦有相當大的差別。兩人在寫作手法有相當的不一樣，梁氏採用學術史體例撰寫，錢氏採用中國傳統的「學案體」書寫清儒的學術思想。因錢、梁二氏著書時代背景有差異，二人關注的命題也大不相同。梁任公《清代學術概論》用許多篇幅敘述東西二方文化的相似性，以清代學術和歐洲文藝復興相比。錢賓四先生授《中國近三百年學術史》這門課時，正逢九一八事變，使錢賓四先生思考中國傳統文化和民族主義相關議題許多，著作多富含此精神。歷來研究者多以梁任公《清代學術概論》，二人

同名著作《中國近三百年學術史》互相比較，筆者將兩人相關清代學術史的著作皆參照，以期找出錢、梁二氏研究清代學術的異同。

目　次

第二一冊　《五家語錄》禪僧詩偈頌贊研究

作者簡介

曾淑華，法號宗慈，臺灣省彰化縣人。國立中興大學中國文學系學士，逢甲大學中國文學研究所碩士。現職臺中寶山禪寺副住持、臺中寶山禪寺佛學院教師、伸港寶華山禪寺佛學教師，曾任《成佛之道》、《佛遺教三經》、《唐禪風格——五家祖師禪詩理趣》教授師。研究重心為佛學與詩學的交會，尤著重在唐代僧詩研究。著有《《五家語錄》禪僧詩偈頌贊研究》（碩士論文），及〈法眼宗清涼文益禪僧詩作研究〉、〈方回《瀛奎律髓》「釋梵類」選評杜甫詩研究〉等學術論文。

提　要

　　本論以中國禪宗分燈禪之後形成「一華開五葉」的潙仰宗潙山靈祐禪師、仰山慧寂禪師，臨濟宗義玄禪師，曹洞宗洞山良价禪師、曹山本寂禪師，雲門宗雲門文偃禪師，法眼宗清涼文益禪師，五家禪之祖師偈頌贊作品，依《五家語錄》文獻爲主軸，並旁及禪宗五家典籍，內文所關涉之詩作品等，作爲研究分析的內容。研究依五家成立時序探討各家宗旨特色及禪師作品詩、偈、頌、贊之要義及聲律並其禪悟內蘊的文學性意境，探討五家祖師禪詩作品在南宗禪的風格與演變，並考其禪詩收入於《全唐詩》中問題。

　　本論共分七章，第一章以三節爲緒論，一爲論題提出動機希望透過文本爬梳取得五家祖師偈頌贊，解析作品的義理與其詩文學性的意境，並作文獻回顧考於近代中外禪學者對禪宗史與禪學的研究成果。二爲選題之義界與說明，源自於初祖達摩迄至六祖惠能禪法的演變中如何開出五家形成的禪機時代的特色。三爲研究方法主要依循文本，資料取材以《五家語錄》爲主力並旁索禪宗典籍及中國典籍爲證。

　　第二章至第六章爲本論主要內文，以唐末具有中國化特色的禪機時代所開展出分別有五家潙仰宗、臨濟宗、曹洞宗、雲門宗、法眼宗。各章討論內容依該宗祖師生平學述、偈頌的要義及禪師偈頌的聲律與禪機，並及五宗詩偈所內蘊的禪機義理，禪師作禪詩本以禪教爲主旨在抒發於情境的語言，是如何運用詩歌的「言外見意」營造出文學意境引起更多的咀嚼與思維使其傳播達到效應。各章依需要分節討論。最末第七章爲結論，歸結本論探討五家禪祖師的禪法思想特色，及詩偈頌贊聲律與其詩文學性的意象特徵。

目　次

第二二冊　以筆硯作佛事：北宋文字禪運動流衍考

作者簡介

　　徐銘謙，民國 69 年生，臺灣臺北市人。95 學年畢業於銘傳大學應用中國文學系碩士班，研究方向爲宋明理學；101 學年以萬金川教授所指導的《以筆硯作佛事：北宋文字禪運動流衍考》畢業論文取得中央大學中國文學系博士學位。現爲佛光大學佛教研究中心博士後研究員，並負責《佛光學報》的編輯，研究興趣爲宋代學術史、中國禪宗與政治社會等相關議題。

提　要

　　「以筆硯作佛事」，是宋代禪宗最顯著的特徵。北宋文字禪運動的流衍，不只是禪宗思想發展的過程，與當時社會文化的變遷更是息息相關。自宋初官方就大抵確定的右文策略，首先引導北宋重文的社會風氣，同時也將政教關係籠罩於其下。太祖、太宗、眞宗皆與佛教關係良好，宋帝的崇尚斯文也反映在中央僧官考試當中。

　　到北宋中期，古文運動替僧侶與士大夫打開一條通往同一個文學場域的道路，儘管排佛論調時有所聞，但士大夫之間愈發興起禪悅之風，能夠創作雄文雅句的禪徒也更加趨向文士化。至北宋晚期，雖有徽宗以揚道抑佛爲主要訴求的諸多措施，但惠洪、克勤等文字禪大師仍在此期活躍，並製作出極具代表性的文字禪文本。同時，在北宋印刷技術的普遍之下，禪僧公案語錄大行於世，士大夫紛紛受請爲禪籍作序，以廣流傳。這些文字禪文本不只令公案的運用滲入宋代的詩禪關係，對於當時尚意的書法、追求傳神的畫論，以及遍及士僧之間的茶文化，都有一定程度的影響。兩宋之際，此前文本裝幀方式的進步促使公案考據更爲便利，公案鑽研之風由是而起，禪門對此逐漸產生反動；另一方面，禪僧口語對話式的語錄也成爲一些理學家語錄學習模仿的範本。

　　南宋以後，爲數可觀的禪詩文集相繼問世，至明代尚有一卷題爲「文字禪」的輯稿出現，而惠洪的宗門地位也在明代被重新標舉，凡此皆北宋文字禪的流風餘韻。總的說來，文字禪運動無疑是一個複雜的文化現象，本文嘗試在宗教哲學氛圍之外考察它的流衍過程，對於理解北宋禪宗文化與政治、社會的關係，乃至與文人士大夫互動等諸多層面，應是有所幫助的。

目　次

虞翻易學的氣論思想研究（上）

黃嘉琳　著

作者簡介

黃嘉琳

學經歷：中國文化大學 文學博士

　　　　教育部 審定助理教授

　　　　教育部 中等學校教師檢定及格

專長：漢代易學、漢代思想

提　要

　　漢代常藉著天地間的殊異形類來展現本體宇宙論，以無限多的有限之物表達無窮之境，身處漢末的虞翻集兩漢《易》學大成並承繼漢代思潮，運用卦體爻象來對應天地宇宙萬物，以「卦變說」、「卦氣說」、「月體納甲說」及「逸象說」等將本體宇宙思想展現在卦爻間，本文先釐清虞翻《易》學體系中所建構的基本架構，再歸納分析虞翻的思想理路，進而探求虞翻《易》學中的氣論思維。

　　第一章為「緒論」，闡明研究動機與目的、研究方法及前人對此議題研究的相關文獻作一歸納整理。「研究動機與目的」簡要敘述氣論思想在先秦發展的概況，列舉史書、道家、儒家等先秦氣論思想。

　　第二章為「虞翻生平及著述」，「虞翻生平」由家學溯源談起，再以四個不同階段闡述虞翻生平，最後對於虞翻生卒年總歸整理，生卒年之說有四，本文列舉各家說法並提出己見。「虞翻著述」分成「專門著述」與「注解之作」兩個部份說明。

　　第三章為「虞翻《易》學思想背景」，第一節為考察《易》學源流，由《史記》、《漢書》中對孔傳《易》學脈絡進行論述，第二節說明秦火對於《易》學的影響，進而造成今古文經之爭，並闡述《易》學與五經博士之關聯，第三節則介紹漢代《易》學流派，其中列舉與虞翻思想較為密切的《易》學家來進行介紹，分為「西漢占驗派象數《易》學」、「東漢注經派象數《易》學」及「漢末《易》學與丹道融合」三部份說明，西漢《易》學家有孟喜、焦延壽、京房，東漢《易》學家有鄭玄、荀爽、虞翻，最後敘述漢末魏伯陽將《易》學與丹道相互結合。

　　第四章為「漢代氣論思想」，以《春秋繁露》、《白虎通義》論「儒家之氣」，以《淮南子》、《老子指歸》論「道家之氣」，以《太平經》、《周易參同契》論「道教之氣」，以《論衡》、《潛夫論》論「自然之氣」，以《京氏易傳》、《太玄經》、《易緯》論「《易》家之氣」，最後總結「《易》家之氣」的特色。

　　第五章為「虞翻之《易》學基礎建構」，《易》學基礎建構篇幅較大，故以兩兩相關為一組來介紹虞翻《易》學體例，第一節為「互體說」與「連互說」，第二節為「互反說」與「旁通說」，第三節為「半象說」與「兩象易說」，第四節統合其它《易》學體例，分別有「中」、「伏」、「承」、「據」、「乘」、「應」、「數」。

　　第六章為「虞翻之『至神謂易』論」，闡述虞翻《易》學思想中本體世界之建構，由至神之易而生乾坤兩儀，再藉由乾陽坤陰相摩相盪，變化陰陽，同氣相求，品物流行，最後論述五行與三才之道。

第七章為「虞翻之『乾坤生六子』論」,「卦變說」敘述乾坤生六子,消息卦生雜卦,藉此開展出卦爻體系,「卦氣說」則將卦爻與氣候相互對應,以四正卦主四時、值月,十二消息卦值月等闡明卦與氣之相應,「月體納甲說」則以月相的盈虛圓缺與卦爻對應,「逸象說」為虞翻延伸擴展世界的法則,以八卦之象比附各種物類,藉以構造整全氣論世界。

　　第八章為「虞翻之『以乾通坤,進德脩業』論」,藉《易》道主變開啟道德修養論,修養過程需與時偕行,以達既濟之終,又藉由「爻位貴賤吉凶說」、「人事貴賤爻位說」象喻人之行事,最後透過乾坤相通,持敬行義,居寬行仁,善改其過,使賢者成聖,聖者能與天地合德,鬼神合吉凶。

　　第九章為「虞翻對後代《易》學之影響」,本文列舉四個《易》學家存有氣論思維者,有宋代張載「乾起知於易,坤效法於簡」,如虞翻以乾為易、坤為簡,宋代邵雍「先天易之卦氣」,承繼孟喜、虞翻之四正卦而獨自開創一套卦氣系統,明代王夫之「乾坤陰陽即太極實體」,以乾坤為陰陽二氣,太極之實有即乾坤,建構本體宇宙整體觀,清代惠棟以「易」為氣變之始,再敘述卦與氣的關係,此即《易》學思想中有氣論思維脈絡的延續與遞嬗。

　　第十章為「虞翻《易》學氣論思想之價值與特色」,說明虞翻《易》學體系的本體宇宙思想,尤其對氣論思想進程的建構及陰陽二氣在《易》學卦爻中的開展與表現。

目

次

第一章 緒 論

第一節 研究動機與目的

　　《周易》係中國古老典籍之一，《四庫全書總目提要・易類・小序》：
「《易》道廣大，無所不包，旁及天文、地理、樂律、兵法、韻學、算術，
以逮方外之爐火，皆可援《易》以爲說，而好異者又援以入《易》，故《易》
說愈繁。」〔註1〕由《周易》至《易傳》十翼，乃將《周易》由卜筮之書推
衍爲哲理之書。

　　兩漢時期《周易》經傳成爲儒家諸經之要，但理解、闡釋《易》學的角
度與方法各有所異，是故分爲「象數」和「義理」二個不同詮釋系統，著重
以「象數」解易者有孟喜、焦延壽、京房、虞翻等，藉「義理」詮說者有費
直、馬融、劉表、宋忠等。張善文於《象數與義理》中曰：「《周易》哲學，
原本象數，發爲義理。象數，即《周易》的卦象、爻象及陰陽奇偶之數；義
理，即六十四卦、三百八十四爻所蘊含的哲學理致。象數猶如根幹，義理猶
如枝葉，兩者密相關聯而不可分割，是《周易》哲學體系中互爲依存的兩大
要素。若從《周易》以『象徵』爲首要表現手段這一特色觀之，象數，做爲
《周易》象徵的形式範疇，其目的在於喻示義理；義理，做爲《周易》象徵
的哲理歸趨，其蘊蓄乃含藏於象數之中。孔穎達謂《周易》『因象明義』，程
頤指出『至微者理也，至著者象也，體用一源，顯微無間。』，皆與《周易》

〔註1〕〔清〕永瑢等撰：《四庫全書總目提要・易類・小序》（臺北：臺灣商務印
　　　　書館，1968 年），頁 2。

的象徵特色頗可吻合。」〔註2〕如欲體悟《易》學真諦則需「象數」與「義理」運用顯微無間，兩者體用一源，偏頗一隅則將無法全覽《易》象哲理。

唐代李鼎祚輯有《周易集解》一書，總輯三十五家易說，凡子夏、孟喜、焦贛、京房、馬融、荀爽、鄭玄、劉表、何晏、宋衷、虞翻、陸績、干寶、王肅、王弼、姚信、王廙、張璠、向秀、王凱沖、侯果、蜀才、翟元、韓康伯、劉巘、何妥、崔憬、沈驎士、盧氏、崔覲、伏曼容、孔穎達、姚規、朱仰之、蔡景君等，李鼎祚《周易集解‧自序》曰：

> 鄭則多參天象，王乃全釋人事，且易之為道，豈偏滯於天人者哉，致使後學之徒，紛然淆亂，各脩局見，莫辨源流，天象遠而難尋，人事近而易習，……歷觀炎漢，迄今巨唐，採群賢之遺言，議三聖之幽賾，集虞翻、荀爽三十餘家，刊輔嗣之野文，補康成之逸象。
> 〔註3〕

《易》學傳至唐代有鄭玄「多參天象」與王弼「全釋人事」的分別，「天象遠而難尋，人事近而易習」因此漢代「天象」與「人事」各有所重，直至魏晉之際王學興盛，掃滅漢代象數，致使王弼義理派盛行於世。

《周易集解》搜羅眾家之說，其中又以虞翻《易》學保存完整且數量為多，此外，虞翻還歷觀馬融、荀爽、鄭玄、宋衷之書，承襲孟喜、焦延壽、京房之《易》，故為集兩漢《易》學之大成。牟宗三《周易的自然哲學與道德涵義》中言：

> 自田何到孟喜再至虞翻是漢《易》之正宗。京氏後起，且無可述之傳授者；費氏本人無訓說，則雖鄭、荀據相傳為費氏《易》，然亦直是鄭、荀已耳。是故傳漢《易》之衣缽者，厥為虞翻。〔註4〕

牟宗三認為真正漢《易》之脈為「田何」、「孟喜」直至「虞翻」，「京房」後學無所謂的傳承者，「鄭玄」、「荀爽」雖相傳承襲「費直」《易》學，但實際是發展己身《易》學思想。是故本文以漢末魏初之虞翻《易》學為研究主軸，一則可探究魏晉王弼於掃象闡理前，「象數派」《易》家如何在漢代銓釋《易》學理論，二則可藉由虞翻《易》學縱觀兩漢《易》學承襲與影響，及虞翻以象解《易》所蘊含的氣論思想。

〔註2〕 張善文撰：《象數與義理》（臺北：洪葉文化，1997年），前言。

〔註3〕 〔唐〕李鼎祚輯：《周易集解》（臺北：臺灣商務印書館，2004年），頁2。

〔註4〕 牟宗三撰：《周易的自然哲學與道德涵義》（臺北：文津出版社，1998年），頁28。

　　何謂「氣論」思想？氣論思想中有縱、橫、時、空之關係，縱者爲「氣種有定」之今昔關係，橫者爲人我、物我的「同類相感」之互動關係，於時間上更有「過去、現在、未來」一氣相貫之時間的無限性關係，空間則涵攝「東、西、南、北、中」各方位之普遍性關係。天道本體本爲清空無限、清空不動，徧在氣之先，氣之中，氣之後，貫穿於形上、形下之間，爲支持氣化之理序，氣乃形下的素質與材質，天道本體爲氣之無形潛質，綜覽而觀，天道本體乃爲實存宇宙之本體，而非虛空、清空之形上概念，儻若天道本體只存有不活動，只存於形上層次而不流行於萬物，只存有而不存在，此即虛空的、無形的形上存有。「氣化」爲無形之作用，可透過「陰陽」、「五行」漸進而凝結成一種眞實之材質、條理、條件，一個具體的形質。「陰陽」、「五行」是種潛存的素質，彼此間相感相應、相摩相盪、相互往來，造成同氣相求的互相作用，以致方以類聚、物以群分，此爲氣的作用義，經由氣化作用乃使品物流形於天地之間。本文探究虞翻《易》學中的氣論思想之前，先列舉先秦之際各家典籍所存的氣論思想，舉史書、道家、儒家來論說。

一、史　書

（一）《尚書》

　　《尚書・甘誓》係最早提出「五行」觀念者，其云「有扈氏威侮五行，怠棄三正，天用勦絕其命」〔註5〕，但眞正將「五行」內涵清楚說明則見於《尚書・洪範》曰：

> 天乃錫禹洪範九疇，彝倫攸敍。初一曰五行……五行：一曰水，二曰火，三曰木，四曰金，五曰土。水曰潤下，火曰炎上，木曰曲直，金曰從革，土爰稼穡。潤下作鹹，炎上作苦，曲直作酸，從革作辛，稼穡作甘。〔註6〕

「五行」爲水、火、木、金、土。「五行」爲自然界的五種不同的素質，水性濕潤而向下，火性炎熱而向上，木性輮繩而曲直，金性順沿而更革，土性植穫而稼穡。又將「五行」之水、火、木、金、土與「五味」之鹹、苦、酸、辛、甘相互對應。〈洪範〉又曰：

〔註5〕〔唐〕孔穎達等奉勅撰：《尚書注疏》（臺北：藝文印書館《十三經注疏》，2001年），頁98。
〔註6〕同註5，頁168～169。

次八日念用庶徵。……庶徵：曰雨，曰暘，曰燠，曰寒，曰風。
〔註7〕

「庶徵」為「雨、暘、燠、寒、風」等內涵，係天之五種氣象，對人有行為獎懲之作用，《尚書》「五行」係由地之性質言說，分地有五種迥異素質，而天之「庶徵」與地之「五行」彼此不相涵攝，且也未有形上哲學的意涵，《尚書·洪範》約處殷周之際，文中「雨、暘、燠、寒、風」僅為純粹的五種自然氣象，直至《國語》才將此五種氣象擴衍至「六氣」之說。

（二）《左傳》

《左傳·昭公二十五年》曰：

則天之明，因地之性，生其六氣，用其五行。〔註8〕

天能生陰、陽、風、雨、晦、明之六氣，而地可用金、木、水、火、土之五行，但天、地仍為分離。《左傳·僖公十六年》曰：

隕石于宋五，隕星也。六鷁退飛，過宋都，風也。周內史叔興聘于宋，宋襄公問焉，曰：「是何祥也？吉凶焉在？」對曰：「今茲魯多大喪，明年齊有亂，君將得諸侯而不終。」退而告人曰：「君失問，是陰陽之事，非吉凶所生也，吉凶由人。吾不敢逆君故也。」〔註9〕

宋襄公問叔興「隕石于宋五」和「六鷁退飛」等非自然常態之事，叔興答宋襄公諸等現象皆示「君將得諸侯而不終」之吉象，但心中真正的想法是以此為「陰陽之事」，與吉凶無關，吉凶是由人事而生，非全然循天神祇意，故在《左傳》中始見天人分際，認為人之吉凶禍福皆可握籌於己。

（三）《國語》

直至春秋時期，《國語·周語下》記載單襄公之說：

天六地五，數之常也，經之以天，緯之以地，經緯不爽，文之象也。

〔註10〕

韋昭注曰：「天有六氣，謂陰、陽、風、雨、晦、明也；地有五行，金、木、

〔註7〕《尚書注疏》，頁168～176。

〔註8〕〔周〕左丘明撰；〔晉〕杜預注；〔唐〕孔穎達疏：《春秋左傳注疏》（臺北：藝文印書館《十三經注疏》，2001年），頁888～889。

〔註9〕同註8，頁235～236。

〔註10〕徐元誥撰；王樹民、沈長雲點校：《國語集解》（北京：中華書局，2002年），卷3，頁89。

水、火、土也。」〔註11〕說明「天六地五」之實質內涵，更以經緯象徵天地，此係由《左傳》天地分離至天地相依之關係，《國語・越語下》范蠡曰：

> 天道皇皇，日月以爲常。明者以爲法，微者則是行。陽至而陰，陰至而陽。日困而還，月盈而匡。

日月常道爲天道，人效法天之運作爲常道，陰陽轉換爲「至」，「至」即極，極而生陰生陽，如日由東出而還歸於西，月有盈滿而後虛缺。《國語・周語上》虢文公對周宣王「宣王即位，不籍千畝」中曰：

> 夫民之大事在農……古者，太史順時覛土，陽癉憤盈，土氣震發……太史告稷曰：「自今至於初吉，陽氣俱蒸，土膏其動，弗震弗渝，脉其滿眚，穀乃不殖。」……稷則徧誡百姓，紀農協功，曰：「陰陽分布，震雷出滯」，土不備墾，辟在司寇。〔註12〕

「覛」，視也。「癉」，厚也。「憤盈」，積滿。上文闡明古時農作之大事，土氣動起之時，定要勸誡並協助百姓從事農務，「陰陽分布」係立春時節日夜之數相當，而需親近土氣、接觸農務，是將天地時節與生活日用相互結合，此已可見「陰陽」與「氣」之概念。

《國語・周語上》太史伯陽父遇到周幽王二年（780B.C）「西周三川皆震」，對地震發生的原因加以說明：

> 夫天地之氣，不失其序；若過其序，民亂之也。陽伏而不能出，陰迫而不能烝，於是有地震。今三川實震，是陽失其所而鎮陰也。陽失而在陰，川源必塞；源塞，國必亡。夫水，土演而民用也，水土無所演，民乏財用，不亡何待？〔註13〕

西周地震歸因爲「天地之氣」已失其序，天地之序包括「陰」與「陽」，陽要能出，陰要能烝，乃爲不失序之常道，而今反之則爲「陽伏」、「陰迫」，故躁發地震。又「三川實震」導致「源塞」，「源塞」則爲陽伏不出而陰迫，韋昭注曰：「演猶潤也」水土潤澤則民有所用，國存而不亡。由上文可知，《國語》中已有「氣」之思維，「氣」之實質運行爲「陽」與「陰」，以此詮釋天地間無形活動之潛質，此潛質與人類生活休戚相關，小則地震，大則國亡。地震發生的七年之後，《國語・鄭語》曰：

〔註11〕《國語集解》，卷3，頁89。
〔註12〕同註11，卷1，頁15～20。
〔註13〕同註11，卷1，頁26。

> 夫和實生物，同則不繼。以他平他謂之和，故能豐長而物歸之；若
> 以同裨同，盡乃棄矣。故先王以土與金、木、水、火雜以成百物。
>
> 〔註14〕

「和實生物」、「以他平他謂之和」說明萬物雖異迥，但透過互相摩盪而達至平衡和協之狀，萬物也藉由彼此殊異氣性取其平衡而能創生新意，而非相同事物的純粹相加，「和」即和諧，「同」即同一，兩者在概念上略有不同，又先王以土、金、木、水、火之「五行」透過相雜建立殊異形類。綜上可知，《國語》中已有「氣」之概念，「氣」分陰、陽，且「五行」相雜則能生萬物，乃爲構築宇宙生成的思想與理路。

二、道　家

（一）《老子》

《老子》一書以「道」爲最上位、根本之概念，《老子校正》曰：

> 有狀混成，先天地生，寂乎！漠乎！獨立而不改，可以爲天地母。
>
> 未知其名，字之曰道，吾強爲之名曰大。〔註15〕

《老子》率先提出先於萬物者爲「道」，「道」形狀惚恍，謐靜寂然，廣大無垠，可作爲天地之母，勉強以名喚它爲「大」。以時間而觀，「道」爲先萬物而生，以空間而觀，「道」爲廣大而無界限，「道」、「大」可爲其名。《老子校正》曰：

> 視之而不見，名之曰微。聽之而不聞，名之曰希。搏之而不得，名
> 之曰夷。三者不可致詰，故混而爲一。一者，其上不皦，其下不昧，
> 繩繩乎不可名也，復歸於無物。〔註16〕

道之動隱不見，故曰「微」，道之寂靜無聲，故曰「希」，道之動滅無形，撫之而不得，故曰「夷」，這三者是不能追究的，所以混雜而爲「一」，「一」

〔註14〕《國語集解》，卷16，頁471。
〔註15〕陳錫勇先生撰：《老子校正》（臺北：里仁書局，2003年），頁240。通行本第二十五章爲「有物混成，先天地生。寂兮寥兮，獨立而不改，周行而不殆，可以爲天下母。吾不知其名，字之曰道。強爲之名曰大。」王弼注：《老子道德經》（臺北：文史哲出版社，1997年），頁52～54。
〔註16〕《老子校正》，頁205。通行本第十四章爲「視之不見，名曰夷。聽之不聞，名曰希。搏之不得，名曰微，此三者不可致詰，故混而爲一。其上不皦，其下不昧，繩繩不可名，復歸於無物。」《老子道德經》，頁27～28。

係前不明亮，後不清楚，猶繩子般地延伸長遠，不能定名，終歸於無物之形。上文中的「一」與「道」的概念相似，但「一」非「道」，「一」爲道之動，《老子校正》曰：

> 道生一，一生二，二生三，三生萬物。萬物負陰而抱陽，沖氣以爲和。〔註17〕

「道」之生成萬物是由「道生一」、「一生二」、「二生三」，終爲「三生萬物」，由字詞邏輯推論「道」非「一」，且「道」能生「一」，經「一」、「二」、「三」之生化順序，天地群倫方成，「一」爲道之動，「負陰而抱陽」說明萬物中有「陰」、「陽」兩種物質，但並未說明陰陽即「二」，「氣」在萬物演化生成的理路上可視爲一種素質，而「道」似乎被提升至形上層次，與「無」處於相同位階，而「一」、「二」、「三」則歸於「有」的位階，爲氣潛存作用之進程，符合《老子》常言「有生于無」的說法。

《老子校正》「似萬物之宗」〔註18〕、「是謂天地之根」〔註19〕、「道者萬物之主也」〔註20〕，上述三者皆在描述何爲「道」？「宗」、「根」、「主」皆言「道」先於萬物，又品類萬物中皆有「道」，天地萬物以「道」爲根本，因此可說《老子》思想中本體論與宇宙論相合相依。

（二）《莊子》

戰國中期承襲《老子》的道家重要代表之作爲《莊子》，《莊子》將「道」視作天地本源、先天地而存在，《莊子・大宗師》曰：

> 夫道，有情有信，无爲无形；可傳而不可受，可得而不可見；自本自根，未有天地，自古以固存；神鬼神帝，生天生地；在太極之先而不爲高，在六極之下而不爲深，先天地生而不爲久，長於上古而不爲老。〔註21〕

《莊子》之「道」係「有情有信」的眞實存在，但外在形體上卻是无形且无爲，「道」爲「可傳而不可受，可得而不可見」，在未有天地之前就固存於天地之間，爲萬物品類之根本，又將「道」喻爲天神與天帝，故能生天地，以

〔註17〕《老子校正》，頁45。
〔註18〕同註17，頁177。
〔註19〕《老子校正》，頁182。通行本第六章爲「是謂天地根」《老子道德經》，頁15。
〔註20〕《老子校正》，頁109。通行本第六十二章爲「道者萬物之奧」《老子道德經》，頁137。
〔註21〕〔清〕王先謙撰：《莊子集解》（臺北：世界書局，2006年），頁58。

空間角度觀之是「在太極之先而不爲高，在六極之下而不爲深」，以時間角度觀之則爲「先天地生而不爲久，長於上古而不爲老」，與《老子》「其情甚眞，其中有信。」〔註22〕、「是謂天地之根」〔註23〕、「自然」、「無爲」等觀念是相互關聯的。《莊子·知北遊》曰：

> 東郭子問於莊子曰：「所謂道，惡乎在？」莊子曰：「无所不在。」
> 東郭子曰：「期而後可。」莊子曰：「在螻蟻。」曰：「何其下邪？」
> 曰：「在稊稗。」曰：「何其愈下邪？」曰：「在瓦甓。」曰：「何其
> 愈甚邪？」曰：「在屎溺。」〔註24〕

東郭子問莊子「道」所居何處？莊子應曰「在螻蟻」、「在稊稗」、「在瓦甓」、「在屎溺」，莊子所要表達即爲「道」是無所不在，故知先於天地者爲「道」，徧處萬物亦爲「道」，「道」乃形上本體之无爲无形，亦爲形下品類之廣徧存在。《莊子·大宗師》曰：

> 彼方且與造物者爲人，而遊乎天地之一氣。彼以生爲附贅縣疣，以
> 死爲決疣潰癰。夫若然者，又惡知死生先後之所在。〔註25〕

天地造物之關鍵在於「天地之一氣」，《莊子》中視生爲「附贅縣疣」，視死爲「決疣潰癰」，將生死等量齊觀。《莊子·知北遊》曰：

> 生也死之徒，死也生之始，孰知其紀！人之生，氣之聚也；聚則爲
> 生，散則爲死。若死生爲徒，吾又何患！故萬物一也。……故曰：
> 通天下一氣耳。聖人故貴一。〔註26〕

人之生死惟氣之聚散，氣聚則生，氣散則死，萬物歸爲一氣，一氣能生成萬物，其中活動爲「聚」與「散」，天地爲一氣之通貫聚散，是故聖人重之。《莊子·大宗師》曰：「陰陽于人，不翅于父母」〔註27〕，「翅」即「啻」，言陰陽二氣相合而成人，髣髴父母生子。〈大宗師〉又曰：「俄而子輿有病，子祀往問之，曰：『偉哉！夫造物者將以予爲此拘拘也。曲僂發背，上有五管，

〔註22〕《老子校正》，頁228。通行本爲「其精甚眞，其中有信。」《老子道德經》，頁46。今當陳說改之。

〔註23〕《老子校正》，頁182。通行本爲「是謂天地根」《老子道德經》，頁15。今當陳說改之。

〔註24〕《莊子集解》，頁199。

〔註25〕同註24，頁64。

〔註26〕同註24，頁194。

〔註27〕同註24，頁62。

頤隱於齊，肩高於頂，句贅指天，陰陽之氣有沴。』」〔註28〕郭象注曰：「沴，陵亂也。」〔註29〕於子祀對答中得知子輿有病，造物者將子輿造成一個傴僂曲腰，背骨發露，五臟之管皆向上，臉頰隱於肚臍，肩高於頂，頂椎尙上者，此係因陰陽二氣凌亂不調所致，《莊子》認爲人是由陰陽二氣所產生，二氣凌亂則爲子輿之屬。《莊子・田子方》曰：

> 老聃曰：「吾遊心於物之初。」孔子曰：「何謂邪？」曰：「心困焉而
> 不能知，口辟焉而不能言，嘗爲女議乎其將。至陰肅肅，至陽赫赫，
> 肅肅出乎天，赫赫發乎地，兩者交通成和，而物生焉。」〔註30〕

《莊子》藉由老聃之口敘述「遊心於物之初」的狀態，此即遊心於無物之境，係心困而不能知曉，口不開而不能言語，僅能試說概略，至陰之氣寒冷，至陽之氣炎熱，寒冷之氣出自於天，炎熱之氣出自於地，兩者相交相合而萬物成。上文闡明陽氣由下而上，陰氣由上而下，形成一個相交相感、相摩相盪，之後方生天地萬物，故知《莊子》有「一氣」、「陰陽之氣」、「兩者交通成和，而物生」、「氣之聚」、「氣之散」等觀念，《老子》中指講出「沖氣」，並未明白道出「氣」是由何而生，更沒有「一氣」的概念，但《莊子》中已出現「一氣」，此氣可分爲陰陽二氣，而且氣在天地宇宙間是永恆絕對的存在，因聚散變化、比例不同而有殊異萬物。

三、儒　家

（一）《論語》

《論語・季氏》曰：

> 孔子曰：「君子有三戒，少之時，血氣未定，戒之在色；及其壯也，
> 血氣方剛，戒之在鬭；及其老也，血氣既衰，戒之在得。」〔註31〕

孔子依長少年齡提出應當謹愼戒除之處，年少之時，血氣未穩定而在「色」上需注意，在壯年時期，血氣正值剛健，應對「鬭」有所警惕，直到年老耄耋，血氣衰弱，需謹愼於自身之「得」。又《論語・鄉黨》言孔子升堂之貌：

〔註28〕《莊子集解》，頁 61～62。
〔註29〕同註 28，頁 62。
〔註30〕同註 28，頁 185。
〔註31〕〔魏〕何晏注：〔宋〕邢昺疏：《論語注疏》（臺北：藝文印書館《十三經注疏》，2001 年），頁 149。

入公門，鞠躬如也，如不容。立不中門，行不履閾。過位，色勃如也，足躩如也，其言似不足者。攝齊升堂，鞠躬如也，屏氣似不息者。出，降一等，逞顏色，怡怡如也。〔註32〕

孔子登堂時，屏著氣息，有如不息之狀，但出堂之後則展現自己平日容顏，此「氣」即「氣息」。又《論語·泰伯》曰：

曾子有疾，孟敬子問之。曾子言曰：「鳥之將死，其鳴也哀；人之將死，其言也善。君子所貴乎道者三：動容貌，斯遠暴慢矣；正顏色，斯近信矣；出辭氣，斯遠鄙倍矣。」〔註33〕

《禮記·玉藻》曰：「君子之容舒遲，見所尊者齊遬，足容重，手容恭，目容端，口容止，聲容靜，頭容直，氣容肅，立容德，色容莊。」闡述一位君子所表現在外的容貌態度，如足、手、目、口、聲、頭、氣、容、色等，各方面宜正之態，此「氣」即「辭氣」，「辭氣」為言辭之氣。

《論語》所載之「氣」大多與人類身體及行為表現有密切關係，以「血氣」、「氣息」、「辭氣」等解釋「氣」之具體實義，將「氣」落實於日用倫常之中，未將「氣」提至本體之位階。

(二)《孟子》

《孟子》中提出「平旦之氣」、「夜氣」、「養氣」等觀念，將「氣」由天地間自然之氣論至人類的修養心性，《孟子·告子章句上》孟子曰：

雖存乎人者，豈無仁義之心哉？其所以放其良心者，亦猶斧斤之於木也，旦旦而伐之，可為美乎？其日夜之所息，平旦之氣，其好惡與人相近也者幾希。〔註34〕

以牛山之木喻人性中仁義之美，「放其良心」有如「斧斤之於木」，故應將放失之良心尋回，存養天欲清明時的良善之氣，如此一來凡人與賢人之心就相近不遠了，「平旦之氣」即為天將明前的清澈之氣，有啟發人向善的作用。又《孟子·告子章句上》孟子曰：

梏之反覆，則其夜氣不足以存；夜氣不足以存，則其違禽獸不遠矣。〔註35〕

〔註32〕《論語注疏》，頁87。
〔註33〕同註32，頁70。
〔註34〕〔漢〕趙岐注；〔宋〕孫奭疏：《孟子注疏》（臺北：藝文印書館《十三經注疏》，2001年），卷11下，頁200。
〔註35〕同註34，卷11下，頁200。

桔亂日夜之息而害於心，夜氣不能存，故知天地本存其氣，若效仿則善，放失則性亂而近於禽獸。

《孟子》中率先提出「浩然之氣」與「養氣」，《孟子・公孫丑章句上》孟子曰：

> 志壹則動氣，氣壹則動志也。今夫蹶者、趨者是氣也，而返動其心。〔註36〕

趙岐注曰：「孟子言壹者，志氣閉而爲壹也，志閉塞則氣不行，氣閉塞則志不通。」〔註37〕其「壹」可謂志氣閉合之狀，如《莊子・知北遊》「聖人故貴一」〔註38〕之「一」，「氣」與「志」居於相同位階，志可發動氣，氣亦可啓動志。又曰：「蹶者相動，今夫行而蹶者，氣閉不能自持，故志氣顛倒，顛倒之間，無不動心而恐矣，則志氣之相動也。」〔註39〕志與氣雖置於相同位階，但眞正趨動者爲「氣」，「氣」之趨啓後，志氣相動而才能反動於心，《孟子・公孫丑章句上》曰：

> 公孫丑曰：「敢問夫子惡乎長？」曰：「我知言，我善養吾浩然之氣。」
> 「敢問何謂浩然之氣？」曰：「難言也。其爲氣也，至大至剛，以直養而而無害，則塞于天地之間。」〔註40〕

氣至剛至大，盈塞於天地之間，亦存在於人之四體、九竅、全身，需以「直」來浸養「浩然之氣」則能無所害。故知《孟子》「平旦之氣」、「夜氣」爲自然之氣，亦有善養「浩然之氣」之修養論，及能趨動其志之動能義。

（三）《荀子》

荀子係儒家於戰國後期極爲重要之學者，將天地間怪異現象視爲自然變化，且「明於天人之分」〔註41〕，《荀子・天論》曰：

> 星隊、木鳴，國人皆恐。曰：是何也？曰：無何也，是天地之變，陰陽之化，物之罕至者也。怪之可也；而畏之非也。〔註42〕

〔註36〕《孟子》，卷3上，頁54。
〔註37〕同註36，卷3上，頁54。
〔註38〕《莊子集解》，頁194。
〔註39〕同註36，卷3上，頁54。
〔註40〕同註36，卷3上，頁54。
〔註41〕〔唐〕楊倞注：〔清〕王先謙集解：《荀子集解》（臺北：世界書局，2000年），卷11，頁285。
〔註42〕《荀子集解》，卷11，頁289～290。

星墜、木鳴之事，國人聽聞而生恐懼，但《荀子》認爲此爲「天地之變，陰陽之化」，爲自然界變化所致，並非天神威怒降顯神威，也與人事吉凶無關，此爲天地陰陽二氣變化而來，因罕見而怪異生懼。《荀子・禮論》曰：「天地合而萬物生，陰陽接而變化起⋯⋯」以「天地合」闡明萬物生化之過程，以「陰陽接」論述天地萬物一切變化的根本，「接」係指陰陽二氣相互感應、彼此相交，故天地間陰陽之氣爲生物之始。《荀子・禮論》又曰：

> 凡生乎天地之間者，有血氣之屬必有知，有知之屬莫不愛其類。今
> 夫大鳥獸，則失亡其群匹，越月踰時，則必反鉛（沿）過故鄉，⋯⋯
> 故有血氣之屬，莫知於人，故人之於其親也，至死無窮。〔註43〕

人與禽獸皆有「血氣」，有「血氣」者即有知覺，有知覺者皆愛同類，人類爲其中最有知覺者，故更應無窮盡地愛護親人，可見《荀子》將「血氣」視爲形物，存有此形物者身上必然有知，「血氣」是具體存在於活動之物，各物相異是因知覺程度之高低不同。《荀子・王制》中又言「氣」：

> 水火有氣而無生，草木有生而無知，禽獸有知而無義，人有氣有生、
> 有知、亦且有義，故最爲天下貴也。〔註44〕

總合上文可知《荀子》將天下之物分成五個不同層面，第一層爲單純之「氣」的存在，第二層爲有氣而無生命現象之「水火」，第三層爲有氣，有生命，但無知覺之「草木」，第四層爲有氣，有生命，有知覺，但無存仁義道德之「禽獸」，第五層爲最上位者，具有氣、生命、知覺與道德感知之「人」，荀子認爲「人」爲天地宇宙最尊貴上位者。此文將「氣」置於天地萬物之本，有萬物存在皆因有氣，舉凡水火、草木、禽獸、人類皆因氣之支持方得生存，氣爲具體存在之物，有變化、生成之潛能。「水火有氣」與「有血氣之屬必有知」中的「氣」在本質上不同，「血氣」爲生物有機體以身體觀來視之，爲組成身體之素質，「水火有氣」之「氣」是遍在天地萬物之間，有萬物之本的意味。

上文列舉先秦時期，潛存蘊含「氣」的思想與氣化思想之理路進程，偏覽中國氣論思想存在著「連續性」與「點積性」之矛盾關係，黑格爾《哲學史講演錄》中說明物質本兼有此兩種特性，其曰：「但這兩者理智卻認爲是不相容的，它以爲「物質不是連續的，就是點積成的。」〔註45〕唐代劉禹錫《天論》曰：「空

〔註43〕《荀子集解》，卷13，頁342。
〔註44〕同註43，卷5，頁143。
〔註45〕黑格爾著；賀麟、王太慶譯：《哲學史講演錄》（臺北：商務印書館，1959年），

者，形之希微者也。」〔註46〕、明代王夫之《張子正蒙注・太和》曰：「氣彌淪无涯而希微不形。」〔註47〕皆言形之希，「希」即形之未見卻又存在，用人之肉眼無法識見而以爲無。「連續性」有時間上之關係，「點積性」爲空間上之關聯，「氣」既存在「連續性」、「點積性」，係時間與空間交互作用之整體存在。

　　兩漢時期常以遍舉萬物來詮釋形上、形下一體之整體宇宙觀，並將事物與相關之物加以對應，如時間之日數、月數、春夏秋冬之季節、二十四節氣，空間之東、西、南、北、中、東北、西北、東南、西南等方位，五行之水、火、木、金、土，天干之甲、乙、丙、丁、戊、己、庚、辛、壬、癸，地支之子、丑、寅、卯、辰、巳、午、未、申、酉、戌、亥，藉此比附對應萬物，此即氣論思想中以無限多有限事物表達無限之義，此思潮於漢代《易》學中可見於「卦變說」、「卦氣說」、「月體納甲說」等，甚而將「乾、坤、震、艮、坎、離、兌、巽」之八卦配對各種截然不同之逸象，使八卦逸象與比附物象總計有千萬之多，故知兩漢思想中雖無宋明學者在形上本體論說精微，但漢代將天道本體論體現於品物流形中的思想是顯而易見的。

　　本文以「氣論」思想來遍覽虞翻依經立注、以象解經之《易》學，透過「氣論」觀點來偏察虞翻思想之「天道本體觀」、「宇宙世界觀」、「道德修養觀」，及虞翻所承襲之時代意義與價值。

第二節　研究方法

　　筆者研究虞翻《易》注，以唐代李鼎祚《周易集解》爲研究底本，補之以後代研究虞翻之大家，如清代張惠言《周易虞氏義》、《周易虞氏消息》，清代孫堂《漢魏二十一家易注・虞翻周易注》，清代黃奭《虞氏易注》，李道平《周易集解纂疏》，李銳《周易虞氏略例》等。

一、原文輯例

　　將虞翻對《周易》經傳之注解加以條列，並進行字詞之輯例，本文乃爲

　　　第 1 卷，頁 30。
〔註46〕〔唐〕劉禹錫撰：《天論》（成都：四川人民出版社《諸子集成續編》四部叢刊據景宋本劉夢得文集景印本，1998 年），頁 1～31。
〔註47〕〔宋〕張載撰；〔明〕王夫之注：《張子正蒙注》（臺北：世界書局，1962年），卷 1，頁 8。

虞翻《易》學中之氣論思想進行研究，故輯例之字詞集中於「氣」、「陰陽」、「五行」、「易」、「三才」、「變」等，又對虞翻《易》學中深具影響之《易》學思想進行全遍性地搜攬，例如：「卦變說」、「卦氣說」、「月體納甲說」、「逸象說」及其它相關《易》學基礎建構，大者有「互體說」、「連互說」、「互反說」、「旁通說」、「半象說」、「兩象易說」，小者有「中」、「伏」、「承」、「據」、「乘」、「應」、「數」等，虞翻《易》學思想多憑藉著各種象數學說，將自己對兩漢本體宇宙理念寄托於其中，是故透過關鍵字輯例工夫則能簡易掌握其思想精髓。

二、歸納分析

本文將上述輯例之關鍵字詞，分門別類地依次歸納，除《易》學基本體例外，另有《易》之太極與乾坤兩儀之氣化本體論，及以卦變、卦氣、月體納甲、逸象所開展之氣化宇宙生成說，而氣化修養則以《易》中之變配合其時而達既濟之定，有如達至聖人與天地合德，鬼神合吉凶之境。憑據不同闡述體系將虞翻《易》注作分類整理，虞翻以象說《易》展現獨有的《易》學思想，但不論著重「義理派」或「象數派」皆為解《易》之法，唯銓釋的角度不同，但所尋求的《易》學臻理乃是疏途而同歸。

三、歷史溯察

虞翻生於東漢桓帝，卒於魏明帝，年七十歲，活躍於各類注書與《易》類著作上，但學術思想絕非憑空而生，對前儒的研究結果有一定的傳承關係，是故本文的研究範圍為先秦兩漢時期之相關典籍，在《易》學研究及氣論思想對虞翻思想之影響。虞翻《易》注常引前賢經典為《易》注解說，例如：《尚書》、《詩經》、《老子》、《論語》、《左傳》、《禮記》、《孝經》等，又融會先秦兩漢《易》學思想，如：孟喜、《易緯》之卦氣說，京房、魏伯陽之納甲說，荀爽之卦變說，及互體、連互等易學基本建構，因此，推衍虞翻之思想來源及虞翻《易》注之見，將思想傳承作系統地歸納分析。

兩漢學說常遍舉天地間殊異萬類為例，思忖為何兩漢典籍將宇宙生成變化多作鉅細靡遺之說，泛舉萬種物類之迥異，筆者以為兩漢有本體、宇宙論一體的整體觀，以品類流行之萬事萬物說明天道真實的存在，將無限之有限事物集結以達無限之境，此思潮體現於實際日用中，是故漢代思想為一個整

體且立體之宇宙觀。爲了驗證漢代氣論思維，於是分類爲「儒家之氣」、「道家之氣」、「道教之氣」、「自然之氣」、「《易》家之氣」等，由各家的不同研究漢代氣論思想之異同與脈絡。

第三節　文獻回顧

一、虞翻《易》學相關資料

（一）專　書

對於虞翻《易》學相關的專書有：〔清〕李銳《周易虞氏略例》，〔清〕紀磊《虞氏逸象考正續纂》、《虞氏易義補注》，〔清〕張惠言《張惠言易學十書》中有〈周易虞氏義〉、〈周易虞氏消息〉、〈虞氏易禮〉、〈虞氏易事〉、〈虞氏易言〉、〈虞氏易侯〉，〔清〕胡祥麟《虞氏消息圖說初稿》，徐昂《周易虞氏學》，曾劍《周易虞氏義箋》，王新春《周易虞氏學》，潘雨廷《周易虞氏象釋易則》等，其中張惠言對虞翻思想著力甚深，另〔清〕惠棟《周易述》、《易漢學》更是依虞翻《易》注而多有發揮。

專書中單章節提及虞翻者爲：杭辛齋《學易筆談》〈虞易平議〉，屈萬里《先秦漢魏易例述評》〈虞氏互體〉、〈虞氏卦變〉等，周立升《兩漢易學與道家思想》〈虞翻的象數易學〉，周立升《道家文化研究》（第十二輯）〈虞翻的易說與老學〉，林忠軍《象數易學發展史》（第一卷）〈虞翻象數易學〉，高懷民《兩漢易學史》〈虞翻易〉，劉玉建《兩漢象數易學研究》上冊〈虞翻易學〉，徐芹庭《漢易闡微》〈虞氏易〉等。

（二）學位論文

論文以「虞翻」爲主軸者有：楊淑瓊著《虞翻《易》學研究——以卦變和旁通爲中心的展開》91 年碩論，廖婉利著《虞翻易學思想研究》92 年碩論，江可欣著《來知德《易經集註》發揮虞翻易義之疏釋》94 年碩論。另外尚有對漢代易學思想〔註 48〕及象數思想〔註 49〕相關之論文。

〔註 48〕關於漢代易學研究的相關論文有（依時間先後排列）：徐芹庭撰《漢易闡微》62 年博論；呂凱撰《鄭玄之讖緯學》63 年博論；江婉玲撰《易緯釋易考》79 年碩論；劉慧珍撰《漢代易象研究》85 年博論；蔡明宏撰《京房易傳之象數易研究》93 年碩論；喬家駿撰《《焦氏易林》易學研究》94 年碩論；黃慧玲

（三）單篇論文

裴占榮〈虞仲翔先生年譜〉《國立北平圖書館館刊》第 7 卷第 1 號（1933年 1.2 月），簡博賢〈虞翻周易注研究〉《孔孟學報》第 34 期（1977 年 9 月），李周龍〈虞翻易說探原〉《孔孟學報》第 56 期（1988 年 9 月），周立升〈虞氏易學旁通說發微〉《中華易學》（1996 年 6 月），楊淑瓊〈虞翻「易」學中「旁通」之作用〉《鵝湖》（2004 年 4 月），高溥懋〈王弼易注與虞翻易注之比較〉《古今藝文》（2005 年 8 月），陳雅萍〈淺談虞翻易學成就──月體納甲說與中國曆算法〉《中正高工學報》（2008 年 6 月）等。

二、氣論相關資料

（一）專　書

論「氣」相關之書籍有：張立文撰《氣》，楊儒賓主編《中國古代思想中的氣論及身體觀》，小野澤精一、福永光司、山井涌編著，李廣譯《氣的思想──中國自然觀和人的觀念的發展》，王俊彥先生撰《王廷相與明代氣學》，李申《道與氣的哲學》，李存山《氣論與仁學》，曾振宇《中國氣論哲學研究》等。

（二）學位論文

先秦氣論論文有：婁世麗撰《莊子氣論探微》75 年碩論，毛忠民撰《莊子氣論思想研究》85 年博論，傅蕙眞撰《孟子知言養氣論研究》91 年碩論，賴姿卉撰《《管子》氣論研究》95 年碩論，劉智妙撰《《管子》四篇「精氣論」研究》97 年博論，黃嘉正撰《莊子氣論》98 年碩論，賴昇宏撰《《禮記》氣論思想研究》98 年博論等。

兩漢氣論論文有：陳德興撰《兩漢氣化宇宙論之研究》93 年博論，陳慧

撰《周易參同契之十二消息卦研究》94 年碩論；陳明彪撰《牟宗三的漢代易學觀述評》95 年博論；張家勝撰《京房八宮卦序思想之傳承與演變研究》97 年碩論；喬家駿撰《孟喜、焦延壽、京房及其易學研究》98 年博論；簡廷運撰《京房《易》之卦氣說研究》98 年碩論。

〔註49〕以「象數」爲研究範疇論文有（依時間先後排列）：劉瀚平撰《宋象數易學研究》76 年博論；楊宗祐撰《邵氏象數易學研究》97 年碩論；謝綉治撰《魏晉象數易學研究》97 年博論；陳佳旺撰《朱子之象數易學觀研究》99 年碩論；侯雪娟撰《朱熹象數易學研究》100 年博論。

娟撰《《老子河上公注》氣論研究》94 年碩論，筆者撰《揚雄《太玄》、《法言》之氣論思想研究》97 年碩論，紀喬蓓撰《王充《論衡》氣論思想研究》97 年碩論，楊婉羚撰《《淮南鴻烈》氣論思想研究》97 年碩論，蕭又寧撰《董仲舒《春秋繁露》氣論思想研究》97 年碩論，林曉呈撰《《白虎通德論》100 年碩論等。另外又有綜合三家學說為論者，如有：段宜廷撰《荀子、董仲舒、戴震氣論研究》95 碩論。

（三）單篇論文

鄭力為〈孟子養氣論詮辨〉《鵝湖學誌》（1991 年 12 月），杜保瑞〈從氣論進路說船山的任道論思想〉《哲學與文化》（1993 年 9 月），陳鼓應〈「管子」四篇的心學與氣論〉《國立臺灣大學哲學論評》，陳德興〈「黃帝內經」氣論思想內涵〉《哲學與文化》（2001 年 1 月），林耕年〈「氣論」在易經哲學史上的探究〉《鵝湖學誌》（2004 年 2 月），王俊彥先生〈王廷相的「性者、氣之生理」論〉《中國文化大學中文學報》（2004 年 3 月），陳福濱〈導言：中國哲學氣論專題〉《哲學與文化》（2006 年 8 月），陳麗桂〈先秦儒道的氣論與黃老之學〉《哲學與文化》（2006 年 8 月），吳志鴻〈概論兩漢以後至宋明前氣論思想之發展與影響〉《哲學與文化》（2006 年 8 月），楊儒賓〈檢證氣學 —— 理學史脈絡下的觀點〉《漢學研究》（2007 年 6 月），劉又銘〈明清儒家自然氣本論哲學典範〉《國立政治大學哲學學報》（2009 年 7 月）等。

第二章 虞翻生平及著述

第一節 虞翻生平

　　東漢末年虞翻以象數治《易》、解《易》，家承《易》學已五代，故「虞翻生平」由虞翻家傳《易》學論起，闡明虞翻家學淵源繼而論述虞翻生平所歷經的四個不同階段，另外，虞翻生卒年考總共有四種異說，本文將一一分析，「虞翻著述」則分「專門著述」與「注解之作」兩個部份進行介紹。

一、虞翻家學淵源

（一）五世傳《易》

　　虞翻（170～239 年），字仲翔，三國時期吳國會稽餘姚人。《三國志・吳書・虞翻傳》曰：「虞翻，字仲翔，會稽餘姚人也。」〔註 1〕生於漢靈帝建寧三年（170），卒於吳大帝赤烏二年（239）。《三國志》裴松之引〈翻別傳〉曰：

> 臣高祖父故零陵太守光，少治孟氏《易》，曾祖父故平輿令成，纘述其業，至臣祖父鳳爲之最密。臣先亡故日南太守歆，受本於鳳，最有舊書，世傳其業，至臣五世。〔註 2〕

虞翻《易》之家學傳承，上推高祖父「虞光」、曾祖父「虞成」、祖父「虞鳳」、父親「虞歆」皆傳孟氏《易》學，嬗傳至虞翻爲第五代。《會稽志》卷三云「虞

〔註 1〕 〔晉〕陳壽撰；〔南朝宋〕裴松之注：《三國志》（臺北：鼎文書局，1974 年），卷 57，頁 1317。
〔註 2〕 同註 1，卷 57，頁 1322。

氏」之祖源曰：

> 虞氏帝舜之後，商有虞仲，實出太王之後，子孫亦氏虞。史記有趙
> 相虞卿、漢有虞延、吳有會稽虞翻、及唐虞世南，望出會稽、陳留。
> 〔註3〕

遠溯虞氏乃帝舜之後趙相虞卿、漢代虞延、三國吳之虞翻及唐代虞世南，皆
出自會稽、陳留二處。虞翻前四世，事蹟多闕而不可考，虞翻高祖父「虞光」
在《（嘉慶）廣西通志》卷十三，「虞光」下注曰：「會稽餘姚人，零陵太守。」
〔註4〕，可知虞光曾任零陵太守，而「虞歆」於《北堂書鈔》百零二卷，碑父
為二十九「文肅不虛」中注引《會稽典錄》曰：

> 虞歆，字文肅，歷郡守，節操高厲。魏曹植為東阿王，東阿先有三
> 十碑銘，多非實，植皆毀除之，以歆碑不虛獨全焉。〔註5〕

又《文選》陳琳〈檄吳將校部曲文〉中曰：

> 丞相深惟江東舊德名臣，多在載籍：近魏叔英秀出高峙，著名海內；
> 虞文繡砥礪清節、耽學好古。……聞魏周榮、虞仲翔各紹堂構，能
> 負析薪。〔註6〕

敘述江東名臣中有「虞文繡」，清人何焯於《義門讀書記》「虞翻傳陳琳檄吳
文虞文繡砥礪清節耽學好古仲翔能負析薪」一條下注曰：「文繡之名，注家未
及詳。〈翻別傳〉自敘云：『臣亡考日南太守歆。』」〔註7〕，故知「虞文繡」
即為「虞歆」。虞翻父親為虞歆，字文肅，性格清高且氣節厲直，好學懷古。
由虞翻祖考事績而知，虞氏家族在會稽至少已有五代之久，虞翻之父秉清節
好古，而虞翻性情亦承其父，有耿直高氣，讀書不倦。

（二）後代子嗣

《三國志·吳書·虞翻傳》曰：

〔註3〕 〔宋〕施宿等撰：《會稽志》（臺北：臺灣商務印書館《景印文淵閣四庫全書》，
1983 年），卷3，頁70。

〔註4〕 〔清〕謝啓昆修：胡虔纂：《（嘉慶）廣西通志》（上海：上海古籍出版社《續
修四庫全書》據華東師範大學圖書館藏清嘉慶六年刻本影印，1997 年），卷
13，頁163。

〔註5〕 〔唐〕虞世南撰；〔明〕陳禹謨補註：《北堂書鈔》（臺灣：臺灣商務印書館《景
印文淵閣四庫全書》，1983 年），卷102，頁500。

〔註6〕 〔南朝梁〕蕭統選；李善注：《文選》（臺北：藝文印書館，2003 年3 月），卷
44，頁634。

〔註7〕 〔清〕何焯著：《義門讀書記》（京都：中文出版社，1982 年），頁232。

翻有十一子，第四子汜最知名，永安初，從選曹郎爲散騎中常侍，
後爲監軍使者，討扶嚴，病卒。汜弟忠，宜都太守；聳，越騎校尉，
累遷廷尉，湘東、河間太守；昺，廷尉尚書，濟陰太守。〔註8〕

虞翻有子十一人，其中最馳名爲排行第四之「虞汜」，在吳景帝永安初年
（258）選拔爲散騎中常侍，後擔任監軍使者，征討扶嚴，病卒。虞汜之弟
爲「虞忠」，爲虞翻第五子，曾任宜都太守，第六子「虞聳」曾任越騎校尉，
後又右遷至廷尉、湘東太守、河間太守，第八子「虞昺」官至廷尉尚書、
濟陰太守。

1. 虞翻之子

虞容，虞翻之長子，見《太平御覽》卷五四一，虞翻與弟書曰：「長子
容，當爲求婦，其父如此，誰肯嫁之者？造求小姓，足使生子，天其福人，
不在舊族；揚雄之才，非出孔氏。芝草無根，醴泉無源，家聖受禪，父嚚母
頑，虞家世法出癡子。」〔註9〕

虞汜，虞翻第四子，見《三國志》卷五十七裴松之注引《會稽典錄》曰：
「汜字世洪，生南海，年十六，父卒，還鄉里。孫綝廢幼主，迎立琅邪王休。
休未至，綝欲入宮，圖爲不軌，召百官會議，皆惶怖失色，徒唯唯而已。汜
對曰：『明公爲國伊周，處將相之位，擅廢立之威，將上安宗廟，下惠百姓，
大小踴躍，自以伊霍復見。今迎王未至，而欲入宮，如是，群下搖蕩，眾聽
疑惑，非所以永終忠孝，揚名後世也。』綝不懌，竟立休。休初即位，汜與
賀邵、王蕃、薛瑩俱爲散騎中常侍。以討扶嚴功拜交州刺史、冠軍將軍、餘
姚侯，尋卒。」〔註10〕虞汜，生於南海（今廣東廣州），年十六，虞翻卒，
回歸故里會稽餘姚。

虞忠，虞翻第五子，見《三國志》卷五十七裴松之注引《會稽典錄》曰：
「忠字世方，翻第五子。貞固幹事，好識人物，造吳郡陸機於童齔之年，稱
上虞魏遷於無名之初，終皆遠致，爲著聞之士。交同縣王岐於孤宦之族，仕
進先至宜都太守，忠乃代之。晉征吳，忠與夷道監陸晏、晏弟中夏督景堅守
不下，城潰被害。忠子譚，字思奧。」〔註11〕

虞聳，虞翻第六子，見《三國志》卷五十七裴松之注引《會稽典錄》曰：

〔註8〕 《三國志》，卷57，頁1327。
〔註9〕 〔宋〕李昉等撰：《太平御覽》（臺北：大化書局，1977年），頁2583。
〔註10〕 同註8。
〔註11〕 同註8。

「聳字世龍，翻第六子也。清虛無欲，進退以禮，在吳歷清官，入晉，除河間相，王素聞聳名，厚敬禮之。聳抽引人物，務在幽隱孤陋之中。時王岐難聳，以高士所達，必合秀異，聳書與族子察曰：『世之取士，曾不招未齒於丘園，索良才於總猥，所譽依已成，所毀依已敗，此吾所以歎息也。』聳疾俗喪祭無度，弟昺卒，祭以少牢，酒飯而已，當時族黨並遵行之。」〔註12〕

虞昺，虞翻第八子，見《三國志》卷五十七裴松之注引《會稽典錄》曰：「昺字世文，翻第八子也。少有儻儻之志，仕吳黃門郎，以捷對見異，超拜尚書侍中。晉軍來伐，遣昺持節都督武昌已上諸軍事，昺先上還節蓋印綬，然後歸順。在濟陰，抑彊扶弱，甚著威風。」〔註13〕

2. 其子之後

虞潭，為虞翻之孫，虞忠之子，《晉書》曰：「虞潭，字思奧，會稽餘姚人，吳騎都尉翻之孫也。父忠，仕至宜都太守。吳之亡也，堅壁不降，遂死之。潭清貞有檢操。」〔註14〕《三國志》卷五十七裴松之注引《會稽典錄》曰：「《晉陽秋》稱譚清貞有檢操，外如退弱，內堅正有膽幹。仕晉，歷位內外，終於衛將軍，追贈侍中左光祿大夫，開府儀同三司。」〔註15〕虞潭為虞翻之孫，父親為虞忠官至東吳宜都太守。又《晉書》曰：「子仡嗣，官至右將軍司馬。仡卒，子嘯父嗣。」〔註16〕可知虞潭之子為「虞仡」，其孫為「虞嘯父」。

虞喜，為虞翻之曾孫，虞察之子，虞忠之孫，《晉書·虞喜傳》曰：「虞喜字仲寧，會稽餘姚人，光祿潭之族也。父察，吳征虜將軍。喜少立操行，博學好古。諸葛恢臨郡，屈為功曹。察孝廉，州舉秀才，司徒辟，皆不就。元帝初鎮江左，上疏薦喜。懷帝即位，公車徵拜博士，不就。喜邑人賀循為司空，先達貴顯，每詣喜，信宿忘歸，自云不能測也。……喜專心經傳，兼覽讖緯，乃著《安天論》以難渾、蓋，又釋《毛詩略》，注《孝經》，為《志林》三十篇。凡所注述數十萬言，行於世。年七十六卒，無子。弟豫自有傳。」〔註17〕虞喜，為虞潭宗族後代，父親虞察曾任吳征虜將軍，虞喜從幼秉持德

〔註12〕《三國志》，卷57，頁1327～1328。
〔註13〕同註12，，卷57，頁1328。
〔註14〕〔唐〕唐太宗御撰：《晉書》（臺北：藝文印書館，1955年），卷76，頁984。
〔註15〕同註12，卷57，頁1327。
〔註16〕同註14，卷76，頁985。
〔註17〕同註14，卷91，頁1151。

操，好古讀書，郡守諸葛恢巡視餘姚，強迫虞喜任功曹一職，其後又推舉爲孝廉、秀才等皆推而不任。

　　虞預，爲虞翻之曾孫，虞察之子，虞忠之孫，見《晉書・虞預傳》曰：「虞預字叔寧，徵士喜之弟也，本名茂，犯明穆皇后母諱，故改焉。預十二而孤，少好學，有文章。餘姚風俗，各有朋黨，宗人共薦預爲縣功曹，欲使沙汰穢濁。……預雅好經史，憎疾玄虛，其論阮籍裸袒，比之伊川被髮，所以胡虜遍於中國，以爲過衰周之時。著《晉書》四十餘卷、《會稽典錄》二十篇、《諸虞傳》十二篇，皆行於世。所著詩賦碑誄論難數十篇。」〔註 18〕虞預本名虞茂，但爲避明穆皇后母親之諱而改名，字叔寧，爲虞喜之弟，十二歲時父親過逝，自小好學不倦，餘姚宗人曾舉其爲縣城之功曹，《三國志》中裴松之引《會稽典錄》乃虞翻之曾孫「虞預」所著。

　　虞悰，爲虞翻後六代之嗣，父爲「虞秀之」，祖父爲「虞嘯父」，曾祖父爲「虞仡」，高祖父爲「虞潭」，爲見《南齊書・虞悰傳》曰：「虞悰字景豫，會稽餘姚人也。祖嘯父，晉左民尚書。父秀之，黃門郎。悰少而謹敕，有至性。秀之於都亡，悰東出奔喪，水漿不入口。州辟主簿，建平王參軍，尚書儀曹郎，太子洗馬，領軍長史，正員郎，累至州治中，別駕，黃門郎。……永元元年，卒。時年六十五。」〔註 19〕虞悰，字景豫，會稽餘姚人，其祖爲「虞嘯父」，曾任晉左民尚書，其父爲「虞秀之」，任黃門郎，自小虞悰謹愼自飭，有卓越品性。

　　北魏酈道元《水經注》載虞翻登「靈緒山」事，曰：

> 江水又東逕緒山南。虞翻嘗登此山四望，誡子孫可居江北，世有祿位，居江南則不昌也。然住江北者，相繼代興，時在江南者，輒多淪替，仲翔之言爲有徵矣。〔註 20〕

長江東經靈緒山之南，虞翻曾經登上此山四望，並告誡後代子孫可居長江之北則世代有官位奉祿，若居其南則運不昌榮，後虞翻之言果眞顯見，居處江北者世世代代常能延續興旺，宅住江南者往往淪喪轉移，故知虞翻後代於政治生涯與品德性情上多受先祖之影響，可謂家學品性傳衍於後。

　　以虞翻爲中心，上及四代之源，下推六代之流，可參考楊淑瓊《虞翻《易》

〔註 18〕《晉書》，卷 82，頁 1050～1052。
〔註 19〕〔梁〕蕭子顯撰：《南齊書》（臺北：藝文印書館，1955 年），卷 37，頁 311。
〔註 20〕〔北魏〕酈道元著；陳橋驛校證：《水經注校證》（北京：中華書局，2007年），卷 29，頁 687。

學研究——以卦變和旁通爲中心的展開》中所附錄「虞氏世系圖」〔註 21〕，
如下：

圖表 1：虞氏世系圖

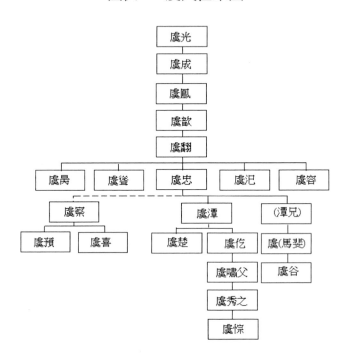

二、虞翻生平事蹟

（一）幼年為學

虞翻幼年好學不倦，頗有高氣，精通《易》學爲名，係兩漢《易》學集
大成者。《三國志》裴松之注引《吳書》曰：

> 翻少好學，有高氣。年十二，客有候其兄者，不過翻，翻追與書曰：
> 「僕聞虎魄不取腐芥，磁石不受曲鍼，過而不存，不亦宜乎！」客
> 得書奇之，由是見稱。〔註22〕

虞翻自幼好學，有讀書人之狂傲氣質，年十二歲，有客人問候其兄長，但卻
未會見虞翻，因此虞翻寫信道客，藉以說明客人對自己過而不見足見兩者之

〔註21〕 楊淑瓊著：《虞翻《易》學研究——以卦變和旁通爲中心的展開》（新北市：
　　　　花木蘭出版社《中國學術思想究輯刊》初編第一冊，2008 年），頁 20。
〔註22〕 《三國志》，卷 57，頁 1317。

異，亦顯虞翻年幼識多博見，善用譬喻以達情，更可察虞翻敏睿機智之處。虞翻認爲習其《周易》能「通神明」、「類萬物」，《三國志》裴松之引《翻別傳》曰：

> 翻初立《易》注，奏上曰：「臣聞六經之始，莫大陰陽，是以伏羲仰天縣象而建八卦，觀變動六爻爲六十四，以通神明，以類萬物。」
>
> 〔註23〕

《周易》爲六經之始，不離陰陽二字，天自懸象而伏羲觀設八卦、六十四卦，《周易》能通神明，更能推衍至天地之萬物，於上文可知自「虞光」、「虞成」、「虞鳳」、「虞歆」直至「虞翻」，虞氏五代皆傳《易》學，故可謂「世傳其業，至臣五世」。

（二）仕宦功曹

王朗任會稽太守之際，命虞翻爲「功曹」，後孫策亦復命「功曹」，見《三國志・吳書・虞翻傳》曰：

> 太守王朗命爲功曹。孫策征會稽，翻時遭父喪，衰絰詣府門，朗欲就之，翻乃脫衰入見，勸朗避策。朗不能用，拒戰敗績，亡走浮海。翻追隨營護，到東部候官。候官長閉城不受，翻往說之，然後見納。
>
> 朗謂翻曰：「卿有老母，可以還矣。」翻既歸，策復命爲功曹，待以交友之禮，身詣翻第。〔註24〕

會稽太守王郎任命虞翻爲「功曹」〔註25〕，專管議論賞罰，孫策征討會稽，時值虞翻喪父服衰絰，虞翻提出所見，認爲孫策善於用兵，勸王郎避開孫策，但王郎執意應戰而後敗績逃亡，如此可見虞翻識人之能，雖王朗未能採納虞翻諫言，而之後虞翻仍追隨王郎，直至任東部候官，最後王郎藉虞翻家有老母可歸還鄉。而後孫策以朋友之禮相對，親自至虞翻府第探訪，任命虞翻爲「功曹」，但孫策喜愛騎馬狩獵，虞翻勸曰：

〔註23〕《三國志》，卷57，頁1322。

〔註24〕同註23，卷57，頁1317。

〔註25〕《中國歷代官制》於第三節「地方機構與職官」中曰：「秦漢郡守對所屬吏民有賞罰、司法與監察之權。《後漢書・百官志》載太守職掌明確指出『賞治民，進賢勸功，決訟檢奸。』『進賢勸功』，就是議論賞罰，屬官有功曹，專管這方面事。『決訟』就是司法判案，屬官有決曹主其事。『檢奸』就是監察，屬官有督郵，專司其職。」孔令妃等編：《中國歷代官制》（濟南：齊魯書社，2005年3月），頁61。

> 策好馳騁油遊獵，翻諫曰：「明府用烏集之眾，驅散附之士，皆得其
> 死力，雖漢高帝不及也。至於輕出微行，從官不暇嚴，吏卒常苦之。
> 夫君人者不重則不威，故白龍魚服，困於豫且，白虵自放，劉季害
> 之。願少留意。」策曰：「君言是也，然時有所思，端坐悒悒，有禅
> 譖草創之計，是以行耳。」〔註26〕

孫策其才上比漢高帝，能統領烏合之眾，使士兵願盡忠效力，但因常隨意
微服出行，侍衛來不及戒嚴門路而深思苦惱，因此虞翻藉用典故來勸諫孫
策為人君者當莊重方能展現威嚴，但孫策終不能改，《三國志》卷五十七注
引《吳書》曰：「策討山越，斬其渠帥，悉令左右分行逐賊，獨騎與翻相得
山中。翻問左右安在，策曰：『悉行逐賊。』翻曰：『危事也！』令策下馬：
『此草深，卒有驚急，馬不及縈策，但牽之，執弓矢以步。翻善用矛，請在
前行。』得平地，勸策乘馬。策曰：『卿無馬奈何？』答曰：『翻能步行，日
可二百里，自征討以來，吏卒無及翻者，明府試躍馬，翻能疏步隨之。』行
及大道，得一鼓吏，策取角自鳴之，部曲識聲，小大皆出，遂從周旋，平定
三郡。」〔註27〕虞翻有先見之明並能洞察周圍動靜而給予保全之見，其後虞
翻調離會稽而任富春長，此時值孫策薨，《三國志‧吳書‧虞翻傳》曰：

> 翻出為富春長。策薨，諸長吏並欲出赴喪，翻曰：「恐鄰縣山民或
> 有姦變，遠委城郭，必致不虞。」因留制服行喪。諸縣皆效之，
> 咸以安寧。後翻州舉茂才，漢召為侍御史，曹公為司空辟，皆不
> 就。〔註28〕

孫策薨而富春地方官員計劃出城奔喪，虞翻恐鄰縣山民生變，是故建議官員
著喪服服喪，各縣亦起而效之，因此各縣得以守全。其後虞翻又被州里保舉
為秀才，漢朝朝廷召為侍御史，曹操任命為司空，虞翻皆拒不授任。《三國志》
卷五十七，裴松之注引《吳書》曰：「翻聞曹公辟，曰：『盜跖欲以餘財汙良
家邪？』遂拒不受。」〔註29〕以曹操如盜跖之徒，不願受其任官，受曹之惠
如污巘良家，可見虞翻個性堅固守貞，並能在窮急危難與局勢艱難之際懂得
運用利己的策略來趨吉避凶。

〔註26〕《三國志》，卷57，頁1318。
〔註27〕同註26，卷57，頁1318。
〔註28〕同註26，卷57，頁1319。
〔註29〕同註26，卷57，頁1320。

（三）從奉孫權

孫策逝亡，其弟孫權任命虞翻爲騎都尉，但虞翻生性直諫，常犯顏違俗，使孫權心生怨懟，見《三國志·吳書·虞翻傳》曰：

> 孫權以爲騎都尉。翻數犯顏諫爭，權不能悅，又性不協俗，多見謗毀，坐徙丹楊涇縣。呂蒙圖取關羽，稱疾還建業，以翻兼知醫術，請以自隨，亦欲因此令翻得釋也。後蒙舉軍西上，南郡太守麋芳開城出降。蒙未據郡城而作樂沙上，翻謂蒙曰：「今區區一心者麋將軍也，城中之人豈可盡信，何不急入城持其管籥乎？」蒙即從之。時城中有伏計，賴翻謀不行。〔註30〕

虞翻性情直諫不從常俗，多遇毀謗陷害之事，因此被貶謫至丹陽涇縣（今安徽省）。時遇呂蒙圖謀擊敗關羽，稱病回到建業，由於虞翻懂得醫術，遂請一同隨行並想藉此機會開釋虞翻。之後呂蒙率領軍隊向西進攻，南郡太守麋芳大開城門降服，呂蒙聽從虞翻的建議而入城，但城中因有埋伏而未成功。又曰：

> 關羽既敗，權使翻筮之，得兌下坎上，節，五爻變之臨，翻曰：「不出二日，必當斷頭。」果如翻言。權曰：「卿不及伏羲，可與東方朔爲比矣。」〔註31〕

關羽被擊敗後，孫權請虞翻筮卜，虞翻占出下卦「兌」、上卦「坎」之「節卦」，五爻之陽變而爲陰而成「臨卦」，虞翻斷言不出二日，關羽定被斷頭，後果如虞翻所言，足見虞翻占斷吉凶之靈驗，而個性耿直敢言，見《三國志·吳書·虞翻傳》曰：

> 翻嘗乘船行，與麋芳相逢，芳船上人多欲令翻自避，先驅曰：「避將軍船！」翻厲聲曰：「失忠與信，何以事君？傾人二城，而稱將軍，可乎？」芳闔戶不應而遽避之。後翻乘車行，又經芳營門，吏閉門，車不得過。翻復怒曰：「當閉反開，當開反閉，豈得事宜邪？」芳聞之，有慚色。〔註32〕

虞翻二次偶遇麋芳將軍，當下大聲斥責麋芳是個失忠義信用者，且行事不合事宜。從上文可知虞翻性情傲高，直言不諱，故常與孫權意見相左，又曰：

〔註30〕《三國志》，卷57，頁1320。
〔註31〕同註30，卷57，頁1320。
〔註32〕同註30，卷57，頁1321。

> 魏將于禁爲羽所獲，繫在城中，權至釋之，請與相見。他日，權乘
> 馬出，引禁併行，翻呵禁曰：「爾降虜，何敢與吾君齊馬首乎！」欲
> 抗鞭擊禁，權呵止之。後權于樓船會群臣飲，禁聞樂流涕，翻又曰：
> 「汝欲以僞求免邪？」權悵然不平。〔註33〕

魏將于禁爲關羽俘虜，孫權得到城池後開釋于禁，有一日，孫權與于禁乘馬
並行，虞翻見之則大聲斥責于禁並拿鞭子擊打，孫權出面呵止。之後孫權於
樓船和群臣飲宴，于禁聽聞歌樂感動得痛哭流涕，虞翻認爲于禁以虛僞之情
求其寬免，經幾番事件之後，孫權對虞翻則心生憤悶。此外，孫權即位爲吳
王之際，虞翻又觸怒孫權，見《三國志・吳書・虞翻傳》曰：

> 權既爲吳王，歡宴之末，自起行酒，翻伏地陽醉，不持。權去，翻
> 起坐。權於是大怒，手劍欲擊之，侍坐者莫不惶遽，惟大（司）農
> 劉基起抱權諫曰：「大王以三爵之後（手）殺善士，雖翻有罪，天下
> 孰知之？且大王以能容賢畜眾，故海內望風，今一朝棄之，可乎？」
> 權曰：「曹孟德尚殺孔文舉，孤於虞翻何有哉！」基曰：「孟德輕害
> 士人，天下非之。大王躬行德義，欲與堯、舜比隆，何得自喻於彼
> 乎？」翻由是得免。權因敕左右，自今酒後言殺，皆不得殺。〔註34〕

孫權功慶即位爲吳王並起身敬酒，虞翻伏地佯醉而無法持羽觴，但孫權離去，
虞翻起身而坐，孫權大怒而拔佩劍將殺之，後由大司農劉基抱住孫權並勸告，
最後虞翻才得以免除死罪。

（四）交州講學

虞翻個性疏直，不避輕重，所謂「翻數犯顏諫爭，權不能悅」最後終於
激怒孫權，導致流放交州，《三國志・吳書・虞翻傳》曰：

> 翻性疏直，數有酒失。權與張昭論及神仙，翻指昭曰：「彼皆死人，
> 而語神仙，世豈有仙人也！」權積怒非一，遂徙翻交州。雖處罪放，
> 而講學不倦，門徒常數百人。又爲《老子》、《論語》、《國語》訓注，
> 皆傳於世。〔註35〕

孫權與張昭論議神仙之事，虞翻斥責張昭以死論神仙，而數次激怒孫權，孫
權於是將虞翻徙遷至交州（今廣東、廣西一帶）。虞翻雖因罪發放，仍講學不

〔註33〕《三國志》，卷57，頁1320。
〔註34〕同註33，卷57，頁1321。
〔註35〕同註33，卷57，頁1321～1322。

息，門生學子常數百人，又注解《老子》、《論語》及《國語》。虞翻雖身處交州，仍喜與同氣之士交遊，《三國志・吳書・虞翻傳》曰：

> 初，山陰丁覽，太末徐陵，或在縣吏之中，或眾所未識，翻一見之，便與友善，終成顯名。在南十餘年，年七十卒。歸葬舊墓，妻子得還。〔註36〕

山陰之丁覽，太末之徐陵，初皆無名，虞翻一見便與之相交，最終丁覽、徐陵都顯名於外。《三國志》卷五十七，裴松之注引《會稽典錄》曰：「覽字孝連，八歲而孤，家又單微，清身立行，用意不苟，推財從弟，以義讓稱。仕郡至功曹，守始平長。為人精微絜淨，門無雜賓。孫權深貴待之，未及擢用，會病卒，甚見痛惜，殊其門戶。覽子固，字子賤，本名密，避滕密，改作固。固在襁褓中，闞澤見而異之，曰：『此兒後必致公輔。』固少喪父，獨與母居，家貧守約，色養致敬，族弟孤弱，與同寒溫。翻與固同僚書曰：『丁子賤塞淵好德，堂構克舉，野無遺薪，斯之為懿，其美優矣。令德之後，惟此君嘉耳。』歷顯位，孫休時固為左御史大夫，孫晧即位，遷司徒。晧悖虐，固與陸凱、孟宗同心憂國，年七十六卒。子彌，字欽遠，仕晉，至梁州刺史。孫潭，光祿大夫。」〔註37〕《會稽典錄》又曰：「徐陵字元大，歷三縣長，所在著稱，遷零陵太守。時朝廷俟以列卿之位，故翻書曰：『元大受上卿之遇，叔向在晉，未若於今。』其見重如此。陵卒，僅客土田或見侵奪，駱統為陵家訟之，求與丁覽、卜清等為比，權許焉。陵子平，字伯先，童齔知名，翻甚愛之，屢稱歎焉。諸葛恪為丹楊太守，討山越，以平威重思慮，可與效力，請平為丞，稍遷武昌左部督，傾心接物，士卒皆為盡力。初，平為恪從事，意甚薄，及恪輔政，待平益疏。恪被害，子建亡走，為平部曲所得，平使遣去，別為佗軍所獲。平兩婦歸宗，敬奉情過乎厚。其行義敦篤，皆此類也。」〔註38〕更可見虞翻識人能力頗有見地，在交州十餘年，年七十而卒，之後葬歸會稽，妻與子得回故里。

虞翻於交州所居之宅，之後成為嶺南著名古剎，見余桂元《中國的著名寺廟宮觀與教堂》：「光孝寺在今廣州市北書北路。此地原為西漢南越王趙建德故宅，三國時又成為東吳官員虞翻的范圍。虞翻死後，他的家人捨宅作寺。

〔註36〕《三國志》，卷57，頁1323～1324。

〔註37〕同註36，卷57，頁1323～1324。

〔註38〕同註36，卷57，頁1324。

該寺名稱屢變，至宋紹興十一年（公元 1151 年）才定名爲『光孝寺』。這是嶺南最早的古刹之一，也是現在廣州最著名的古蹟。」〔註 39〕、《（道光）廣東通志‧卷一四五》下引《太平御覽‧樓承先別傳》：「樓元至廣州密求虞仲翔故宅，徘徊躑躅，哀咽悽愴，不能自勝。」〔註 40〕此爲虞翻貶謫流居嶺南的直接證明。

三、虞翻生卒年考

（一）漢桓帝延熹六年至吳大帝嘉禾元年（163～232）

《三國志》卷五十七，裴松之注引《吳書》曰：

> 翻雖在徙棄，心不忘國，常憂五谿宜討，以遼東海絕，聽人使來屬，尚不足取。今去人財以求馬，既非國利，又恐無獲。欲諫不敢，作表以示呂岱，岱不報，爲愛憎所白，復徙蒼梧猛陵。〔註 41〕

虞翻貶遷交州，仍關心國事並勸諫孫權遣將赴遼東從公孫淵求馬，《三國志‧吳主傳》曰：「嘉禾元年（232）春正月，建昌侯慮卒。三月，遣將軍周賀、校尉裴潛乘海之遼東。秋九月，魏將田豫要擊，斬賀于成山。」〔註 42〕吳大帝嘉禾元年（232）周賀、裴潛被派往遼東求馬，當年九月魏降田豫回擊且斬周賀於成山。虞翻因犯上徙遷而不敢直言相諫，故作表轉交呂岱，而呂岱未報。又《三國志》卷五十七，裴松之注引《江表傳》曰：

> 後權遣將士至遼東，於海中遭風，多所沒失，權悔之，乃令曰：「當趙簡子稱諸君之唯唯，不如周舍之諤諤。虞翻亮直，善於盡言，國之周舍也。前使翻在此，此役不成。」促下問交州，翻若尚存者，給其人船，發遣還都；若以亡者，送喪還本郡，使兒子仕宦。會翻已終。〔註 43〕

虞翻直言亮節且能盡善言，孫權遣將於遼東失敗後，悔恨虞翻未居旁側，孫

〔註39〕 余桂元撰：《中國的著名寺廟宮觀與教堂》（臺北：臺灣商務印書館，1994 年），頁 23。

〔註40〕 〔清〕阮元修、陳昌齋等纂：《（道光）廣東通志》（上海：上海古籍出版社《續修四庫全書》據商務印書館 1934 年影印清道光二年（1822）刻本影印，1997 年），卷 145，頁 245。

〔註41〕 《三國志》，卷 57，頁 1324。

〔註42〕 同註 41，卷 47，頁 1136。

〔註43〕 同註 41，卷 57，頁 1324。

權比虞翻爲周舍，於是問虞翻何在？在則還都，亡則送喪回郡，並使其子任其官，但此時虞翻已亡終。據上文推論虞翻於吳大帝嘉禾元年（232）已亡，故定生卒年爲漢桓帝延熹六年（163）至吳大帝嘉禾元年（232），年七十。張其成《象數易學》〔註44〕主此之說。

（二）漢桓帝延熹七年至吳大帝嘉禾二年（164～233）

依上文將《江表傳》「後權遣將士至遼東，於海中遭風，多所沒失，權悔之」一事定於嘉禾二年（233），是因孫權於其年三月令將「乘海授淵」，《三國志・吳主傳》卷四十七曰：

> 三月，遣舒、綜還，使太常張彌、執金吾許晏、將軍賀達等將兵萬
>
> 人，金寶珍貨，九錫備物，乘海授淵。〔註45〕

嘉禾元年（232），冬十月，魏遼東太守公孫淵派遣宿舒、孫綜至吳，且稱臣於吳，孫權滿心歡喜，於嘉禾二年（233）遣張彌、許晏、賀達等人、萬名兵將及珍奇異寶，奔赴遼東授領公孫淵之情，但公孫淵待張彌、許晏及賀達至遼東則斬之，並盡收兵資奇寶。故將虞翻生卒年則定於漢桓帝延熹七年（164）至吳大帝嘉禾二年（233）。然劉沅甫《史存》〔註46〕、康發祥《三國志補義》〔註47〕、吳榮光《歷代名人年譜》〔註48〕、錢大昕《疑年錄》〔註49〕、張善文《歷代易家考略》〔註50〕及《象數與義理》〔註51〕、姜亮夫主編《歷代人物年里通譜》〔註52〕、劉玉建《兩漢象數易學研究》〔註53〕、蕭漢明〈虞翻

〔註44〕張其成撰：《象數易學》（北京：中國書局，2003 年），頁 105。

〔註45〕《三國志》，卷 47，頁 1138。

〔註46〕〔清〕劉沅撰：《史存》（成都：巴蜀書社《槐軒全書》，2006 年），卷 29，頁 3214。

〔註47〕〔清〕康發祥撰：《三國志補義》（北京：北京圖書出版社，2004 年），卷 3，頁 830。

〔註48〕〔清〕吳榮光著；李宗顥補遺；林梓宗點校：《歷代名人年譜》（北京：北京圖書館出版社，2002 年），卷 2，頁 80。

〔註49〕〔清〕錢大昕撰：《疑年錄》（上海：上海古籍出版社《續修四庫全書》據南京圖書館藏清嘉慶二十三年刻本影印，1997 年），卷 1，頁 146。其曰：「虞仲翔七十。生漢延熹七年甲辰，卒吳嘉禾二年癸丑。」

〔註50〕張善文撰：《歷代易家考略》（臺北：頂淵文化事業出版社，2006 年），頁 67。

〔註51〕張善文撰：《象數與義理》（臺北：洪葉文化，1997 年），頁 65。

〔註52〕姜亮夫主編：《歷代人物年里通譜》（臺北：世界書局，1993 年），頁 28。此書原爲《歷代名人年里碑傳總表》姜亮夫編，民國 26 年（1937）上海商務印書館初版，54 年臺灣商務印書館增訂臺 1 版。世界書局書名改爲《歷代人物年里通譜》，目前《通譜》一書收錄在楊家駱主編之《中國學術名著第五輯》、

易學與《周易參同契》〉〔註54〕等皆主此說。

（三）漢靈帝建寧三年至吳大帝赤烏二年（170～239）

《三國志》卷五十七中裴松之注引〈翻別傳〉曰：

> 權即尊號，翻因上書曰：「陛下膺明聖之德，體舜、禹之孝，歷運當
> 期，順天濟物。奉承策命，臣獨抃舞。罪棄兩絕，拜賀無階，仰瞻
> 宸極，且喜且悲。臣伏自刻省，命輕雀鼠，性輶毫釐，罪惡莫大，
> 不容於誅，昊天罔極，全宥九載，退當念戮，頻受生活，復偷視息。
> 臣年耳順，思咎憂憤，形容枯悴，髮白齒落，雖未能死，自悼終沒，
> 不見宮闕百官之富，不觀皇輿金軒之飾，仰觀巍巍眾民之謠，傍聽
> 鍾鼓侃然之樂，永隕海隅，棄骸絕域，不勝悲慕，逸豫大慶，悅以
> 忘罪。」〔註55〕

虞翻因伏地佯醉，後又評議張昭與孫權論神仙之事，屢次激怒孫權而被貶至
交州，計爲魏文帝黃初二年（221）。以虞翻生卒年爲漢靈帝建寧三年（170）
至吳大帝赤烏二年（239）其因如下：其一，孫權稱帝，改元黃龍，其爲西
元 229 年，文中「全宥九載」，係指虞翻貶至交州已九年久，從西元 221 年
至 229 年，正爲九年之期。其二，文中所謂「臣年耳順」，虞翻說明此時年
爲六十，又《三國志》虞翻本傳曰「年七十卒」，可知西元 229 年虞翻年六
十，七十卒之時爲西元 239 年。其三，《三國志》言虞翻流於南海曰「在南
十餘年」，由西元 221 年虞翻徙遷至 239 年虞翻卒，正爲十九年，於虞翻本
傳相合。其四，《三國志》卷五十七，裴松之注引《會稽典錄》曰：「氾字世
洪，生南海，年十六，父卒，還鄉里。」〔註56〕倘若虞翻卒於吳大帝嘉禾元
年（232）或嘉禾二年（233）則虞翻之子虞氾在父親逝世時年十六，換言之，
虞氾生於西元 216 年或 217 年，但虞翻於魏文帝黃初二年（221）貶至交州，
虞氾乃其父被貶謫之前所生，而《會稽典錄》曰「生南海」，其時間上有所
不同。綜合以上四點論述可證，虞翻生於漢靈帝建寧三年（170），卒於吳大

《史學名著第六集》叢書內。

〔註53〕劉玉建撰：《兩漢象數易學研究》（下）（南寧市：廣西教育出版社，1996 年），
頁 612。

〔註54〕劉大鈞等著：《象數精解》中蕭漢明撰〈虞翻易學與《周易參同契》〉（成都：
巴蜀書舍，2004 年），頁 107。

〔註55〕《三國志》，卷 57，頁 1322。

〔註56〕《三國志》，卷 57，頁 1327。

帝赤烏二年（239），較爲可信。然《三國志集解》中清人姚振宗〔註57〕、周立升《西漢易學與道家思想》〔註58〕、羅光《中國哲學思想史》（兩漢、南北朝篇）〔註59〕、高懷民《兩漢易學史》〔註60〕等皆從此說。

（四）漢靈帝熹平元年至吳大帝赤烏四年（172～241）

裴占榮〈虞仲翔先生年譜〉〔註61〕推論虞翻生卒年，當於漢靈帝熹平元年（172）至吳大帝赤烏四年（241），且提出三個論點〔註62〕，第一爲駁斥卒於嘉禾元年或嘉禾二年之說，因《翻別傳》言此時正當孫權即位，改元黃龍（229），若卒於嘉禾元年（232）或二年（233），而虞翻當時爲六十六、七歲，與「臣年耳順」，耳順即六十歲不符。以《翻別傳》之證論說《江表傳》之誤。第二以《會稽典錄》引虞翻之子虞汜「生南海，年十六，父卒還鄉里」再此證明，虞翻於魏文帝黃初二年（221）被貶交州，若卒於嘉禾年間，則虞汜當爲十二、三歲。以《會稽典錄》再證《江表傳》之失。第三以孫登臨終之際上表遺疏，曰「蔣脩、虞翻，志節分明」，孫登太子於死前向孫權求情，願用

〔註57〕 〔晉〕陳壽撰；〔宋〕裴松之注：盧弼集解：《三國志集解》（臺北：藝文印書館，1955年），卷57，頁1087。
〔註58〕 周立升撰：《西漢易學與道家思想》（上海：上海文化出版社，2001年），頁251。
〔註59〕 羅光撰：《中國哲學思想史》（兩漢、南北朝篇）〈兩漢的易學〉（臺北：臺灣學生書局，1985年），頁407。
〔註60〕 高懷民撰：《兩漢易學史》〈本書主要易學家年表〉（桂林：廣西師範大學出版社，2007年），頁4。
〔註61〕 裴占榮撰：〈虞仲翔先生年譜〉（北京：北京圖書館出版社《近代著名圖書館館刊薈萃續編》，2005年），第9冊，頁60～88。
〔註62〕 「（一）孫權即尊位，先生上書，中有臣年耳順一語。耳順者，六十歲也，若謂年七十卒，於嘉禾元年或二年，則先生彼時已六十六七歲矣。豈復當謂耳順？（二）本傳末，〈虞汜傳〉注《會稽典錄》曰：「汜字世洪，生南海，年十六，父卒還鄉里。」占榮按此等無聊記載，最可憑信。若本各史家之說，先生以辛丑被貶，壬癸二年身卒，僅得十二三年，與汜生南海，十六歸鄉里之說，不能相通。（三）吾既懷前此二疑，故對此問題，益事搜討，最後於孫登傳中，得一顯證焉，則孫登所上遺疏是也，茲錄其全文如下：「……諸葛恪才略博達，器任佐時；張休、顧譚、謝景皆通敏有識斷，人宜委腹心，出可爲爪牙；范慎、華融，矯矯壯節，有國士之風；羊衜辯捷，有專對之才；刁宣優宏，志履道眞；裴欽博記，翰采足用；蔣脩、虞翻，志節分明；凡此諸臣，或宜廊廟，或任將帥，皆練時事，明習法令，固信守義，有不可奪之志。……人之將死，其言也善，故子囊臨終遺言戒時，君子以爲忠，豈況臣登，其能已乎！願陛下留意聽采，臣雖死之日，猶生之年也。既絕而後書聞，權益以摧感，言則隕涕，是歲赤烏四年也。」同註61，頁79～80。

其師虞翻於世，是年赤烏四年（241），孫權赦免其罪然虞翻已亡，因而以為
虞翻卒於赤烏四年（241）。

《江表傳》言虞翻卒於嘉禾元年，嘉禾二年，與《翻別傳》、《會稽典錄》
中所載之事頗有差異，故不足採信。但裴占榮以虞翻卒於赤烏四年（241），
而被貶之年為魏文帝黃初二年（221），計處身南海當二十年，與《三國志》
虞翻本傳中「在南十餘年」不合；又裴占榮以虞翻生於漢靈帝熹平元年（172），
至孫權稱帝，改元黃龍（229），此時虞翻五十八歲，雖裴占榮認為《江表傳》
多有所誤而不足以信，但其與《翻別傳》中「臣年耳順」也相違。雖裴占榮
以孫登臨終前為師傅虞翻求情，始得孫權赦免，但此時虞翻已亡，故推證虞
翻卒於孫權免罪遣返之年，然以此為卒年卻與《翻別傳》及《三國志》中虞
翻本傳皆有迥異不通之處，故裴占榮之說尚有疑存。總體而論，以虞翻生於
漢靈帝建寧三年（170），卒於吳大帝赤烏二年（239）可信度為高，故本文以
此為虞翻之生卒年。

第二節　虞翻著述

一、專門著述

虞翻專門著述有《周易日月變例》、《周易集林律曆》及《易律曆》，此外，
尚有《虞翻集》，細目如下：

（一）《周易日月變例》

《隋書·經籍志》記載虞翻《易》類的著作曰：

> 《周易日月變例》六卷，虞翻、陸績撰。〔註63〕

《隋志》言虞翻、陸績撰《周易日月變例》六卷，但《舊唐志》及《新唐志》
中皆未著錄，今已佚失。

（二）《周易集林律曆》

《隋書·經籍志·五行類》〔註64〕與《新唐書·藝文志》〔註65〕皆著錄
虞翻撰有《周易集林律曆》一卷，但今已佚失。

〔註63〕〔唐〕魏徵等撰：《隋書》（臺北：藝文印書館，1955年），卷32，頁472。
〔註64〕《隋書》，卷34，頁514。
〔註65〕〔宋〕歐陽修等撰：《新唐書》（臺北：藝文印書館，1955年），卷59，頁690。

（三）《易律曆》

　　《隋書‧經籍志》〔註66〕記載虞翻撰《易律曆》一卷，《舊唐書‧經籍志》、《新唐書‧藝文志》著錄此書，但不著撰人，今書已佚。

　　《宋書‧藝文志》曰：「虞翻注《京房周易律曆》一卷」〔註67〕宋人王欽臣《王氏談錄》「京氏律曆」下曰：「《京氏律曆》一卷，虞翻為之解。其書雖存，學者罕究。公從祕府傳其書，究習遂通，屢以占卦，甚效。」〔註68〕「公」係指王欽臣之父親王洙，王洙從祕府得其書而深究鑽研，書中乃載占卦之理。南宋陳振孫《直齋書錄解題》在「《京氏參同契律曆志一卷》」下曰：「虞翻注，專言占象，而不可盡通，字亦多誤，未有別本校。」〔註69〕清代姚振宗《三國藝文志》卷三「《虞翻周易集林律曆一卷》」下注曰：「此似即所注《京氏易律曆》，然攷《隋志》分別著錄，而書名各異；證以《別傳》所云『依《易》設象，占吉凶』之言，似仲翔氏別有自撰之書。」〔註70〕說明虞翻所撰《周易集林律曆》與所注《京氏易律曆》極為相似，但在《隋志》中書名不同且分開著錄。

　　《隋書‧經籍志》言虞翻所著《周易集林律曆》與《易律曆》，《宋書‧藝文志》曰虞翻注解《京房周易律曆》，宋代王欽臣《王氏談錄》說「《京氏律曆》一卷，虞翻為之解」，南宋陳振孫《直齋書錄解題》曰虞翻注《京氏參同契律曆志》，清代姚振宗《三國藝文志》言《周易集林律曆》與《易律曆》相似，故上述不同書名之書，推論可能同一本書，但今已佚失。

（四）《虞翻集》

　　《隋書‧經籍志》曰：「後漢侍御史《虞翻集》二卷。」〔註71〕注曰：「梁三卷，錄一卷。」〔註72〕《舊唐書‧經籍志》〔註73〕、《新唐書‧藝文志》

〔註66〕　《隋書》，卷34，頁515。
〔註67〕　〔南朝梁〕沈約撰：《宋書》（臺北：藝文印書館，1955年），卷206，頁2464。
〔註68〕　〔宋〕王欽臣撰：《王氏談錄》（鄭州：大象出版社《全宋筆記》，2003年），第1編，冊10，頁162。
〔註69〕　〔宋〕陳振孫撰：《直齋書錄解題》（北京：中華書局，1985年），第3冊，卷12，頁363。
〔註70〕　〔清〕姚振宗撰：《三國藝文志》（上海：上海古籍出版社《續修四庫全書》據民國5年張氏刻適園叢書本影印，1997年），卷3，頁555。
〔註71〕　同註66，卷35，頁522。
〔註72〕　同註66。
〔註73〕　〔五代〕劉昫等撰：《舊唐書》（臺北：藝文印書館，1955年），卷47，頁984。

〔註74〕皆有所載，故文集有《虞翻集》三卷，但今已失傳。

二、注解之作

（一）《周易》注

根據《三國志》本傳，虞翻較早完成之作爲《易》注。《三國志・吳書・虞翻傳》曰：

> 翻與少府孔融書，并示以所著《易注》。融答書曰：「聞延陵之理樂，觀吾子之治《易》，乃知東南之美者，非徒會稽之竹箭也。又觀象雲物，察應寒溫，原其禍福，與神合契，可謂探賾窮通者也。」會稽東部都尉張紘又與融書曰：「虞仲翔前頗爲論者所侵，美寶爲質，彫摩益光，不足以損。」〔註75〕

虞翻曾寫信給孔融並示所注之書，孔融認爲親睹虞翻《易》注如東南優美，又能從《易》注中觀事物理象，由上可知，虞翻注《周易》之實，且孔融曾親眼目睹其書，還譽虞翻爲「探賾窮通者」。

《隋書・經籍志》「周易九卷」注曰：「吳侍御史虞翻注」〔註76〕、《舊唐書・經籍志》注曰：「又九卷虞翻注」〔註77〕和《新唐書・藝文志》注曰：「虞翻注九卷」〔註78〕皆言虞翻注《周易》九卷。唐陸德明《經典釋文・序錄》「虞翻注十卷」〔註79〕則說虞翻注《周易》十卷。今已佚失，於唐代李鼎祚《周易集解》徵引最多。

（二）《孝經》注

《十三經注疏》中《孝經序》評論幾家注《孝經》者的得失，曾曰：

> 韋昭、王肅，先儒之領袖；虞翻、劉邵，抑又次焉。劉炫明安國之本，陸澄識康成之注，在理或當，何必求人，今故特舉六家之異同，會五經之旨趣。〔註80〕

〔註74〕《新唐書》，卷60，頁698。
〔註75〕《三國志》，卷57，頁1320。
〔註76〕《隋書》，卷32，頁471。
〔註77〕《舊唐書》，卷46，頁949。
〔註78〕同註74，卷57，頁651。
〔註79〕〔唐〕陸德明撰：《經典釋文》（北京：中華書局，1985年），卷1，頁18。
〔註80〕〔唐〕唐玄宗注；〔宋〕邢昺疏：《孝經》（臺北：藝文印書館《十三經注疏》，2001年），頁8。

邢昺疏曰：「正義曰六家，即韋昭、王肅、虞飜（翻）、劉邵、劉炫、陸澄也，言此六家而又會合諸經之旨趣耳。」〔註81〕唐明皇以虞翻爲六家之一，可見虞翻曾爲《孝經》作注，但今已佚失。

（三）《論語》注

《三國志‧吳書》曰虞翻注《論語》，《經典釋文‧序錄》〔註82〕著錄有《論語》虞翻注十卷。《隋書‧經籍志》曰：「王肅、虞翻、譙周等注《論語》各十卷，亡。」〔註83〕虞翻注《論語》在《隋書‧經籍志》中已記載亡佚，今已佚失。

（四）《國語》注

《隋書‧經籍志》〔註84〕、《舊唐書‧經籍志》〔註85〕、《新唐書‧藝文志》〔註86〕言虞翻注《國語》二十一卷。且虞翻《國語》注後人有輯本，清人馬國翰《玉函山房輯佚書》、黃奭《黃氏逸書考》、王仁俊《玉函山房輯佚書續編》各輯有一卷。

（五）《太玄經》注

《三國志‧吳書》裴松之注引《翻別傳》指出：

> 又以宋氏解玄頗有繆錯，更爲立法，并著《明楊》、《釋宋》以理其滯。〔註87〕

虞翻認爲宋衷解《太玄經》繆誤爲多，於是重新立注，《太玄經》乃漢代揚雄模倣《易經》之作，「明楊」爲虞翻理解並闡明揚雄《太玄經》之寫作要旨，「釋宋」係解開漢末宋衷對於《太玄經》解釋不通之處。《隋書‧經籍志》注曰：

> 梁有《揚子太玄經》十四卷，虞翻注。〔註88〕

除了《隋書‧經籍志》外，《舊唐書‧經籍志》〔註89〕及《新唐書‧藝文志》

〔註81〕《孝經》，頁 8。
〔註82〕《經職釋文》，頁 51。
〔註83〕《隋書》，卷 32，頁 481。
〔註84〕同註 83，卷 32，頁 479。
〔註85〕《舊唐書》，卷 46，頁 954。
〔註86〕《新唐書》，卷 57，頁 655。
〔註87〕《三國志》，卷 57，頁 1323。
〔註88〕同註 83，卷 34，頁 503。
〔註89〕同註 85，卷 47，頁 972。

〔註90〕皆有著錄虞翻注《楊子太玄經》十四卷，但今已佚失。

（六）《老子》注

《三國志‧吳書》曰：「又爲《老子》、《論語》、《國語》訓注，皆傳於世。」〔註91〕《經典釋文‧序錄》〔註92〕著錄有《老子》虞翻注二卷。《隋書‧經籍志》曰：「虞翻注《老子》二卷，亡。」〔註93〕虞翻注《老子》在《隋書‧經籍志》中已佚失，今亦亡佚。

（七）《周易參同契》注

唐陸德明《經典釋文‧周易音義》「易」字下曰：「虞翻注《參同契》云：『字從日下月』。」〔註94〕但僅此書記載，虞翻曾爲東漢末年魏伯陽《周易參同契》作注，今已佚失。

〔註90〕《新唐書》，卷59，頁678。

〔註91〕《三國志》，卷57，頁1321～1322。

〔註92〕《經典釋文》，頁53。

〔註93〕《隋書》，卷34，頁504。

〔註94〕同註92，卷2，頁61。

第三章 虞翻《易》學思想背景

第一節 《易》學源流

一、孔傳《易》學之考

《易》學傳承脈絡《史記‧仲尼弟子列傳》曰：

> 商瞿，魯人，字子木，少孔子二十九歲。孔子傳《易》於瞿，瞿傳
> 楚人馯臂子弘，弘傳江東人矯子庸疵，疵傳燕人周子家豎，豎傳淳
> 于人光子乘羽，羽傳齊人田子莊何，何傳東武人王子中同，同傳菑
> 川人楊何，何元朔中以治《易》爲漢中大夫。〔註1〕

孔子傳《易》於「商瞿」，「商瞿」傳「馯臂子弘」，「馯臂子弘」傳「矯子庸
疵」，「矯子庸疵」傳「周子家豎」，「周子家豎」傳「光子乘羽」，「光子乘羽」
傳「田子莊何」，「田子莊何」傳「王子中同」，「王子中同」傳「楊何」。班固
《漢書‧儒林傳》對此亦有詳細敘述：

> 自魯商瞿子木受《易》孔子，以授魯橋庇子庸。子庸授江東馯臂子
> 弓。子弓授燕周醜子家。子家授東武孫虞子乘。子乘授齊田何子裝。
> 及秦禁學，《易》爲筮卜之書，獨不禁，故傳受者不絕也。〔註2〕

班固言《易》學經由「孔子」、「商瞿」、「橋庇子庸」、「馯臂子弓」、「周醜子

〔註1〕 〔漢〕司馬遷撰；〔南朝宋〕裴駰集解；〔唐〕司馬貞索隱；〔唐〕張守節正義：
《史記》（臺北：藝文印書館，2005年），卷67，頁884～885。
〔註2〕 〔漢〕班固撰；〔唐〕顏師古注：《新校本漢書》（臺北：鼎文書局，1981年），
卷88，頁3597。

家」、「孫虞子乘」、「田何子裝」等傳承而下。

司馬遷《史記》之「馯臂子弘」即班固《漢書》中的「馯臂子弓」，「橋子庸疵」爲「橋庇子庸」，「周子家豎」爲「周醜子家」，「光子乘羽」爲「孫虞子乘」，「田子莊何」爲「田何子裝」，兩者中多爲姓名、字號前後位置互換，或音近而通假。司馬遷與班固所載之《易》學傳承脈絡，兩者最大異處乃爲受《易》於孔子之商瞿，傳《易》于「橋庇子庸」（「橋子庸疵」）或「馯臂子弓」（「馯臂子弘」）之先後順序，而班固《漢書》參考司馬遷《史記》，故有後出轉精之可能，但今已無從考證，換角度思索此兩種《易》學脈絡其實說明自孔子以來傳《易》之單脈相承，直至漢初田何才漸漸開展蔓延《易》學思想。下文附《史記》與《漢書》對孔傳《易》學先後順序之圖表：

圖表 2：孔傳《易》學先後順序

司馬遷《史記・仲尼弟子列傳》
　孔子⇨商瞿⇨馯臂子弘⇨橋子庸疵⇨周子家豎⇨光子乘羽⇨田子莊何

班固《漢書・儒林傳》
　孔子⇨商瞿⇨橋庇子庸⇨馯臂子弓⇨周醜子家⇨孫虞子乘⇨田何子裝

二、「田何」爲漢初《易》學第一人

司馬遷《史記・儒林列傳》曰：

> 自魯商瞿受《易》孔子，孔子卒，商瞿傳《易》，六世至齊人田何，字子莊，而漢興。田何傳東武人王同子仲，子仲傳菑川人楊何。……
> 然要言《易》者，本於楊何之家。〔註3〕

司馬遷言《周易》乃孔子傳授商瞿，直至第六世傳給齊人「田何」，「田何」又傳「王同」，「王同」再傳「楊何」。司馬遷以「田何」、「王同」、「楊何」之系統脈絡闡明孔子傳《易》的體系，高懷民〔註4〕認爲司馬遷父親「司馬談」

〔註3〕　《史記》，卷121，頁1277。

〔註4〕　「田何是漢興第一位易學大師，他的弟子實際上不止王同一人，王同的弟子也不止楊何一人，史公在田何以下只寫王同一支，王同以下只寫楊何一支，是因爲史公的父親司馬談『受易于楊何』（《太史公自序》）。可見史公這個易學傳承系統，是由他父親開始一代一代溯推上去的，追溯到商瞿、孔子以後，再由孔子、商瞿一路寫下來，所以成了一線單傳的情形。」高懷民撰：《兩漢

曾學《易》於「楊何」，更可從此處見司馬遷之用心。班固《漢書・儒林傳》
亦有詳細說明：

> 漢興，田何以齊田徙杜陵，號杜田生，……要言《易》者，本之田
> 何。〔註5〕

田何爲西漢《易》學源流第一人，田何本在齊而後遷徙至杜陵，號杜田生，
是故推溯漢代《易》學源頭曰「本之田何」。皇甫謐《高士傳》曰：

> 田何字子莊，齊人也，自孔子受《易》五傳至何，及秦禁學，以易
> 爲卜筮之書，獨不禁，故何傳之不絕，漢興田何以齊諸田徙杜陵，
> 號曰杜田生，以易受弟子，東武王同、子仲，洛陽周王孫、丁寬、
> 齊服生等顯當世。惠帝時，何年老家貧，守道不仕，帝親幸其廬以
> 受業，終爲《易》者宗。〔註6〕

漢惠帝時，田何年老家貧，爲守道而不出仕，惠帝親臨田何居所，拜田何爲
師，求受《易》學，終以《易》學爲宗。

三、「田何」後學簡述

　　依司馬遷《史記・儒林列傳》言田何傳《易》於東武人王同，實際上又
授《易》於服生、周王孫、丁寬、項生等門生，班固《漢書・儒林傳》曰：

> 漢興，田何以齊田徙杜陵，號杜田生，授東武王同子中、雒陽周王
> 孫、丁寬、齊服生，皆著《易傳》數篇。同授淄川楊何，字叔元，
> 元光中徵爲太中大夫。齊即墨成，至城陽相。廣川孟但，爲太子門
> 大夫。魯周霸、莒衡胡、臨淄主父偃，皆以《易》至大官。〔註7〕

田何爲漢初《易》學源流，傳授《易》學給東武人「王同」，雒陽人「周王
孫」、「丁寬」，齊人「服生」。

（一）王　同

　　王同，字子仲，《史記・儒林列傳》言爲東武人，《漢書・藝文志》著錄
「王氏二篇」，顏師古注曰：「名同」〔註8〕，已亡佚。

　　　易學史》（桂林：廣西師範大學出版社，2007 年），頁 7。
〔註5〕　《新校本漢書》，卷 88，頁 3597。
〔註6〕　皇甫謐撰：《高士傳》（臺北：藝文印書館《古今逸史》第四函，1968 年），卷
　　　　中，頁 13～14。
〔註7〕　同註5。
〔註8〕　〔漢〕班固撰；〔唐〕顏師古注；〔清〕王先謙補注：《漢書》（臺北：藝文印

1. 王同之弟子

王同門下弟子眾多，有楊何、即墨成、孟但、周霸、衡胡、主父偃等六人。司馬遷《史記‧儒林列傳》曰：

> 何以易元光元年徵，官至中大夫，齊人即墨成以《易》至城陽相，廣川人孟但以《易》為太子門大夫，魯人周霸，莒人衡胡，臨菑人主父偃，皆以《易》至二千石。然要言《易》者，本於楊何之家。
> 〔註9〕

「楊何」為淄川人，字叔元，漢武帝元光年間曾任太中大夫，「即墨成」為齊人，官至城陽相，「孟但」為廣川人，曾任太子門大夫，魯人「周霸」、莒人「衡胡」、臨淄人「主父偃」，皆因學成《易》學而得食二千石之官。

2. 楊何之弟子

楊何弟子有「司馬談」與「京房」二人。司馬遷〈太史公自序〉中言父親司馬談曾「受易于楊何」，而另一位楊何弟子為「京房」，因《易》學界有兩位「京房」，此係指活躍於漢宣帝、漢昭帝之京房，《漢書‧儒林傳‧梁丘賀傳》曰：

> 梁丘賀字長翁，琅邪諸人也。以能心計，為武騎。從太中大夫京房受《易》。房者，淄川楊何弟子也。房出為齊郡太守，賀更事田王孫。宣帝時，聞京房為《易》明，求其門人，得賀。〔註10〕

此「京房」為漢宣帝時《易》學博士梁丘賀之師，師承楊何，曾任太中大夫，出為齊郡太守。而另一位《易》學之「京房」主要活躍於漢元帝時期，其師為焦延壽，《漢書‧儒林傳》：「京房受《易》梁人焦延壽，延壽云嘗從孟喜問《易》。」〔註11〕，此兩個《易》學界「京房」易為混淆誤解，《京房評傳》中指出杭辛齋於《讀易雜識》中〈漢有兩京房〉一目因筆誤而誤解之例舉出〔註12〕，可見兩者應當慎辨。

　　　　書館，1995 年），卷 30，頁 875。
〔註9〕 《史記》，卷 121，頁 1277。
〔註10〕《新校本漢書》，卷 88，頁 3600～3601。
〔註11〕同註 10，卷 88，頁 3601。
〔註12〕「近代易學大師杭辛齋先生，在其所撰《讀易雜識》中，撰有《漢有兩京房》一目，云：『漢易師稱京房者有二。一為太中大夫，《漢書》：「梁丘賀從太中大夫受《易》。」顏師古注曰：「別一京房，非延壽弟子也。」又云：「房者，淄川楊何弟子也。房出為齊郡太守，賀更事田王孫。」此京房系漢宣帝時人。至延壽弟子京房，字君明，本姓李，因吹律自定為京氏，以明災異得幸元帝。

（二）周王孫

　　周王孫，雒陽人，《漢書・藝文志》記載「《易傳周氏》二篇」〔註 13〕，又《漢書・儒林傳・丁寬傳》曰：「寬至雒陽，復從周王孫受古義，號《周氏傳》。」〔註 14〕丁寬至雒陽，尋其一同受《易》於田何之門生「周王孫」，習其古義，由此而知，周王孫以「古義」爲長，有《周氏傳》，疑爲《漢志》之「《易傳周氏》二篇」，今已亡佚。

1. 周王孫之弟子

　　《漢書・藝文志》有「《蔡公二篇》」〔註 15〕，其注曰：「衛人，事周王孫。」〔註 16〕周王孫傳受《易》學於「蔡公」，但「蔡公」爲何者，已不可考。

（三）丁　寬

《漢書・儒林傳》曰：

> 丁寬字子襄，梁人也。初，梁項生從田何受《易》，時寬爲項生從者，讀《易》精敏，材過項生，遂事何。學成，何謝寬。寬東歸，何謂門人曰：「《易》以東矣。」寬至雒陽，復從周王孫受古義，號《周氏傳》。景帝時，寬爲梁孝王將軍距吳楚，號丁將軍，作《易說》三萬言，訓故舉大誼而已，今《小章句》是也。寬授同郡碭田王孫。王孫授施讎、孟喜、梁丘賀。繇是《易》有施、孟、梁丘之學。〔註17〕

丁寬，字子襄，梁人。從田何受《易》，情性聰敏，求學勤奮，學成東歸時，田何對門生曰：「《易》以東矣」，可見丁寬從田何學《易》至精至萃。丁寬至雒陽，從周王孫學古義，漢景帝時，丁寬爲梁孝王將軍，因距吳楚之軍，號

石顯、五鹿充宗皆疾房，欲遠之，於是以房爲魏郡太守。是前京房爲梁丘賀所師事，而延壽之《易》實受之梁丘賀，豈能更爲延壽之弟子，與京君明決非一人，可知矣。』他爲了辨明這兩位京房，所引資料均精確明白，只是在具體說明時，卻誤寫爲：『延壽之《易》實受之梁丘賀。』其本意當是寫『延壽之《易》，實受之孟喜，而孟喜與梁丘賀同師事田何，豈能更爲延壽之弟子』。此雖筆誤，但卻可能導致誤解。」盧央撰：《京房評傳》（南京：南京大學出版社，2008 年），頁2～3。

〔註 13〕《漢書》，卷 30，頁 873。
〔註 14〕《新校本漢書》，卷 88，頁 3597。
〔註 15〕同註 13，卷 30，頁 874。
〔註 16〕同註 13，卷 30，頁 874。
〔註 17〕同註 14，卷 88，頁 3597～3598。

「丁將軍」，曾以訓詁作《易說》三萬言。《漢書・藝文志》記載有「丁氏八篇」〔註18〕，今已亡佚。

1. 丁寬之弟子

丁寬弟子「田王孫」，《漢書・儒林傳・施讎傳》曰：「讎為童子，從田王孫受《易》。後讎徙長陵，田王孫為博士，復從卒業，與孟喜、梁丘賀並為門人。」〔註19〕田王孫於史書上無記載，施讎學《易》於田王孫，言其師曾為博士。

2. 田王孫之弟子

《漢書・儒林傳・丁寬傳》曰：

> 寬授同郡碭田王孫，王孫授施讎、孟喜、梁丘賀。繇是《易》有施、
> 孟、梁丘之學。〔註20〕

丁寬授《易》於田王孫，田王孫傳《易》於「施讎」、「孟喜」、「梁丘賀」，後世稱之為「施、孟、梁丘之學」，三人雖同出一脈，但其學卻有所分別，尤以「孟喜」變異師法，此待後文再作說明。

施讎，字長卿，《漢書・儒林傳・施讎傳》曰：「施讎字長卿，沛人也。沛與碭相近，讎為童子，從田王孫受《易》。後讎徙長陵，田王孫為博士，復從卒業，與孟喜、梁丘賀並為門人。謙讓，常稱學廢，不教授。及梁丘賀為少府，事多，乃遣子臨分將門人張禹等從讎問。讎自匿不肯見，賀固請，不得已乃授臨等。於是賀薦讎：『結髮事師數十年，賀不能及。』詔拜讎為博士。甘露中與《五經》諸儒雜論同異於石渠閣。讎授張禹、琅邪魯伯。伯為會稽太守，禹至丞相。禹授淮陽彭宣、沛戴崇子平。崇為九卿，宣大司空。禹、宣皆有傳。魯伯授太山毛莫如少路，琅邪邴丹曼容，著清名。莫如至常山太守。此其知名者也。繇是施家有張、彭之學。」〔註21〕施讎自小從學於田王孫之《易》，守其師法，漢宣帝年間拜為《易》學博士。施讎授《易》於「張禹」、「魯伯」，張禹再授《易》於「彭宣」、「戴崇」，「魯伯」授《易》於「毛莫如」、「邴丹」，後稱施讎《易》學為「張、彭之學」。

梁丘賀，字長翁，《漢書・儒林傳・梁丘賀傳》曰：「梁丘賀字長翁，琅

〔註18〕《漢書》，卷30，頁875。
〔註19〕《新校本漢書》，卷88，頁3597。
〔註20〕同註19，卷88，頁3598。
〔註21〕同註19，卷88，頁3598。

邪諸人也。以能心計，爲武騎。從太中大夫京房受《易》。房者，淄川楊何
弟子也。房出爲齊郡太守，賀更事田王孫。宣帝時，聞京房爲《易》明，求
其門人，得賀。賀時爲都司空令，坐事，論免爲庶人。待詔黃門數入說教侍
中，以召賀。賀入說，上善之，以賀爲郎。會八月飲酎，行祠孝昭廟，先敺
旄頭劍挺墮墜，首垂泥中，刃鄉乘輿車，馬驚。於是召賀筮之，有兵謀，不
吉。上還，使有司侍祠。是時霍氏外孫代郡太守任宣坐謀反誅，宣子章爲公
車丞，亡在渭城界中，夜玄服入廟，居郎間，執戟立廟門，待上至，欲爲逆。
發覺，伏誅。故事，上常夜入廟，其後待明而入，自此始也。賀以筮有應，
繇是近幸，爲太中大夫，給事中，至少府。爲人小心周密，上信重之。年老
終官。傳子臨，亦入說，爲黃門郎。甘露中，奉使問諸儒於石渠。臨學精孰，
專行京房法。琅邪王吉通《五經》，聞臨說，善之。時宣帝選高材郎十人從
臨講，吉乃使其子郎中駿上疏從臨受《易》。臨代五鹿充宗君孟爲少府，駿
御史大夫，自有傳。充宗授平陵士孫張仲方、沛鄧彭祖子夏、齊衡咸長賓。
張爲博士，至揚州牧，光祿大夫給事中，家世傳業；彭祖，眞定太傅；咸，
王莽講學大夫。繇是梁丘有士孫、鄧、衡之學。」〔註22〕梁丘賀從楊何弟子
「京房」學《易》，後又學《易》於田王孫，傳子「梁丘臨」，梁丘臨再傳《易》
於王吉之子「王駿」，此外又傳與「五鹿充宗」，五鹿充宗傳《易》於「士孫
張」、「鄧彭祖」、「衡咸」，故梁丘賀之《易》爲「士孫、鄧、衡之學」。

（四）服　生

服生，齊人，《漢書・藝文志》記載「服氏二篇」〔註23〕，顏師古注引劉
向《別錄》云：「服生，齊人，號服光。」〔註24〕服生，號服光，其書今已亡
佚。

（五）項　生

《漢書・儒林傳・丁寬傳》曰：「丁寬字子襄，梁人也。初梁項生從田何
受《易》，時寬爲項生從者，讀《易》精敏，材過項生，遂事何。」〔註25〕項
生從田何受《易》，當此之際，丁寬爲項生從者，學《易》敏捷，才能勝過項
生。故知從田何學《易》者尚有「項生」一人，然史傳並無所載。

〔註22〕《新校本漢書》，卷88，頁3600～3601。
〔註23〕《漢書》，卷30，頁874。
〔註24〕同註23。
〔註25〕同註22，卷88，頁3597。

依照上文所述，繪製田何《易》學傳承體系表，如下圖所示：

圖表3：田何《易》學傳承表

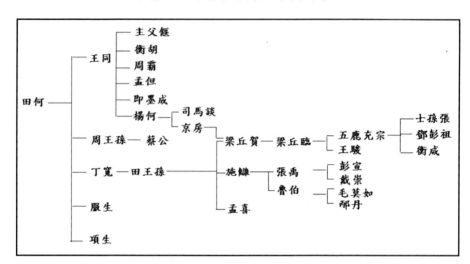

第二節　秦火與《易》經博士

一、《易》學與秦之焚書

秦始皇即位第三十四年（213B.C），採李斯建議而下令焚書、禁書，《史記・秦始皇本紀》曰：

> 五帝不相復，三代不相襲，各以治；非其相反，時變異也。今陛下創大業，建萬世之功，固非愚儒所知……今諸生不師今而學古，以非當世，惑亂黔首……臣請史官非秦紀皆燒之。非博士官所職，天下敢有藏《詩》、《書》、百家語者，悉詣守尉雜燒之，有敢偶語詩書者，棄市；以古非今者，族；吏見知不舉者，與同罪。令下三十日不燒，黥為城旦。所不去者，醫藥、卜筮、種樹之書，若欲有學法令，以吏為師。〔註26〕

「所不去者，醫藥、卜筮、種樹之書」《周易》等書正因歸為「卜筮」之書中而得以保存下來，秦始皇燒《詩》《書》，此為私家藏書，官府所藏未燒毀，直至秦二世，天下大亂，僅存官府之書亦隨之焚滅。司馬遷《史記・儒林列

〔註26〕《史記》，卷6，頁125。

傳》曰：

> 秦之季世，焚詩書，阬術士，六藝從此缺焉。陳涉之王也，而魯諸
> 儒持孔氏之禮器，往歸陳王，於是孔甲為陳涉博士，卒與涉俱死。
> 陳涉起匹夫，驅瓦合謫戍，旬月以王楚，不滿半歲竟滅亡。其事至
> 微淺，然而縉紳先生之徒負孔子禮器，往委質為臣者，何也？以秦
> 焚其業，積怨而發憤于陳王也。〔註27〕

秦始皇下令焚書、禁止私學，導致儒士不得已而委質陳涉，但陳涉「不滿半
歲竟滅亡」，之後項羽入關，火燒秦宮三月不絕，藏諸官府書籍則付之祝融。
司馬遷言「秦之季世，焚《詩》《書》，阬術士，六藝從此缺焉」，而班固《漢
書·儒林傳》曰：「及秦禁學，《易》為筮卜之書，獨不禁，故傳受者不絕也。」
〔註28〕司馬遷所言的「六藝」即為《詩》、《書》、《易》、《禮》、《樂》、《春
秋》，可見《易》也在缺佚之列，但班固又云因《易》為卜筮之書，不歸附
於焚書之中且不禁其學，故傳授者不絕。此兩者的說法相左，高懷民於《兩
漢易學史》中特別對此進行闡釋〔註29〕，提出伏羲之「符號易」、文王之「筮
術易」與孔子之「儒門易」，秦始皇所焚之《易》係「儒門易」而非「筮術
易」。司馬遷所指的《易》為「儒門易」，對人民思想有感召啟示作用，而班
固所言為「筮術易」，歸屬於卜筮類，而獨不禁。經歷秦代酷極專治統治之
後，漢代書禁漸開，諸子百家漸漸復甦，治《易》、傳《易》之況愈為盛行。

〔註27〕《史記》，卷121，頁1273。
〔註28〕《漢書》，卷88，頁1545。
〔註29〕「一、秦焚書時，所謂『易學』，是指儒門易而言；筮術在當時的身份是『術』，
　　　　非為易學。二、秦始皇焚書的目的，是為了鉗制人民的思想，免得知識分子
　　　　『不師今而學古』，而儒門《易經》的十翼中間，含有濃厚的取法古聖先王的
　　　　思想，衡之以理，定與其他五經同在被焚之列。所以司馬遷說『六藝從此缺
　　　　焉』，班固也說『六學從此缺矣』。三、秦火中免於被焚的，是『醫藥卜筮種
　　　　樹之書』，所謂筮書，即為不包括十翼在內的六十四卦象及卦辭爻辭，原為占
　　　　斷所用書，非危險的學術思想，故秦不禁。班固《漢書·儒林傳》：『易為卜
　　　　筮之書，獨不禁。』當中的『易』字，乃指此筮書，非指儒門的《易》經。
　　　　四、无十翼的筮書既不禁，那麼有十翼的《易經》自可得到庇護，因為當時
　　　　的儒門易學家大多兼通筮術，通筮術的易學家只消舉手之勞，摘去易家招牌，
　　　　換上筮家招牌即可。儒門《易經》能獨无損缺地度過秦火，原因在此。五、
　　　　筮既不禁，故有傳承，由此可知司馬遷《史記·仲尼弟子列傳》中所載自孔
　　　　子、商瞿至漢興田何的易學傳承系譜，實為筮術的傳承，而非儒門《易經》
　　　　的傳承。但此傳承中人，必都是兼通易學與筮術的人，雖是筮術的傳承，无
　　　　異於儒門《易經》的傳承，這就是史公逕以『易』稱名此傳承的原因，也是
　　　　漢興以後，田何以筮術與易學兩科教人的原因。」《兩漢易學史》，頁4～5。

二、今文經、古文經之別

漢高祖時天下方定，為求朝廷之序，乃派叔孫通訂定臨朝時的典禮儀
式，輕慢儒生。直至漢惠帝四年（191B.C）才真正廢除私人藏書之禁令，於
是當時民間漸現私家藏書，且精通五經之士尚存。但為政者漢文帝、景帝及
竇太后崇尚刑名與黃老之術，《史記・儒林列傳》曰：「孝文帝本好刑名之言，
及至孝景，不任儒者，而竇太后又好黃老之術，故諸博士具官待問，未有進
者。」〔註30〕又《漢書・外戚傳》曰：「竇太后好黃帝、老子言，景帝及諸
竇不得不讀《老子》尊其術。」〔註31〕因此，在「儒、道互黜」的情勢之下，
儒學較黃老之術處於劣勢之位。

直至漢武帝繼位，武帝頗好儒學，設立五經博士，《漢書・儒林列傳》贊
曰：

> 自武帝立五經博士，開弟子員，設科射策，勸以官祿，訖於元始，
> 百有餘年，傳業者浸盛，支葉蕃滋，一經說至百餘萬言，大師眾至
> 千餘人，蓋祿利之路然也。〔註32〕

博士官職於秦朝已設，目的是在掌管書教，闡述古今變故，漢武帝建元五年
（136B.C）設立五經博士，此官祿之途，起於漢武帝，訖至漢平帝元始年間
（1～5），時間約有一百三十餘年，最後傳者眾多，一經之說多至千萬字，大
師之員直至千人。《漢書・武帝紀》曰：

> 夏六月，詔曰：「蓋聞導民以禮，風之以樂，今禮壞樂崩，朕甚閔焉。
> 故詳延天下方聞之士，咸薦諸朝。其令禮官勸學，講議洽聞，舉遺
> 興禮，以為天下先。太常其議予博士弟子，崇鄉黨之化，以屬賢材
> 焉。」丞相弘請為博士置弟子員，學者益廣。〔註33〕

漢武帝元朔五年（124B.C），因禮樂崩壞，為了使「導民以禮，風之以樂」而
「令禮官勸學」、「舉遺興禮」，若能敘述經典逸失則任命為博士弟子員，授以
官祿。

劉向之子劉歆繼父校書之職，於校書之際，見一部以古文字為文的《左
傳》，劉歆便以傳中文字注經，曰《春秋左傳》，又《漢書・劉歆傳》曰：「及
魯恭王壞孔子宅，欲以為宮，而得古文壞壁之中，《逸禮》有三十九，《書》

〔註30〕《史記》，卷121，頁1274。
〔註31〕《新校本漢書》，卷97上，頁3954。
〔註32〕同註31，卷88，頁3620。
〔註33〕同註31，卷6，頁171～172。

十六篇。」〔註34〕其所見古文字書籍與當時流傳經書有所不同，是故劉歆請
命爲之設立學官，《漢書‧劉歆傳》曰：

> 歆及向始皆治《易》，宣帝時，詔向受《穀梁春秋》，十餘年，大
> 明習。及歆校祕書，見古文《春秋左氏傳》，歆大好之。時丞相史
> 尹咸以能治《左氏》，與歆共校經傳。歆略從咸及丞相翟方進受質
> 問大義。初《左氏傳》多古字古言，學者傳訓故而已，及歆治《左
> 氏》，引傳文以解經，轉相發明，由是章句義理備焉。歆亦湛靖有
> 謀，父子俱好古，博見彊志，過絕於人。歆以爲左丘明好惡與聖
> 人同，親見夫子，而公羊、穀梁在七十子後，傳聞之與親見之，
> 其詳略不同。歆數以難向，向不能非間也，然猶自持其《穀梁》
> 義。及歆親近，欲建立《左氏春秋》及《毛詩》、《逸禮》、《古文
> 尚書》，皆列於學官。哀帝令歆與《五經》博士講論其義，諸博士
> 或不肯置對。〔註35〕

漢哀帝時，令劉歆與五經博士置對，但博士皆不肯，《漢書‧劉歆傳‧移太常
博士書》曰：「夫禮失求之於野，古文不猶愈於野乎？往者，博士《書》有歐
陽，《春秋》公羊，《易》則施、孟，然孝宣皇帝猶復廣立《穀梁春秋》，《梁
丘易》，《大小夏侯尚書》，義雖相反，猶並置之。何則？與其過而廢之也，寧
過而立之。」〔註36〕劉歆欲以古文經增置博士，於是開啓今文經、古文經力
爭學官之端。

　　漢代經學尤重師法，當時距秦末焚書不久，漢代經學傳授需經由精通《五
經》的儒生口授弟子，弟子再以漢代通行文字「隸書」記載下來，此經文稱
爲「今文經」，與藏於璧中以秦代所使用「篆文」有所區別，故以「篆文」爲
書寫文字者謂爲「古文經」。皮錫瑞〔註37〕以文字來區別今古文之分，但羅光

〔註34〕《新校本漢書》，卷36，頁1969。
〔註35〕同註34，卷36，頁1967。
〔註36〕同註34，卷36，頁1971。
〔註37〕「兩漢經學有今古文之分。今古文所以分，其先由於文字之異。今文者，今
　　　　所謂隸書，世所傳熹平《石經》及孔廟等處漢碑是也。古文者，今所謂籀書，
　　　　世所傳岐陽石鼓及《說文》所載古文是也。隸書，漢世通行，故當時謂之今
　　　　文；猶今人之於楷書，人人盡識者也。籀書，漢世已不通行，故當時謂之古
　　　　文；猶今人之於篆、隸，不能人人盡識者也。凡文字必人人盡識，方可以教
　　　　初學。許慎謂孔子寫定六經，皆用古文；然則，孔氏與伏生所藏書，亦必是
　　　　古文。漢初發藏以授生徒，必改爲通行之今文，乃便學者誦習，故漢立博士
　　　　十四，皆今文家。而當古文未興之前，未嘗別立今文之名。」〔清〕皮錫瑞著；

卻以爲此說不符合實際情況〔註38〕，且認爲今古文經學的分別不在文學，而在內容和注解。姜廣輝在《中國經學思想史・第二卷》〔註39〕中提出漢武帝元朔五年（124B.C）爲今古文經於時間上之分界，以抄本之時爲今古文之別，而非文字之異與祖本之流別。其後今文經學家與古文經學家在對孔子的定位、《五經》的解釋各持不同見解，後人依清末廖平對今、古文經學歸納出一具體圖式〔註40〕，如下圖所示：

圖表4：今古文經學之比較

今 文 經 學	古 文 經 學
1. 崇奉孔子	1. 崇奉周公
2. 尊孔子爲素王	2. 尊孔子爲先師
3. 認孔子爲哲學家、政治家、教育家	3. 認孔子爲史學家

周予同注釋：《經學歷史》（北京：中華書局，2004年），頁54～55。

〔註38〕「至於說今文經學和古文經學的分別，在於文字，因今文爲隸字，古文爲篆文。這種分法不很合實際情況。除非今文經全部由於口授，由隸書傳抄，則西漢經書的來源，不是來自漢以前的古文。但漢景帝開了獻書之路和漢成帝的遣使求書，不能不尋得古簡本，然後用隸書傳抄，則今文經也有源自古文本的。所謂劉歆的古文經都用篆書刻寫，也能有疑問，因爲李斯曾經奏請統一文字，則在戰國時，各國的文字不完全統一，至少秦在西方，楚在南方，和在中原的齊魯等國的文字不完全一樣，這些國的文字據現有金石文，則已經和篆文有些不同。故劉歆若得有古文經書，經文書的文字則不定是篆文。……因此今古文經學的分別，若以文字的標準，祇是就古文經的來源說，指爲所謂孔壁古書。而今古文經學的爭端，則不在文學，而在內容和注解。」羅光撰：《中國哲學思想史》（兩漢、南北朝篇）（臺北：臺灣學生書局，1985年），頁129～130。

〔註39〕「所謂『今文經』其實不是一切的經書隸書抄本，而只是漢武帝時期官方組織抄寫並編定的傳本。所謂『古文經』其實不限於經書的古文抄本，還應包括這些古文抄本的隸定本，以及漢武帝元朔五年以前流行的某些隸書抄本。」、「若是只注重於文本是用今文還是古文抄寫，不足以鑒定其爲今文經抑或古文經。惟著眼於抄本的時間才能做到準確地鑒別：所謂今文經僅限於漢武帝元朔五年（公元前124年）組織抄寫的經書今文寫本以及在此之後衍生的今文寫本。」姜廣輝主編：《中國經學思想史・第二卷》（北京：中國社會科學出版社，2003年），頁554、560。

〔註40〕姜廣輝說明圖式來源：「清末廖平根據許慎《五經異義》，撰《古學考》和《今古學考》，對今古爲經學的分歧和爭議作了系統的概括。民國時期和現代的學者又對廖平的說法進行總結，歸納出一個具體系性的圖式。」且轉引其圖自姜廣輝主編：《中國經學思想史・第二卷》，頁571～572。

4. 以孔子爲托古改制	4. 以爲孔子「信而好古，述而不作」
5. 以六經爲孔子作	5. 以六經爲孔子以前的史料
6. 以《春秋公羊傳》爲主	6. 以《周禮》爲主
7. 爲經學	7. 爲史學
8. 經的傳授多可考	8. 經的傳授不大可考
9. 西漢都立于學官	9. 西漢多行于民間
10. 盛行于西漢	10. 盛行于東漢
11. 斥古文經是劉歆僞作	11. 斥今文經是秦火之餘
12. 信緯書，以爲孔子微言大義間有所存	12. 斥緯書爲誣妄

　　漢武帝之後，今文經立爲學官，古文經不立學官，今文經爲官方經學，古文經爲民間經學，在思想發展上，馮友蘭〔註 41〕認爲「今文經學派」係將儒家宗教化，而「古文經學派」則反對將神秘主義附加於儒家經典中。而今文經學派與古文經學派的鬥爭最終仍與官學執掌權利有密不可分之關連，《易》經因歸於卜筮之書，因此經籍典藏保存較完備，故《兩漢易學史》中曰：「事實上《易經》在漢興以後，不像其他經典樣有殘缺情事及今古文之爭」〔註 42〕。

三、《易》學與五經博士

　　《漢書・儒林傳》贊曰：

> 初，《書》唯有歐陽，《禮》后，《易》楊，《春秋》公羊而已。至孝宣世，復立《大小夏侯》《尚書》，《大小戴禮》，《施》、《孟》、《梁丘易》，《穀梁春秋》。至元帝世，復立《京氏易》。平帝時，又立《左氏春秋》、《毛詩》、逸《禮》、古文《尚書》，所以周羅遺失，兼而存之，是在其中矣。〔註43〕

《漢書》闡明最初立「楊何」爲《易》學博士，漢宣帝時立「施讎」、「孟喜」、「梁丘賀」三人，漢元帝時復立「京房」爲《易》學博士。皮錫瑞《經學歷

〔註41〕 「今文經學派的傾向是把儒家宗教化，古文經學派的傾向是反對用『天人感應』等神秘主義思想解釋儒家經典。古文經學家們在不同的方面，在不同的程度上，企圖把儒家學說從當時的神秘主義思潮中分別開來。」馮友蘭撰：《中國哲學史新編》（中卷）（北京：人民出版社，2004 年），頁 235。

〔註42〕 《兩漢易學史》，頁 2～3。

〔註43〕 《新校本漢書》，卷88，頁 3620～3621。

史‧經學昌明時代》曰：

> 劉歆稱先師皆出于建元之間；自建元立五經博士，各以家法教授。
> 據〈儒林傳〉贊：《書》、《禮》、《易》、《春秋》四經，各止一家；惟
> 《詩》之魯、齊、韓，則漢初已分；申公、轅固、韓嬰，漢初已皆
> 為博士。此三人者，生非一地，學非一師，《詩》分立魯、齊、韓三
> 家，此固不得不分者也。其後五經博士分為十四：《易》立施、孟、
> 梁丘、京四博士；《書》立歐陽、大小夏侯三博士；《詩》立齊、魯、
> 韓三博士；《禮》立大小戴二博士；《春秋》立嚴、顏二博士；共為
> 十四。〔註44〕

五經博士各有家法，因此每經止於一家，唯獨《詩》經在漢初已有魯、齊、
韓三家分立，之後五經博士共分為十四家，《易》經博士有「施讎」、「孟喜」、
「梁丘賀」、「京房」等四位，《書》經博士有「歐陽生」、「夏侯勝」、「夏侯
建」等三位，《詩》經博士有「魯」、「齊」、「韓」等三位，《禮》經博士有「戴
德」、「戴聖」等二位，《春秋》經博士有「嚴彭祖」、「顏安樂」等二位。漢
武帝設置專講《詩》、《書》、《易》、《禮》、《春秋》的五經博士，教授弟子，
此為當時政府的「學官」，而五經博士所講授的經典皆為當時通行的隸書所
撰寫，換言之，以今文為官方經學傳授文字及系統。

第三節　漢代《易》學流派

　　《四庫全書總目提要‧易類‧小序》對於《易》學有「兩派六宗」之說：
「《左傳》所記諸占，蓋猶太卜之遺法。漢儒言象數，去古未遠也；一變而
為京、焦，入於機祥；再變而為陳、邵，務窮造化，《易》遂不切於民用。
王弼盡黜象數，說以老、莊；一變而胡瑗、程子，始闡明儒理；再變而李光、
楊萬里，又參證史事，《易》遂日啟其論端。此兩派六宗，已互相攻駁。」
〔註45〕《左傳》占卜遺法至漢代儒者多言「象數」，焦延壽、京房之機祥推
驗，陳摶、邵雍之窮盡造化而遠離日常民用，王弼專研義理而盡黜象數，胡
瑗、程子開始闡明儒家義理，後李光、楊萬里又將《易》中參雜史事，此為

〔註44〕〔清〕皮錫瑞撰；周子同注釋：《經學歷史》（北京：中華書局，2004年），頁
　　　　45。
〔註45〕〔清〕永瑢等撰：《四庫全書總目提要‧易類‧小序》（臺北：臺灣商務印書
　　　　館，1968年），頁2。

《易》學的「兩派六宗」，而「兩派」即言「義理」與「象數」。

　　義理學派是由卦爻之辭延伸至人事義理的《易》學學派，象數學派則以卦爻象數爲銓釋方法的《易》學學派，而漢代以「象數」爲《易》學研究大宗，本文以研究虞翻《易》學爲主軸，虞翻雖爲兩漢《易》學集大成者，以象解《易》而歸於象數學派，余敦康《漢宋易學解讀》曰：「東漢《易》學直接繼承了西漢時期孟喜、京房和《易緯》的思路，仍然是以天人感應論爲理論基礎，通過觀察卦氣來占驗災異，企圖對實際的政治進行有效的批判調整，有著強烈的實踐功能。……易學從政治的領域退回到純學術的研究，不追求通經致用，因而不大講陰陽災異，雖然相繼湧現出了鄭玄、荀爽以及虞翻這樣一批著名的易學大師，創設了一系列的新的義例，使得卦氣說中的巫術色彩逐漸減少，理性色彩逐漸增多，但是卦氣說的生命力也由此而逐漸窒息，象數派易學中的內容與形式的矛盾也由此而逐漸擴大。」〔註46〕又高懷民《兩漢易學史》曰：「漢象數易學集中興起於兩漢季世，截然劃分爲前後兩個時期，而此兩時期的易風也不同。前期易學以『占驗』爲主，所重在『術』；後期易學以『注經』爲主，所重在『文字』。」〔註47〕是故本文將分「西漢占驗派象數《易》學」與「東漢注經派象數《易》學」來介紹漢代《易》學流派，其中又擇取與虞翻《易》學思想密切相關者來作介紹，如西漢占驗派象數《易》學家有「孟喜」、「焦延壽」、「京房」三家，東漢注經派象數《易》學家有「鄭玄」、「荀爽」、「虞翻」三家，但「虞翻」《易》學至後有專門章節另外敘述，此處則簡述其思，最後再闡述東漢末年「魏伯陽」將《易》學與丹道融合，進而提出影響虞翻思想之「月體納甲說」。

一、西漢占驗派象數《易》學

（一）孟　喜

　　孟喜爲田王孫之弟子，與梁丘賀、施讎同門，改異師法，倡導象數《易》學，孟喜「卦氣說」揭開象數學派之門，《漢書‧儒林傳‧孟喜傳》曰：

　　　　孟喜字長卿，東海蘭陵人也，父號孟卿，善爲《禮》、《春秋》，授后蒼、疏廣。世所傳《后氏禮》，乃使喜從田王孫受《易》。喜好自稱譽，得《易》家候陰陽災變書，詐言師田生且死時枕喜䣓，獨傳

〔註46〕余敦康撰：《漢宋易學解讀》（北京：華夏出版社，2006年），頁60。
〔註47〕《兩漢易學史》，頁72。

喜，諸儒以此耀之。同門梁丘賀疏通證明之，曰：「田生絕於施讎手中，時喜歸東海，安得此事？」又蜀人趙賓好小數書，後爲《易》，飾《易》文，以爲「箕子明夷，陰陽氣亡箕子，箕子者，萬物方荄茲也。」賓持論巧慧，《易》家不能難，皆曰：「非古法也。」云受孟喜，喜爲名之。後賓死，莫能持其說。喜因不肯仞，以此不見信，喜舉孝廉爲郎，曲臺署長，病免，爲丞相掾。博士缺，眾人薦喜。上聞喜改師法，遂不用喜。喜授同郡白光少子、沛翟牧子兄，皆爲博士。繇是有翟、孟、白之學。〔註48〕

孟喜，字長卿，東海蘭陵人，生卒年不詳，從田王孫學《易》，得《易》家候陰陽災變書，僞稱田王孫氣絕而枕於孟喜，單獨得田王孫傳授《易》學，但同門梁丘賀「疏通證明」其說爲妄，田王孫乃絕於施讎手中，當時孟喜正歸東海，因此拆卸孟喜謊言，後又因缺《易》學博士，眾人舉薦孟喜，但因孟喜「改師法」，因此不被用，孟喜弟子有東海蘭陵人「白光」、沛人「翟牧」，兩人皆爲《易》學博士。《漢書·儒林傳·京房傳》曰：

京房受《易》梁人焦延壽。延壽云嘗從孟喜問《易》。會喜死，房以爲延壽易即孟氏學，翟牧、白生不肯，皆曰非也。至成帝時，劉向校書，考《易》說，以爲諸《易》家說皆祖田何、楊叔〔元〕、丁將軍，大誼略同，唯京氏爲異，黨焦延壽獨得隱士之說，託之孟氏，不相與同。房以明災異得幸，爲石顯所譖誅，自有傳。房授東海殷嘉、河東姚平、何南乘弘，皆爲郎、博士。繇是《易》有京氏之學。

〔註49〕

焦延壽曾問《易》於孟喜，焦延壽弟子京房還以爲所學之《易》即孟喜之《易》，可見「孟喜」與「焦延壽」《易》學性質類同，更可說「孟喜」爲漢代象數《易》學家之首。《漢書·藝文志》〔註50〕記載孟喜著作有《易經十二篇施孟梁丘三家》、《章句施孟梁氏各二種》、《孟氏京房十一篇》、《災異孟氏京房六十六篇》，但今皆已亡佚。

　　孟喜提出「四正卦主四時、值二十四節氣」、「卦以配候及六日七分說」、「十二辟卦配十二月」等用於占驗的象數《易》說。

〔註48〕《新校本漢書》，卷88，頁3599。
〔註49〕同註48，卷88，頁3601～3602。
〔註50〕《漢書》，卷30，頁874～875。

1. 四正卦主四時、值二十四節氣

《說卦傳》曰：

> 帝出乎震，齊乎巽，相見乎離，致役乎坤，說言乎兌，戰乎乾，勞
> 乎坎，成言乎艮。〔註51〕

> 萬物出乎震，震，東方也。齊乎巽，巽，東南也。齊也者，言萬物
> 之絜齊也。離也者，明也，萬物皆相見，南方之卦也。聖人南面而
> 聽天下，嚮明而治，蓋取諸此也。坤也者，地也，萬物皆致養焉，
> 故曰「致役乎坤」。兌，正秋也，萬物之所說也，故曰「說言乎兌」。
> 戰乎乾，乾，西北之卦也，言陰陽相薄也。坎者，水也，正北方之
> 卦也，勞卦也，萬物之所歸也，故曰「勞乎坎」。艮，東北之卦也，
> 萬物之所成終而所成始也，故曰「成言乎艮」。〔註52〕

此為集合時間與空間而成的架構，宋人稱之為「文王後天八卦方位」，邵雍
《皇極經世書・觀物外篇》曰：「易明文王八卦，起帝出乎震，終成言乎艮」
〔註53〕如下圖所示：

圖表 5：文王後天八卦方位

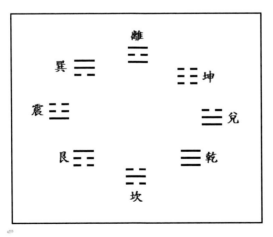

　　於「文王後天八卦方位」圖中，將八卦、方位、時間結合在一起，形成

〔註51〕　〔魏〕王弼、〔晉〕韓康伯注：〔唐〕孔穎達疏：《周易正義》（臺北：藝文印
　　　　　書館《十三經疏》，2001 年），卷 30，頁 183。
〔註52〕　同註51，卷 30，頁 184。
〔註53〕　〔宋〕邵雍撰：《皇極經世書》（臺北：臺灣中華書局《四部備要》中華書局
　　　　　據通行本校刊，1965 年），冊 2，卷 7 下，頁 11。

一個時空和八卦融爲一體之圖式。而孟喜以「文王後天八卦方位」居於東南西北四個正位上之「震」、「離」、「兌」、「坎」四卦爲四正卦，以四正卦配合四時，如震卦配春，離卦配夏，兌卦配秋，坎卦配冬。四正卦之說，見于《新唐書・曆志》唐一行《大衍曆議》引《孟氏章句》曰：

> 坎、離、震、兌二十四氣，次主一爻，其初，則二至二分也。坎以陰包陽，故自北正，微陽動於下，升而未達：極於二月，凝涸之氣消，坎運終焉。春分出於震，始據萬物之元，爲主於內，則羣陰化而從之：極于南正而豐大之變窮，震功究焉。離以陽包陰，故自南正，微陰生於地下，積而未章：至于八月，文明之質衰，離運終焉。仲秋陰形于兌，始循萬物之末，爲主於內，羣陽降而承之：極於北正而天澤之施窮，兌功究焉。故陽七之靜始於坎，陽九之動始于震，陰八之靜始于離，陰六之動始于兌。故四象之變皆兼六爻，而中節之應備矣。〔註54〕

坎、離、震、兌四卦主二十四爻，每一爻配對一個節氣，故二十四爻值二十四節氣，而坎、離兩卦之初爻主「二至」，爲冬至、夏至，震、兌兩卦之初爻主「二分」，爲春分、秋分。坎卦卦象爲「以陰包陽」而象徵冬寒之季，位自北而起，雖處嚴冬但陽氣仍微動於下，陰極於二月而消溶凝涸之氣，震卦初爻始於春分，係萬物生長之始，震卦卦象一陽於內，二陰於外，以陽爲主而眾陰之氣順從，位極於南，有萬物廣大豐富之功，離卦卦象「以陽包陰」，位自南而起，陰氣隱微生於地下，積蓄而未彰顯，直至八月，文明衰竭而運行終結，兌卦值秋，卦象爲二陽於內，一陰於外，群陽從陰，係萬物生長之末，位極於北，功爲廣施潤澤於萬物。「陽七」爲少陽，「陽九」爲老陽，「陰八」爲少陰，「陰六」爲老陰，「陽七之靜始于坎」係指坎卦以陰包陽，少陽在內而不急於有所變動，「陽九之動始于震」說明震卦老陽在內而急於變化，因此震卦始動，「陰八之靜始于離」係指離卦以陽包陰，少陰在內未急於變而靜處其中，「陰六之動始于兌」說明兌卦老陰在上而急於動變，因此始動於兌。

此外，還以四正卦和二十四節氣相互對應，一個月中有二氣，一爲「節」，稱作「節氣」，次爲「中」，稱作「中氣」，一年十二個月有二十四節氣。又一卦有六爻，四正卦總計二十四爻，以四正卦中的二十四爻配對一年中的二十

〔註54〕 〔宋〕歐陽修等撰：《新唐書》（臺北：藝文印書館，1955），卷27上，頁301。

四節氣，就是「四正卦值二十四氣」之意。四正卦與二十四節氣相互對應，
如下圖所示：

（爻位）	（卦象）	（節氣）
上爻	▬ ▬	驚蟄
五爻	▬▬▬	雨水
四爻	▬ ▬	立春
三爻	▬ ▬	大寒
二爻	▬▬▬	小寒
初爻	▬ ▬	冬至

坎

坎卦爻位由下至上，「初爻」對應「冬至」，「二爻」對應「小寒」，「三爻」對
應「大寒」，「四爻」對應「立春」，「五爻」對應「雨水」，「上爻」對應「驚
蟄」。

（爻位）	（卦象）	（節氣）
上爻	▬ ▬	芒種
五爻	▬ ▬	小滿
四爻	▬▬▬	立夏
三爻	▬ ▬	穀雨
二爻	▬ ▬	清明
初爻	▬▬▬	春分

震

震卦爻位由下至上，「初爻」對應「春分」，「二爻」對應「清明」，「三爻」對
應「穀雨」，「四爻」對應「立夏」，「五爻」對應「小滿」，「上爻」對應「芒
種」。

（爻位）	（卦象）	（節氣）
上爻	▬▬▬	白露
五爻	▬ ▬	處暑
四爻	▬▬▬	立秋
三爻	▬▬▬	大暑
二爻	▬ ▬	小暑
初爻	▬▬▬	夏至

離

離卦爻位由下至上，「初爻」對應「夏至」，「二爻」對應「小暑」，「三爻」對應「大暑」，「四爻」對應「立秋」，「五爻」對應「處暑」，「上爻」對應「白露」。

（爻位）　　（卦象）　　（節氣）

上爻	▬▬	大雪
五爻	▬▬▬	小雪
四爻	▬▬▬	立冬
三爻	▬▬	霜降
二爻	▬▬▬	寒露
初爻	▬▬▬	秋分

兌

兌卦爻位由下至上，「初爻」對應「秋分」，「二爻」對應「寒露」，「三爻」對應「霜降」，「四爻」對應「立冬」，「五爻」對應「小雪」，「上爻」對應「大雪」。

孟喜於現存文獻中並未以「四正卦」名坎、離、震、兌之四卦，四正卦係在《易緯》〔註55〕中才正式使用，以「四正卦」名爲「四時卦」〔註56〕，至京房又將四正卦稱爲「方伯卦」〔註57〕，名稱雖然不同，但皆指坎、離、震、兌之四卦。

2. 六十卦以配候及六日七分說

六十四卦除去已經配對四時之四正卦外，尚餘六十卦，孟喜將此六十卦以「辟（君）」、「公」、「侯」、「卿」、「大夫」五種不同的爵位來相互對應，每一爵位恰可分得十二卦，與一年中十二月相當，故每一個月皆有辟、公、

〔註55〕下文皆源於〔漢〕鄭玄注：《易緯八種》（臺北：新興書局，1966 年）。《乾坤鑿度》曰：「庖犧氏畫四象，立四隅，以定群物發生門，而後立四正。」，頁19。《乾鑿度》曰：「八卦之氣終，則四正四維之分明。……四維正紀，經緯仲序度畢矣。」，頁55～56。鄭玄注曰：「四維正四時之紀，則坎離爲經，震兌爲緯，此四正之卦爲四仲之次序也。」，頁56。《稽覽圖》曰：「坎（六）、震（八）、離（七）、兌（九），已上四卦者，四正卦，爲四象。」，頁147。

〔註56〕《易緯八種·通卦驗》：「坎、震、離、兌爲之，每卦六爻，既通于四時……。」，頁225～226。《易緯八種·稽覽圖》：「消息及四時卦各盡其日……四時卦身效爲兵。」，頁120。《易緯八種》鄭玄注曰：「四時卦者，謂四正卦坎離震兌，四時方伯之卦也。」，頁119。

〔註57〕《漢書·五行志》班固引《京房易傳》曰：「方伯分威，厥妖牝馬生子。亡天子，諸侯相伐，厥妖馬生人。」，卷27下之上，頁645。

侯、卿、大夫五卦。

　　《淮南子・天文》曰：「日行一度，十五日爲一節，以生二十四時之變。」〔註 58〕以十五日爲一氣，每個月有兩氣，一年則有二十四氣，月初爲「節氣」，月中爲「中氣」，一年分二十四節氣，但古有二分、三分之法，如惠棟《易漢學》引「孔氏月令正義曰」：

> 凡二十四氣，氣有十五日有餘，每氣中半分之，爲四十八氣，氣有七日半有餘，故鄭注《周禮》云有四十八箭，是一氣易一箭也。

> 凡二十四氣，每三分之，七十二氣，氣間五日有餘，故一年有七十二候也。故《通卦驗》：冬至之前五日，商旅不行，兵甲伏匿，人主與群臣左右從樂五日，以五日爲一候也。〔註 59〕

二十四氣以二分爲「四十八氣」，但流傳於後世者甚少。以三分之者，爲「七十二氣」，每氣爲一候，故有七十二候，每候主五日。一節氣有三徵候，分別爲初候、次候和末候，一年二十四節氣有七十二徵候，要將六十卦配上七十二徵候，還缺十二卦，於是將屬於「候卦」之十二個卦，分成「候卦之內卦」與「候卦之外卦」，「候卦之內卦」爲「中氣」之「末候」，「候卦之外卦」爲「節氣」之「初候」。下引《新唐書・曆志》〔註 60〕中唐一行依據孟喜說法，所制之卦氣圖：

圖表 6：唐一行據孟喜所制之卦氣圖

常氣	月中節 四正卦	初　候 始　卦	次　候 中　卦	末　候 終　卦
冬至	十一月中 坎初六	蚯蚓結 公中孚	麋角解 辟復	水泉動 侯屯內
小寒	十二月節 坎九二	鴈北鄉 侯屯外	鵲始巢 大夫謙	野鷄始鴝 卿睽
大寒	十二月中 坎六三	鷄始乳 公升	鷙鳥厲疾 辟臨	水澤腹堅 侯小過內

〔註 58〕　〔漢〕劉安撰：《淮南子》（臺北：臺灣商務印書館《四部叢刊》初編子部據上海商務印書館縮印影鈔北宋本，1976 年），卷 3，頁 15。

〔註 59〕　〔清〕惠棟撰：《惠氏易學》（臺北：廣文書局，1981 年），卷 2，頁 1103。

〔註 60〕　《新唐書》，卷 28 上，頁 321～322。

立春	正月節 坎六四	東風解凍 侯小過外	蟄蟲始振 大夫蒙	魚上冰 卿益
雨水	正月中 坎九五	獺祭魚 公漸	鴻鴈來 辟泰	草木萌動 侯需內
驚蟄	二月節 坎上六	桃始華 侯需外	倉庚鳴 大夫隨	鷹化爲鳩 卿晉
春分	二月中 震初九	玄鳥至 公解	雷乃發聲 辟大壯	始電 侯豫內
清明	三月節 震六二	桐始華 侯豫外	田鼠化爲駕 大夫訟	虹始見 卿蠱
穀雨	三月中 震六三	萍始生 公革	鳴鳩拂其羽 辟夬	戴勝降于桑 侯旅內
立夏	四月節 震九四	螻蟈鳴 侯旅外	蚯蚓出 大夫師	王瓜生 卿比
小滿	四月中 震六五	苦菜秀 公小畜	靡草死 辟乾	小暑至 侯大有內
芒種	五月節 震上六	螳蜋生 侯大有外	鵙始鳴 大夫家人	反舌無聲 卿井
夏至	五月中 離初九	鹿角解 公咸	蜩始鳴 辟姤	半夏生 侯鼎內
小暑	六月節 離六二	溫風至 侯鼎外	蟋蟀居壁 大夫豐	鷹乃學習 卿渙
大暑	六月中 離九三	腐草爲螢 公履	土潤溽暑 辟遯	大雨時行 侯恆內
立秋	七月節 離九四	涼風至 侯恆外	白露降 大夫節	寒蟬鳴 卿同人
處暑	七月中 離六五	鷹祭鳥 公損	天地始肅 辟否	禾乃登 侯巽內
白露	八月節 離上九	鴻鴈來 侯巽外	玄鳥歸 大夫萃	羣鳥養羞 卿大畜
秋分	八月中 兌初九	雷乃收聲 公賁	蟄蟲培戶 辟觀	水始涸 侯歸妹內
寒露	九月節 兌九二	鴻鴈來賓 侯歸妹外	雀入大水爲蛤 大夫无妄	菊有黃華 卿明夷

霜降	九月中 兌六三	豹乃祭獸 公困	草木黃落 辟剝	蟄蟲咸俯 侯艮內
立冬	十月節 兌九四	水始冰 侯艮外	地始凍 大夫既濟	野雞入水爲蜃 卿噬嗑
小雪	十月中 兌九五	虹藏不見 公大過	天氣上騰地氣下降 辟坤	閉塞而成冬 侯未濟內
大雪	十一月節 兌上六	鶡鳥不鳴 侯未濟外	虎始交 大夫蹇	荔挺生 卿頤

　　每一個月配上兩節氣、六徵候、五爵位、五卦象。一年有三百六十五又四分之一日，而測量方法見於《後漢書‧律曆志下第三》曰：

　　　　曆數之生也，乃立儀、表，以校日景。景長則日遠，天度之端也。

　　　　日發其端，周而爲歲，然其景不復，四周千四百六十一日，而景復

　　　　初，是則日行之終。以周除日，得三百六十五四分度之一，爲歲之

　　　　日數。〔註61〕

《後漢書》以儀表校定日影爲一年的天數，影長則日遠，日行一周爲一年，日影未重覆交疊，待日行四周共一千四百六十一日而影方重回初位，因此推算出日行一年爲三百六十五四分度之一日。

　　一年有三百六十五又四分之一日，六十卦平均分配三百六十五又四分之一日，則每一卦分配到的天數爲：

$$365\frac{1}{4} \div 60 = 6\frac{7}{80}（天／卦）$$

每一卦分配到六又八十分之七日，簡稱「六日七分」，孟喜將四正卦主四時、二十四節氣，其餘六十卦與七十二候、五爵位、三百六十五又四分之一日相互配應，此爲孟喜「卦氣說」將六十四卦與節氣、天數相互對契。除四正卦之外的六十卦分配於十二個月份中，每個月各均分五卦，分配如下：

　　　　十一月：未濟、蹇、頤、中孚、復

　　　　十二月：屯、謙、睽、升、臨

　　　　正　月：小過、蒙、益、漸、泰

〔註61〕〔宋〕范曄撰；〔唐〕李賢注；〔清〕王先謙集解：《後漢書》（臺北：藝文印書館，1996 年），頁 1101。

二　月：需、隨、晉、解、大壯

三　月：豫、訟、蠱、革、夬

四　月：旅、師、比、小畜、乾

五　月：大有、家人、井、咸、姤

六　月：鼎、豐、渙、履、遯

七　月：恆、節、同人、損、否

八　月：巽、萃、大畜、賁、觀

九　月：歸妹、无妄、明夷、困、剝

十　月：艮、既濟、噬嗑、大過、坤

「六日七分法」可謂孟喜將日數與六十卦等分而提出之見，但清代《易》學家焦循《焦循之易學・易圖略》曰：

> 夫易六十四卦三百八十四爻，與一歲三百六十五日四分日之一，本不可強配。……其取坎、離、震、兌爲四正，本諸《說卦傳》東西南北之位。其取十二辟卦，第以陰爻陽爻自下而上者以爲之度。其餘不足以配。於是乾、坤、復、姤等，既用以配十二月，又用以當一月中之六日七分。譬之羅經二十四向，於十幹則舍戊、己，於八卦止用乾、巽、坤、艮，其別有用意，原無關於易也。〔註62〕

焦循言孟喜「六日七分法」與《易》無關而別有所用，「乾、坤、復、姤」四卦對應六日七分，又再「十二月辟卦」中配對十二個月，即因孟喜將《易》用於卜筮之占驗吉凶上，故焦循認爲孟喜是「別有用意」，而此意正是實際的占驗方術。

3. 十二辟卦配十二月

漢武帝頒行的「太初曆」提出一月當中若無「中氣」則此月爲閏月，見《漢書・律曆志第一上》曰：

> 故傳曰：「先王之正時也，履端於始，舉正於中，歸餘於終。履端於始，序則不愆；舉正於中，民則不惑；歸餘於終，事則不誖。」此聖王之重閏也。以五位乘會數，而朔旦冬至，是爲章月。四分月法，以其一乘章月，是爲中法。參閏法爲周至，以乘月法，以

〔註62〕　〔清〕焦循撰；楊家駱主編：《焦循之易學》（臺北：鼎文書局《國學名著珍本彙刊》，1965 年），卷 1116，頁 393。

減中法而約之，則（七）挭之數，爲一月之閏法，其餘七分。此
中朔相求之術也。朔不得中，是謂閏月，言陰陽雖交，不得中不
生。〔註63〕

顏師古注曰：「履端於始，謂步曆之始，以爲術之端首也。舉正於中，謂分
一朞爲十二月，舉中氣以正月也。歸餘於終，謂有餘日，則歸於終，積而成
閏也。」〔註64〕漢武帝太初元年（104B.C）頒布「太初曆」，其中規定「節
氣」可爲前一個月的下半月出現，也可在本月的上半月出現，但「中氣」則
需在本月出現，倘若一個月中無「中氣」則此月成閏月，「中氣」成爲每月
主要的表徵，故「中氣」中「次候」之「辟卦」亦可爲每月之象徵，「辟」
其義爲君，以統理每月之主。《新唐書・曆志》唐一行《大衍曆議》曰：

十二月卦，出於《孟氏章句》，其說易本於氣，而後以人事明之。

〔註65〕

「十二辟卦」又稱「十二月卦」、「十二消息卦」，主要表示一年十二月之陰陽
消息情狀，十二月卦本於氣，此氣爲自然四時節氣運行之變化，《易》中六十
四卦擇其十二個卦象來表徵一年十二個月。「十二辟卦」分別有復卦、臨卦、
泰卦、大壯卦、夬卦、乾卦、姤卦、遯卦、否卦、觀卦、剝卦、坤卦。下列
將卦名與卦象以表十二月辟卦之陰陽消長：

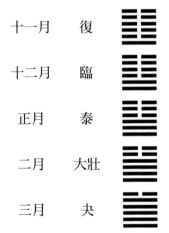

十一月　　復

十二月　　臨

正月　　　泰

二月　　　大壯

三月　　　夬

〔註63〕《新校本漢書》，卷21上，頁983～984。
〔註64〕同註63，卷21上，頁986。
〔註65〕《新唐書》，卷27上，頁301。

四月	乾
五月	姤
六月	遯
七月	否
八月	觀
九月	剝
十月	坤

《繫辭傳》曰：「變通配四時」〔註66〕、「剛柔相推，變在其中矣。」〔註67〕闡明卦象、爻象之涵義在於「以通神明之德，以類萬物之情」，而孟喜以十二辟卦來象喻十二個月份，則是以陽爻、陰爻之消長來通達萬物，此爲十二辟卦所蘊含之深意。

4. 爵位説

馬國翰《玉函山房輯佚書》於《周易孟氏章句》訟卦六三「食舊德」中輯孟喜之言曰：

> 《易》爻位，三爲三公，二爲卿大夫。曰食舊德，謂食父祿也。
>
> 〔註68〕

孟喜以二爻爲卿大夫之位，三爻爲三公之位，雖上文僅錄兩個爻位與爵位之配對，但足見孟喜已將爻位與爵號相互對應。實際上《易經》乾卦九五爻：「飛龍在天，利見大人。」〔註69〕將五爻之位象徵著帝王尊位，以爻位來代表社會中相異之階層地位，早在《易經》中已見。《易傳》中也有爻位貴賤之說，如乾卦上九爻《文言傳》曰：「上九曰：『亢龍有悔。』何謂也？子曰：

〔註66〕《周易正義》，卷7，頁150。
〔註67〕同註66，卷8，頁165。
〔註68〕〔清〕馬國翰撰：《玉函山房輯佚書》（臺北：文海出版社，1967年），頁60。
〔註69〕同註66，卷1，頁15。

『貴而无位，高而无民，賢人在下位而无輔，是以動而有悔也。』」〔註70〕
係指九五本爲尊貴之位，而今位於上九雖處貴但卻无位。又履卦《象傳》曰：
「剛中正，履帝位而不疚，光明也。」〔註71〕此指履卦九五既中且正，處帝
位、君位、天子之位，故無所愧疚。《繫辭上傳》曰：「天尊地卑，乾坤定矣；
卑高以陳，貴賤位矣。」〔註72〕爻位高低有其尊卑之別，天高而尊，地低而
卑，尊貴卑賤，爻位高低上下存有相應之關係，但其中最尊貴者爲五爻之位，
常以天子、君位、帝位稱之，故知《易傳》早有爻位尊卑之說，而孟喜亦存
其思。

（二）焦延壽

《漢書·京房傳》記載焦延壽之生平事蹟曰：

> 京房字君明，東郡頓丘人也。治《易》，事梁人焦延壽。延壽字贛，
> 贛貧賤，以好學得幸梁王，王共其資用，令極意學。既成，爲郡史，
> 察舉補小黃令。以候司先知姦邪，盜賊不得發。愛養吏民，化行縣
> 中。舉最當遷，三老官屬上書願留贛，有詔許增秩留，卒於小黃。
> 贛常曰：「得我道以亡身者，必京生也。」〔註73〕

焦延壽，字贛，爲梁人，學《易》於京房，家中貧賤，因好學而得幸梁王，
後爲郡史察舉，補小黃令之官，爲政愛吏養民，卒於小黃令。焦延壽常言「得
我道以亡身者，必京生也」足見京房學習焦延壽《易》學已至精妙獨到。《漢
書·儒林傳·京房傳》又曰：

> 京房受《易》梁人焦延壽。延壽云嘗從孟喜問《易》。會喜死，房以
> 爲延壽易即孟氏學，翟牧、白生不肯，皆曰非也。至成帝時，劉向
> 校書，考《易》說，以爲諸《易》家說皆祖田何、楊叔〔元〕、丁將
> 軍，大誼略同，唯京氏爲異，黨焦延壽獨得隱士之說，託之孟氏，
> 不相與同。房以明災異得幸，爲石顯所譖誅，自有傳。房授東海殷
> 嘉、河東姚平、何南乘弘，皆爲郎、博士。繇是《易》有京氏之學。

〔註74〕

〔註70〕《周易正義》，卷1，頁15。
〔註71〕同註70，卷2，頁40。
〔註72〕同註70，卷7，頁143。
〔註73〕《新校本漢書》，卷75，頁3160。
〔註74〕同註73，卷88，頁3601～3602。

焦延壽曾向孟喜問《易》，又得隱士傳《易》，焦延壽將隱士之說託於孟喜，但兩者實爲不同。焦延壽在孟喜卦氣說的氛圍之下，以「六十四卦值日」占驗來說《易》，《漢書‧京房傳》又曰：

> 其說長於災變，分六十四卦，更直日用事，以風雨寒溫爲候，各有占驗。〔註75〕

孟康注云：「分卦直日之法，一爻主一日，六十四卦爲三百六十日。餘四卦，震、離、兌、坎，爲方伯監司之官。所以用震、離、兌、坎者，是二至二分用事之日，又是四時各專王之氣。各卦主時，其占法各以其日觀其善惡也。」〔註76〕焦延壽以震、離、兌、坎四正卦來對應「二至二分」，「二至二分」內容相應爲「震值春分」、「離值夏至」、「兌值秋分」、「坎值冬至」，而六十四卦除去四正卦而餘六十卦，一卦有六爻，六十卦總計三百六十爻，值三百六十日，用以象喻吉凶災禍變化。《焦氏易林》引《四庫全書總目題要》曰：

> 《易林》十六卷，漢焦延壽撰，延壽，字贛，梁人，昭帝時由郡吏舉小黃令，京房師之，……至舊本《易林》首有費直之語，稱王莽建信天水焦延壽，其詞盡出僞託，鄭曉嘗辨之審矣。贛嘗從孟喜問《易》，然其學不出於孟喜，《漢書‧儒林傳》記其始末甚詳，蓋《易》於象數之中，別爲占候一派者，實自贛始，所撰有《易林》十六卷，又《易林變占》十六卷，並見《隋志》《變占》久佚，惟《易林》尚存。〔註77〕

焦延壽善於陰陽占卦，爲王莽時人，因多能占斷吉凶存亡而費直稱之爲通達隱幾之聖人。清人馬國翰在輯《費氏易林‧附考》〔註78〕中曾依《漢書》及費直之說推估焦延壽爲「自元帝初元元年數至王莽始建國元年，僅五十七年，焦於斯時，約不過八十餘歲。」足見焦延壽雖以小黃令之官身退，然而卻是深悟事理且終享年壽者。故本文於焦延壽易學思想中以「六十四卦變」與「六

〔註75〕《新校本漢書》，卷75，頁3160。

〔註76〕同註75，卷75，頁3160。

〔註77〕〔漢〕焦延壽撰：《焦氏易林》（臺北：新文豐公司《叢書集成新編》，1985年），頁504

〔註78〕「嘗以《漢書》考之，京房受《易》梁人焦延壽，延壽云嘗從孟喜問《易》，喜死，房以爲延壽《易》即孟氏。房仕孝元之期，時孟喜已死，延壽及問孟喜，蓋在宣帝之世，年當在二十左右。自元帝初元元年數至王莽始建國元年，僅五十七年，焦於斯時，約不過八十餘歲。其書晚成，故中間有及成、哀時事者。」《玉函山房輯佚書》，頁94。

十卦值日」兩方面介紹其特色。

1. 六十四卦卦變

焦延壽於《焦氏易林》一書中以多以「四字言」來占斷卦爻吉凶，以六十四卦每一卦依順序「之」於六十四卦中任何一卦，因此，可得出四千九十六種迥異結果。下文舉其《焦氏易林》乾卦之例：

乾之第一

乾　道陟石阪，胡言連蹇。譯瘖且聾，莫使道通。請謁不行，求事　　無功。

坤　招秧來蟄，害我邦國。病在手足，不得安息。

屯　陽孤亢極，多所恨惑。車傾蓋亡，身常憂惶。乃得其願，雌雄　　相從。

蒙　鵠鶴鳹鳩，專一無尤。君子是則，長受嘉福。

……〔註79〕

又舉坤卦之例：

坤之第二

坤　不風不雨，白日皎皎。宜出驅馳，通利大道。

乾　谷風布氣，萬物出生。萌庶長養，華葉茂成。

屯　蒼龍單獨，與石相觸。摧折兩角，室家不足。

蒙　城上有鳥，自名破家。招呼酖毒，爲國患災。

……〔註80〕

今占卜之術已失傳，僅留其文，四言爲一句，似四言詩之形式組成其文，文字中隱喻吉凶禍福及對事物之微言大義。「乾之乾」、「乾之坤」、「乾之屯」、「乾之蒙」等僅第一「乾之乾」留其「之」字，其後皆刪之，又「坤之坤」、「坤之乾」、「坤之屯」、「坤之蒙」等，與前例相同，僅第一個「坤之坤」保留「之」字，此外，某卦之某卦，係由某卦之於自己之卦後，再依六十四卦之卦序排列卦變的順序。

2. 六十卦值日

《焦氏易林》前有「焦氏直日」一文，其文如下：

〔註79〕〔漢〕焦延壽撰：《焦氏易林》（臺北：藝文印書館，2008年），頁9。

〔註80〕同註79，頁15。

分卦直日之法，一爻主一日，六十卦爲三百六十日，餘四卦震、離、坎、兌，爲方内監司之官，所以用震、離、坎、兌者，是二至二分用事之日，又是四時各專主之氣，各卦主一日，其占法各以其日觀善惡。

冬至日起頤四爻，第二日頤卦五爻，第三日頤卦六爻，第四日至第九日，中孚管事，第十日至小寒前一日止，復卦管事。

小寒至立春前一日止。屯、謙、睽、升、臨。

立春至驚蟄前一日止。小過、蒙、益、漸、泰。

驚蟄至清明前一日止。需、隨、晉、解、大壯。

清明至立夏前一日止。豫、訟、蠱、革、夬。

立夏至芒種前一日止。旅、師、比、小畜、乾。

芒種至小暑前一日止。大有、家人、井、咸、姤。

小暑至立秋前一日止。鼎、豐、渙、履、遯。

立秋至白露前一日止。恆、節、同人、損、否。

白露至寒露前一日止。巽、萃、大畜、賁、觀。

寒露至立冬前一日止。歸妹、无妄、明夷、困、剝。

立冬至大雪前一日止。艮、既濟、噬嗑、大過、坤。

大雪至冬至半月，未濟管六日，蹇卦管六日，其三日頤卦初爻、二爻、三爻，每卦管六日，看占卦日值何卦管事，即以管事卦宮尋所占本卦斷之奇驗。〔註81〕

焦延壽曾從孟喜問《易》，而孟喜將四正卦除外之六十卦平均分配至三百六十五又四分之一日中，於是六十卦中的每一卦得其六日又八十分之七，稱爲「六日七分」，而焦延壽將四正卦之坎、震、離、兌，震卦值春分，離卦值夏至，兌卦值秋分，坎卦值冬至，各值一日，其餘六十卦，每卦各值六日，六十四卦共值三百六十四日，尚有一日又四分之一未說明，此爲焦延壽六十值日之缺憾。

〔註81〕 〔漢〕焦延壽撰：《焦氏易林》（臺北：新文豐公司《叢書集成新編》，1985年），頁 508。

（三）京　房

　　京房，字君明，本姓李，推律自定爲京氏，西漢東郡頓丘人，生於漢昭帝元鳳四年（77B.C），卒於漢元帝建昭二年（37B.C），年四十一歲。因京房於學《易》有所成，故在《漢書・儒林傳》有傳，京房身處朝廷，影響朝野，故於《漢書》中更載其本傳。《漢書・京房傳》卷七十五曰：

> 京房字君明，東郡頓丘人也。治《易》，事梁人焦延壽。延壽字贛。贛貧賤，以好學得幸梁王，王共其資用，令極意學。既成，爲郡史，察舉補小黃令。以候司先知姦邪，盜賊不得發。愛養吏民，化行縣中。舉最當遷，三老官屬上書願留贛，有詔許增秩留，卒於小黃。贛常曰：「得我道以亡身者，必京生也。」其說長於災變，分六十四卦，更直日用事，以風雨寒溫爲候：各有占驗。房用之尤精。好鍾律，知音聲。初元四年以孝廉爲郎。永光、建昭間，西羌反，日蝕，又久青亡光，陰霧不精。房數上疏，先言其將然，近數月，遠一歲，所言屢中，天子說之。數召見問，房對曰：「古帝王以功舉賢，則萬化成，瑞應著，末世以毀譽取人，故功業廢而致災異。宜令百官各試其功，災異可息。」詔使房作其事，房奏考功課吏法。上令公卿朝臣與房會議溫室，皆以房言煩碎，令上下相司，不可許。上意鄉之。時部刺史奏事京師，上召見諸刺史，令房曉以課事，刺史復以爲不可行。唯御史大夫鄭弘、光祿大夫周堪初言不可，後善之。……初，淮陽憲王舅張博從房受學，以女妻房。房與相親，每朝見，輒爲博道其語，以爲上意欲用房議，而群臣惡其害己，故爲眾所排。……及房出守郡，顯告房與張博通謀，非謗政治，歸惡天子，註誤諸侯王，語在《憲王傳》。初，房見道幽屬事，出爲御史大夫鄭弘言之。房、博皆棄市，弘坐免爲庶人。房本姓李，推律自定爲京氏。死時年四十一。〔註82〕

京房從焦延壽治《易》，深知「五聲之音，六律之數」〔註83〕，漢元帝初元

〔註82〕　《新校本漢書》，卷75，頁3160～3167。

〔註83〕　「元帝時，郎中京房，房字君明，知五聲之音，六律之數。上使太子太傅玄成，字少翁，諫議大夫章，雜試問房於樂府。房對：『受學故小黃令焦延壽。六十律相生之法：以上先下，皆三生二，以下生上，皆三生四，陽下生陰，陰上生陽，終於中呂，而十二律畢矣。中呂上生執始，執始下生去滅，上下相生，終於南事，六十律畢矣。夫十二律之變至於六十，猶八卦之變至於六

四年，以孝廉爲郎，元帝永光、建昭年間遇西羌反等別於常態之事，而京房
上疏多次，於是始得君王所用，京房因而訂定「考功課吏法」，但眾臣多不
相從，又淮陽憲王之舅張博從京房學《易》，張博並將女嫁予京房，京房與
張博相親，石顯以京房與張博誹謗政治，惡歸天子，又道幽厲事，爲鄭弘言
說，終而京房與張博皆棄之於市。《漢書·儒林傳》卷八十八〈京房傳〉曰：

> 京房受《易》梁人焦延壽，延壽云嘗從孟喜問《易》。會喜死，房
> 以爲延壽《易》即孟氏學，翟牧、白生不肯，皆曰「非也。」至
> 成帝時，劉向校書，考《易》說，以爲諸《易》家說皆祖田何，
> 楊叔、丁將軍，大誼略同，唯京氏爲異，黨焦延壽獨得隱士之說，
> 託之孟氏，不相與同。房以明災異得幸，爲石顯所譖誅，自有傳。
> 〔註84〕

京房嘗從焦延壽學《易》，焦延壽曾問《易》於孟喜且獨得隱士之說，故弟子
承師之學，顯明災異而爲所用。但在西漢時期，曾經出現兩位《易》學家皆
名爲「京房」，此京房是主要活動於漢元帝時期的京房，師從焦延壽，以明災
異爲務。另一位主要活動於漢宣帝、漢昭帝時期的「京房」〔註85〕，京房爲
楊何弟子，梁丘賀在求學於田王孫之前曾拜爲師，兩者不可混而談之。〔註86〕

十四也。宓羲作《易》，紀陽氣之初，以爲律法。建日冬至之聲，以黃鍾爲宮，
太簇爲商，姑洗爲角，林鍾爲徵，南呂爲羽，應鍾爲爲變宮。蕤賓爲變徵。
此聲氣之元，五音之正也。故各終一日。其餘以次運行，當日者各自爲宮，
而商徵以類從焉。《禮運篇》曰：「五聲、六運、十二管還相爲宮」，此之謂也。
以六十律分朞之日，黃鍾自冬至始，及冬至而復，陰陽寒煥風雨之占生焉。
於以檢攝群音，考其高下，苟非草木之聲，則無不有所合。《虞書》曰：「律
和聲」，此之謂也。』房又曰：『竹聲不可以度調，故作準以定數。準之狀如
瑟，長丈而十三弦，隱閒九尺，以應黃鍾之律九寸；中央一弦，下有畫分寸，
以爲六十律清濁之節。』」《後漢書》，頁1078～1079。

〔註84〕《新校本漢書》，卷88，頁3601～3602。

〔註85〕同註84：「梁丘賀字長翁，琅邪諸人也。以能心計，爲武騎。從太中大夫京房
受《易》。房者，淄川楊何弟子也。房出爲齊郡太守，賀更事田王孫。宣帝時，
聞京房爲《易》明，求其門人，得賀。」，卷88，頁3600。

〔註86〕〔清〕杭辛齋《學易筆談·讀易雜識》中有〈漢有兩京房〉：「漢易師稱京房
者有二。一爲大中大夫，《漢書》：『梁丘賀從大中大夫京房受《易》。』顏師
古注曰：『別一京房，非延壽弟子也。』又云：『房者，淄川楊何弟子也。房
出爲齊郡太守，賀更事田王孫。』此京房係漢宣帝時人。至延壽弟子京房，
字君明，本姓李，因吹律自定爲京氏，以明災異得幸元帝。石顯、五鹿充宗
皆疾房，欲遠之，於是以房爲魏郡太守，是前京房爲梁丘賀所師事，而延壽
之《易》實受之梁丘賀，豈能更爲延壽之弟子，與京君明決非一人，可知矣。」

京房以孟喜、焦延壽之「卦氣說」爲基礎，創立了幾項占筮體系，下文將以「八宮卦」、「世應說」、「爵位說」、「世建說」、「納甲說」、「納十二支說」、「納五行說」、「納六親說」、「飛伏說」、「互體說」、「六十四卦值日法」等學說論述京房《易》學。

1. 八宮卦

《周易》六十四卦的排列順序流傳至今最早可見於《序卦傳》，而焦延壽在《焦氏易林》中將六十四卦與六十四卦相互對應，變爲四千九十六卦，但仍以《周易》六十四卦之順序依次排序，直至焦延壽之門生京房始創立「八宮卦」之新的排列次序，如下圖所示：

圖表 7：京房八宮卦次序

	八　宮　卦							
上　世 （八純卦）	乾	震	坎	艮	坤	巽	離	兌
一　世	姤	豫	節	賁	復	小畜	旅	困
二　世	遯	解	屯	大畜	臨	家人	鼎	萃
三　世	否	恆	既濟	損	泰	益	未濟	咸
四　世	觀	升	革	睽	大壯	无妄	蒙	蹇
五　世	剝	井	豐	履	夬	噬嗑	渙	謙

杭辛齋爲了辨別前後兩個「京房」，至最後仍誤寫爲「而延壽之《易》實受之梁丘賀」，當改爲「而延壽之《易》實受之孟喜」，而此兩「京房」易爲相混。
〔清〕杭辛齋撰：《學易筆談》（臺北：廣文書局，1971 年），頁 16。

游魂	晉	大過	明夷	中孚	需	頤	訟	小過
	䷢	䷛	䷣	䷪	䷄	䷚	䷅	䷽
歸魂	大有	隨	師	漸	比	蠱	同人	歸妹
	䷍	䷐	䷆	䷴	䷇	䷑	䷌	䷵

此圖惠棟《易漢學》稱之爲「八宮卦次序」〔註87〕，京房將六十四卦分爲八組，以乾、震、坎、艮、坤、巽、離、兌等八卦爲「八宮本位卦」，又稱「八純卦」，此八宮本位卦又引領其他七個卦體，一組八個卦，稱爲「八宮」，八宮爲乾宮、震宮、坎宮、艮宮、坤宮、巽宮、離宮、兌宮。「宮」之名爲京房首創，《京氏易傳》中「大有卦」曰：「次入震宮八卦」〔註88〕，「漸卦」曰：「降入坤宮八卦」〔註89〕。

《京氏易傳》以乾、震、坎、艮、坤、巽、離、兌爲八宮次序，可見《京氏易傳》解說乾宮最後一卦之「歸魂」大有卦時曰「乾生三男，次入震宮八卦。」〔註90〕陸績注曰：「乾生三男，坤生三女，陽以陽，陰以陰，求奇耦定數之象也。」〔註91〕又解說坤卦之「歸魂」比卦曰：「坤生三女，巽離兌，分長中下。」〔註92〕皆有乾、坤爲父母，生三男三女的觀念，然而此說取自於《說卦傳》〔註93〕。

以八純卦初爻變化而起，陰爻變爲陽爻，陽爻變爲陰爻，乾卦初爻變而爲姤卦，震卦初爻變而爲豫卦，坎卦變而爲節卦，艮卦變而爲賁卦，坤卦變而爲復卦，巽卦變而爲小畜卦，離卦變而爲旅卦，兌卦變而爲困卦，上述八個變後的卦稱之爲「一世卦」，延續上文變化之理，再變至二爻而依次爲「遯卦、解卦、屯卦、大畜卦、臨卦、家人卦、鼎卦、萃卦」，稱爲「二世卦」，

〔註87〕〔清〕惠棟撰：《惠氏易學》（臺北：廣文書局，1981 年），頁 1145。

〔註88〕〔漢〕京房撰：《京氏易傳》（臺北：臺灣商務印書館《四部叢刊》初編經部據上海商務印書館縮印天一閣刊本，1976 年），卷上，頁 4。

〔註89〕同註88，卷上，頁 13。

〔註90〕同註88，卷上，頁 4。

〔註91〕同註88，卷上，頁 4。

〔註92〕同註88，卷中，頁 17。

〔註93〕《說卦傳》曰：「乾，天也，故稱乎父；坤，地也，故稱乎母。震一索而得男，故謂之長男；巽一索而得女，故謂之長女；坎再索而得男，故謂之中男；離再索而得女，故謂之中女；艮三索而得男，故謂之少男；兌三索而得女，故謂之少女。」《周易正義》，卷 9，頁 185。

變化至三爻，稱爲「三世卦」，變化至四爻，稱爲「四世卦」，變化至五爻，稱爲「五世卦」，但若再變化至上爻，則乾卦變坤卦，震卦變巽卦，坎卦變離卦，艮卦變兌卦，坤卦變乾卦，巽卦變震卦，離卦變坎卦，兌卦變艮卦，是再一次重複八宮本位卦，因此京房不變至上爻，而返回第四爻位變其陰陽，稱爲「游魂卦」，再以游魂卦爲主，變化內卦三個爻位，則稱爲「歸魂卦」。上述之名，如「一世卦」、「二世卦」、「三世卦」、「四世卦」、「游魂卦」、「歸魂卦」皆京房自創之名，假托孔子之言，見《京氏易傳》卷下曰：

> 孔子易云：有四易，一世、二世爲地易，三世、四世爲人易，五世、
>
> 六世爲天易，游魂、歸魂爲鬼易。〔註94〕

又《繫辭傳》中曰：「精氣爲物，游魂爲變，是故知鬼神之情狀。」〔註95〕「游魂」及「歸魂」之名於《繫辭傳》中已見，京房可能參考其文而創之，然《京氏易傳》在京房首創「八宮」、「游魂卦」、「歸魂卦」中，爲其有系統之六十四卦變化過程，於《序卦傳》排列次第之外，係一套整齊有理序之六十四卦排列法。

2. 世應說

「世應說」於《京氏易傳》中以《易傳》爻位相應說爲基礎而發展出一套占驗過程中所需的相應之道，即爲「世應說」。「世」係指世爻，「應」係指應爻，在「八純卦」中，世爻指是每一卦的上爻，而「一世卦」至「五世卦」之世爻所指爲變異之爻，而「游魂卦」之世爻指變異之爻爲第四爻，「歸魂卦」以第三爻爲世爻。應爻則是指與世爻相應之爻位，如初爻與四爻，二爻與五爻，三爻與上爻。

京房認爲占卜時，世爻代表一卦之主，表徵占者自身，應爻代表占者所問之對象，包括人、事、時、地、物等，世爲主，應爲賓，世應說表示占者與所問者間之人我相應。

3. 爵位說

《易傳》中有爻位貴賤說〔註96〕，孟喜論及爵位僅以「三爲三公，二

〔註94〕《京氏易傳》，卷下，頁28。

〔註95〕《周易正義》，卷7，頁147。

〔註96〕「《易傳》在《易經》五爻爲尊位的基礎上，對一卦六爻的尊貴卑賤又作了進一步的發揮說明，形成了比較清晰的爻位貴賤說。但這些思想尚不太系統，而且分散在《文言》、《象傳》、《象傳》及《繫辭傳》諸篇當中。……綜考《易傳》上述各篇所言，可以得出這樣幾個結論：一是強調一卦六爻，爻位貴賤

為二卿大夫」，尚未有六爻皆與爵位相配，但京房已將六爻位各配與不同爵位。以《京氏易傳》乾宮為例，乾卦「與坤為飛伏居世……九三三公為應。」〔註97〕姤卦：「元士居世……九四諸侯」〔註98〕遯卦：「大夫居世……六二得應。」〔註99〕觀卦：「諸侯臨世，反應元士而奉九五。」〔註100〕剝卦：「天子治世，反應大夫。」〔註101〕晉卦：「諸侯居世，反應元士。」〔註102〕大有卦：「三公臨世，應上九為宗廟。」〔註103〕由上文可知，京房以初爻為「元士」，二爻為「大夫」，三爻為「三公」，四爻為「諸侯」，五爻為「天子」，上爻為「宗廟」。

4. 世建說

由八宮卦延伸出「世應說」、「爵位說」、「世建說」。晁公武言：「起乎世而周乎內外，參乎本數以配月者，謂之建。」係將八宮卦中之「世應說」之世爻與月份相互配合。胡一桂《周易啟蒙翼傳》曰：

> 一世卦陰主五月，一陰在午也；陽主十一月，一陽在子也。二世卦陰主六月，二陰在未也；陽主十二月，二陽在丑也。三世卦陰主七月，三陰在申也；陽主正月，三陽在寅也。四世卦陰主八月，四陰在酉也；陽主二月，四陽在卯也。五世卦陰主九月，五陰在戌也；陽主三月，五陽在辰也。八純上世陰主十月，六陰在亥也；陽主四月，六陽在巳也。遊魂四世，所主與四世卦同；歸魂三世，所主與三世同。〔註104〕

以八宮卦為基礎，歸納此卦應屬八宮中的那一宮卦，那一世卦、游魂卦、歸魂卦，胡一桂歸納「世建說」，認為「一世卦」若世爻為陰爻則配以「五月」、

各有不同；二是一卦六爻，爻位自初至上，由賤至貴；三是已明確稱五爻之位為『天位』、『帝位』，『王位』，此為六爻中最為尊貴之位；四是已稱三爻為公位。」劉玉建撰：《兩漢象數易學研究》（南寧：廣西教育出版社，1996年），頁152、154。

〔註97〕《京氏易傳》，卷上，頁1。
〔註98〕同註97，卷上，頁2。
〔註99〕同註97，卷上，頁2。
〔註100〕同註97，卷上，頁3。
〔註101〕同註97，卷上，頁3。
〔註102〕同註97，卷上，頁4。
〔註103〕同註97，卷上，頁4。
〔註104〕〔元〕胡一桂撰：《周易啟蒙翼傳》（臺北：臺灣大通書局《通志堂經解》，1972年），冊7，頁4094。

「午」，若世爻為陽爻則配以「十一月」、「子」，「二世卦」若世爻為陰爻則配以「六月」、「未」，若世爻為陽爻則配以「十二月」、「丑」，「三世卦」與「歸魂卦」皆世爻為陰爻則配以「七月」、「申」，世爻為陽爻則配以「正月」、「寅」，「四世卦」與「游魂卦」皆世爻為陰爻則配以「八月」、「酉」，世爻為陽爻則配以「二月」、「卯」，「五世卦」若世爻為陰爻則配以「九月」、「戌」，若世爻為陽爻則配以「三月」、「辰」，「八純卦」若世爻為陰爻則配以「十月」、「亥」，世爻為陽爻則配以「四月」、「巳」。

以《京氏易傳》乾卦為例曰：「建巳至極主六位。」〔註105〕乾卦為八純卦，世爻為上爻、陽爻，故主「四月」在「巳」，又姤卦曰：「建庚午至乙亥。」〔註106〕姤卦為一世卦，世爻為初爻、陰爻，故主「五月」在「午」，又一年十二個月，陰月陽月各占其半，由十一月至四月為陽長，故稱「陽月」，由五月至十月為陰長，稱為「陰月」，每卦可延續五個月，是故姤卦月建起自五月午，終至十月亥。

5. 納甲說

京房納甲說即為八卦配以十天干，十天干為「甲、乙、丙、丁、戊、己、庚、辛、壬、癸」，因十天干以「甲」為首，故名為「納甲」。十天干中又分有「陽干」、「陰干」，如《淮南子‧天文》曰：「凡日，甲剛乙柔，丙剛丁柔，以至於癸。」〔註107〕說明十天干中以「甲、丙、戊、庚、壬」為剛、為陽，以「乙、丁、己、辛、癸」為柔、為陰。又《繫辭傳》曰：「陽卦多陰，陰卦多陽。」〔註108〕闡明卦體有陰陽之別，以八卦而言，乾、震、坎、艮為陽卦，坤、巽、離、兌為陰卦，再以陽卦配陽干，陰卦配陰干，《京氏易傳》下卷曰：

> 分天地乾坤之象，益之以甲乙壬癸，震巽之象配庚辛，坎離之象配戊己，艮兌之象配丙丁。八卦分陰陽，六位配五行，光明四通，變異立節。〔註109〕

又《京氏易傳》卷下曰：「奇耦之數，取之于乾坤。乾坤者，陰陽之根本。」

〔註105〕《京氏易傳》，卷上，頁1。
〔註106〕同註105，卷上，頁2。
〔註107〕〔漢〕劉安撰：《淮南子》（臺北：臺灣商務印書館《四部叢刊》初編子部據上海涵芬樓景印劉泖生影寫北宋本，1979年），卷3，頁23。
〔註108〕《周易正義》，卷8，頁168。
〔註109〕同註105，卷下，頁27。

〔註110〕又《京氏易傳》乾卦曰：「甲壬配外內二象。」〔註111〕以甲配乾之內卦，壬配乾之外卦，而乙配坤之內卦，癸配坤之外卦，故謂「分天地乾坤之象，益之以甲乙壬癸」、「乾坤者，陰陽之根本。」乾卦以陽干之甲為始，壬為終，坤卦以陰干之乙為始，癸為終。此外，震納庚，巽納辛，坎納戊，離納己，艮納丙，兌納丁。

　　後代以京房納甲為基礎，進而擴大其說，如宋代沈括《夢溪筆談》曰：

　　　易有納甲之法，未知起於何時，予嘗考之，可以推見天地胎育之理。乾納甲壬，坤納乙癸者，上下包之也；震、巽、坎、離、艮、兌納庚、辛、戊、己、丙、丁者，六子生於乾坤之包中，如物之處胎甲者。〔註112〕

將《易經》中的納甲說延伸至天地胎育之理，乾坤納甲猶如天地上下將萬物包覆，而震、巽、坎、離、艮、兌之六子如包容於乾坤之中，如萬物處胎中育長。以此可見京房納甲之說對後世影響甚深，後代學者更增益其說，納萬物於中。

6. 納十二支說

　　京房將八卦配以十天干，再以十二地支配上八卦中的每一爻位，《京氏易傳》卷下曰：「一、三、五、七、九，陽之數；二、四、六、八、十，陰之數。」〔註113〕而十二地支有陰陽之分，陽六支為「子、寅、辰、午、申、戌」，陰六支為「丑、卯、巳、未、酉、亥」。又《京氏易傳》卷下曰：「陰從午，陽從子，子午分行，子左行，午右行。」〔註114〕此乃說明十二消息卦，「陽從子」子為復卦十一月，一陽方生，「陰從午」午為姤卦五月，一陰方始，而「子左行」謂陽六支依順序為「子、寅、辰、午、申、戌」，「午右行」而「午」屬陽支，於「午」之後之陰六支為「未」，且「子午分行」，故排列順序為「未、巳、卯、丑、亥、酉」。《京氏易傳》曰：

　　　立春正月節在寅，坎卦初六，立秋同用，雨水正月中在丑，巽卦初六處暑同用，驚蟄二月節在子，震卦初九白露同用，春分二月中在亥，兌卦九四春，秋分同用，清明三月節在戌，艮卦六四寒露同用，

〔註110〕《京氏易傳》，卷下，頁27。
〔註111〕同註110，卷上，頁1。
〔註112〕〔宋〕沈括撰：《夢溪筆談》（臺北：臺灣商務印書館，1970年），卷7，頁51。
〔註113〕同註110，卷下，頁27。
〔註114〕同註110，卷下，頁27。

穀雨三月中在酉，離卦九四霜降同用，立夏四月節在申，坎卦六四
立冬同用，小滿四月中在未，巽卦六四小雪同用，芒種五月節在午，
乾宮九四大雪同用，夏至五月中在巳，兌宮初九冬至同用，小暑六
月節在辰，艮宮初六小寒同用，大暑六月中在卯，離宮初九大寒同
用。〔註115〕

下列爲八卦中六個爻位，由初爻至上爻之納十二支的順序：

乾卦：子、寅、辰、午、申、戌。

震卦：子、寅、辰、午、申、戌。（震爲乾長子，與乾卦納十二支皆
　　　相同）

坎卦：寅、辰、午、申、戌、子。

艮卦：辰、午、申、戌、子、寅。

坤卦：未、巳、卯、丑、亥、酉。

巽卦：丑、亥、酉、未、巳、卯。

離卦：卯、丑、亥、酉、未、巳。

兌卦：巳、卯、丑、亥、酉、未。

惠棟《易漢學》中引宋代項安世曰：「陽卦納陽干陽支，陰卦納陰干陰支。陽
六干皆進，陰六干皆退，惟乾納二陽，坤納二陰，包括首尾，則天地父母之
道也。」〔註116〕以陽卦納陽干陽支，陽支皆進，而陰卦納陰干陰支，陰支皆
退，亦可解釋「乾、震、坎、艮」納陽支與「坤、巽、離、兌」納陰支之排
列順序不同之故。

〔註115〕《京氏易傳》，卷下，頁27～28。
〔註116〕《惠氏易學》，卷4，頁1141。

以《京氏易傳》乾宮八卦爲例，乾卦：「參宿從位起壬戌。」〔註 117〕說明乾卦世爻爲上九，天干納壬，地支納戌，姤卦：「井宿從位入辛丑。」〔註 118〕說明姤卦世爻爲初爻，變化爲內卦，內卦之象與八純卦「巽卦」相同，故對應干支以「巽卦」爲體，故天干納辛，地支納丑，遯卦：「鬼宿入降見丙午。」〔註 119〕說明遯卦世爻爲二爻，變化爲內卦，內卦之象與八純卦「艮卦」相同，故對應干支以「艮卦」爲體，故天干納丙，地支納午，否卦：「柳宿從位降乙卯。」〔註 120〕說明否卦世爻爲三爻，變化爲內卦，內卦之象與八純卦「坤卦」相同，故對應干支以「坤卦」爲體，故天干納乙，地支納卯，觀卦：「星宿從位降辛未。」〔註 121〕說明觀卦世爻爲四爻，變化爲外卦，外卦之象與八純卦「巽卦」相同，故對應干支以「巽卦」爲體，故天干納辛，地支納未，剝卦：「張宿從位降丙子。」〔註 122〕說明剝卦世爻爲五爻，變化爲外卦，外卦之象與八純卦「艮卦」相同，故對應干支以「艮卦」爲體，故天干納丙，地支納子，晉卦：「翼宿從位降己酉金。」〔註 123〕說明晉卦世爻爲四爻，變化爲外卦，外卦之象與八純卦「離卦」相同，故對應干支以「離卦」爲體，故天干納己，地支納酉，大有卦：「軫宿從位降甲辰。」〔註 124〕說明大有卦世爻爲三爻，其變化爲內卦，內卦之象與八純卦「乾卦」相同，故對應干支以「乾卦」爲體，故天干納甲，地支納辰。

7. 納五行說

八卦與十天干、十二地支之配對於前文中已述，但如何將五行與其相應，則爲京房易學另一系統。

《說卦傳》、《呂氏春秋・十二紀》中皆以「土王季夏說」爲主，木值春，火值夏，土值季夏，金值秋，水值冬。其後有「土王四季說」，《白虎通・五行》曰：

〔註 117〕《京氏易傳》，卷上，頁 1。

〔註 118〕同註 117，卷上，頁 2。

〔註 119〕原文爲「鬼宿入位降丙辰」，而下文陸績註曰：「丙午臨士元」係指遯卦世卦二爻爲丙午，而二爻下臨初爻之士元，且遯卦世爻二爻本爲對應「丙午」，故其文當改爲「鬼宿入位降丙午」。《京氏易傳》，卷上，頁 2。

〔註 120〕同註 117，卷上，頁 3。

〔註 121〕同註 117，卷上，頁 3。

〔註 122〕同註 117，卷上，頁 3。

〔註 123〕同註 117，卷上，頁 3。

〔註 124〕同註 117，卷上，頁 4。

土所以王四季何？木非土不生，火非土不榮，金非土不成，水非土

不高，土扶微助衰，曆成其道，故五行更王，亦須土也。〔註125〕

土在四季皆有，故土值日在四季中各取十八日，共計七十二日，而春木、夏火、秋金、冬水各值七十二日，是故五行值日其時相當，並解決「土王季夏」夏季火值日由三個月縮減爲二個月，土之季夏值日一個月不均的問題。

而「五行」與「十二地支」彼此應如何對應？因「五」與「十二」之數非爲倍數，故需經過設計而可相互對應，以「亥、子」對應「水」，值七十二日，「丑」對應「土」，值季冬十八日，「寅、卯」對應「木」，值七十二日，「辰」對應「土」，值季春十八日，「巳、午」對應「火」，值七十二日，「未」對應「土」，值季夏十八日，「申、酉」對應「金」，值七十二日，「戌」對應「土」，值季秋十八日。如此一來將「五行」與「十二地支」相互配對，五行中「水、木、火、金」各值二個地支、七十二日，而「木」分散於春夏秋冬中，各值十八日，總計共值七十二日。

下圖爲惠棟《易漢學》「八卦六位圖」〔註126〕，用以說明京房八卦與干支、五行配對之圖說，圖象傳自京房，文字說解爲唐李淳風作。

乾屬金			
▬▬▬	壬戌	土	乾主甲子、壬午，甲爲陽日之始，壬爲陽日之終，子爲陽辰之始，午爲陽辰之終，初爻在子，四爻在午，乾主陽，內子爲始，外午爲終也。
▬▬▬	壬申	金	
▬▬▬	壬午	火	
▬▬▬	甲辰	土	
▬▬▬	甲寅	木	
▬▬▬	甲子	水	

坤屬土			
▬ ▬	癸酉	金	坤主乙未、癸丑，乙爲陰之始，癸爲陰之終，丑爲陰辰之始，未爲陰辰之終，坤初爻在未，四爻在丑，坤主陰，故內主未而外主丑也。
▬ ▬	癸亥	水	
▬ ▬	癸丑	土	
▬ ▬	乙刀	木	
▬ ▬	乙巳	火	
▬ ▬	乙未	土	

〔註125〕〔清〕陳立撰；吳則虞點校：《白虎通疏證》（北京：中華書局，1997年），卷4，頁190。
〔註126〕《惠氏易學》，卷4，頁1137～1140。

震屬木

	庚戌	土	震主庚子、庚午，震爲長男，即乾之初九，
	庚申	金	甲對於庚，故震主庚，以父授子，故主子午
	庚午	火	爲父同也。
	庚辰	土	
	庚寅	木	
	庚子	水	

巽屬木

	辛卯	木	巽主辛丑、辛未，巽爲長女，即坤之初六，
	辛巳	火	乙與辛對，故巽主辛，以母授女，故主丑未，
	辛未	土	同於母也。
	辛酉	金	
	辛亥	水	
	辛丑	土	

坎屬水

	戊子	水	坎主戊寅、戊申，坎爲中男，故主于中辰。
	戊戌	土	
	戊申	金	
	戊午	火	
	戊辰	土	
	戊求	木	

離屬火

	巳巳	火	離主巳卯、巳酉，離爲中女，故亦主於中辰。
	巳未	土	
	巳酉	金	
	巳亥	水	
	巳丑	土	
	巳卯	木	

```
┌─────────────────────────────────────────────────────────┐
│ 艮屬土                                                     │
│                                                           │
│ ━━━━━      丙寅    木    艮主丙辰、丙戌，艮爲少男，乾上爻主壬對 │
│ ━━ ━━     丙子    水    丙，用丙辰、丙戌，是第五配。          │
│ ━━ ━━     丙戌    土                                        │
│ ━━━━━      丙申    金                                        │
│ ━━━━━      丙午    火                                        │
│ ━━ ━━     丙辰    土                                        │
└─────────────────────────────────────────────────────────┘
```

```
┌─────────────────────────────────────────────────────────┐
│ 兌屬金                                                     │
│                                                           │
│ ━━ ━━     丁未    土    兌主丁巳、丁亥，兌爲少女，坤上爻主癸對 │
│ ━━━━━      丁酉    金    丁，用丁巳、丁亥，乃第六配。          │
│ ━━━━━      丁亥    水                                        │
│ ━━ ━━     丁丑    土                                        │
│ ━━━━━      丁卯    木                                        │
│ ━━━━━      丁巳    火                                        │
└─────────────────────────────────────────────────────────┘
```

京房將八卦與十天干、十二地支、五行相合，後世傳衍爲「火珠林」，常爲後代術家所用。惠棟《易漢學》於「京君明易上」：「右圖載見周易六十四卦火珠林，即納甲法也。」〔註127〕南宋張行成《元包數義》曰：「《火珠林》之用，祖於京房。」〔註128〕足見後世儒者多以《火珠林》祖於京房納甲之說。

8. 納六親說

《京氏易傳》將人事關係也一起併入爻象，五行運用於卦爻中，五行彼此之間會相生相克，對應於人事關係之進退應對，《京氏易傳》卷下曰：

> 八卦鬼爲繫爻，財爲制爻，天地爲義爻，福德爲寶爻，同氣爲專爻。

〔註129〕

八宮本位卦中用以表示占卜者自己，而一卦中有六爻，故稱「六親」。以「繫爻」爲「鬼」，即後代術者言「官鬼」，「制爻」爲「財」，後代術者言「妻財」，「義爻」爲「天地」，後代術者言「父母」，「寶爻」爲「福德」，後代術者言「子孫」，「專爻」爲「同氣」，後代術者言「兄弟」。

〔註127〕《惠氏易學》，卷4，頁1140。

〔註128〕〔宋〕張行成述：《元包數總義》（臺北：新文豐書局《叢書集成新編》，1985年），冊24，卷1，頁301。

〔註129〕《京氏易傳》，卷下，頁28。

　　此人事關係如何對應至卦爻之中，係以八宮本位卦自己納之五行爲主，與此宮中其他爻位所納之五行，彼此產生相生相克來推衍人事。以八宮本位卦爲主，本位卦納之五行，爻位與之相同者爲「相同之爻」、「專爻」、「同氣」，表徵「兄弟」，六爻中的五行係生本位卦者爲「生我之爻」、「義爻」、「天地」，表徵「父母」，六爻中的五行係克本位卦者爲「克我之爻」、「繫爻」、「鬼」，表徵「官鬼」，六爻中的五行係本位卦所克者爲「我克之爻」、「制爻」、「財」，表徵「妻財」，六爻中的五行係本位卦所生者爲「我生之爻」、「寶爻」、「福德」，表徵「子孫」。以乾宮中乾卦納「天干」、「地支」、「五行」「六親」的關係如下：

乾屬金			
▬▬▬	壬戌	土	（生我之爻、義爻、天地、父母）
▬▬▬	壬申	金	（相同之爻、專爻、同氣、兄弟）
▬▬▬	壬午	火	（克我之爻、繫爻、鬼　、官鬼）
▬▬▬	甲辰	土	（生我之爻、義爻、天地、父母）
▬▬▬	甲寅	木	（我克之爻、制爻、財　、妻財）
▬▬▬	甲子	水	（我生之爻、寶爻、福德、子孫）

《京氏易傳》乾宮乾卦「水配位爲福德」〔註130〕，陸績注曰：「甲子水是乾之子孫。」〔註131〕指乾卦初爻六親納「子孫」，「木入金鄉居寶貝」〔註132〕，陸績注曰：「甲寅木是乾之財。」〔註133〕指乾卦二爻納「妻財」，「土臨內象爲父母」〔註134〕，陸績注曰：「甲辰土是乾之父母。」〔註135〕指乾卦三爻納「父母」，「火來四上嫌相敵」〔註136〕，陸績注曰：「壬午火是乾之官鬼。」〔註137〕指乾卦四爻納「官鬼」，「金入金鄉木漸微」〔註138〕，陸績注曰：「壬申金同位傷木。」〔註139〕指乾卦五爻，與乾宮本屬金，納「兄弟」，「宗廟上建戌亥、

〔註130〕《京氏易傳》，卷上，頁2。
〔註131〕同註130，卷上，頁2。
〔註132〕同註130，卷上，頁2。
〔註133〕同註130，卷上，頁2。
〔註134〕同註130，卷上，頁2。
〔註135〕同註130，卷上，頁2。
〔註136〕同註130，卷上，頁2。
〔註137〕同註130，卷上，頁2。
〔註138〕同註130，卷上，頁2。
〔註139〕同註130，卷上，頁2。

乾本位」〔註140〕，陸績注曰：「戌亥，乾之位。」〔註141〕指乾卦上爻，與三爻同屬土，納六親之「父母」。

9. 飛伏說

京房在卦爻象上常以「陰中有陽，陽中有陰」來說明陰陽相互轉換，而創立了「飛伏說」，宋代朱震於《漢上易傳》中曰：「伏爻何也？曰京房所傳飛伏也。乾坤坎離震巽兌艮，兌，相伏者也。見者爲飛，不見者爲伏。飛，方來也；伏，既往也。《說卦》巽『其究爲躁卦』，例飛伏也。太史公《律書》曰：『冬至一陰下藏，一陽上舒。』此論《復卦》初爻之伏巽也。」〔註142〕飛爲顯，伏爲隱，認爲陰下伏有陽，陽下潛存著陰。

京房飛伏說在八宮六十四卦中有五種相異之飛伏。其一，爲八純卦之飛伏，此八個本位卦與其旁通卦爲飛伏卦，如乾與坤、震與巽、坎與離、艮與兌。其二，一世、二世、三世等卦之飛伏，世卦以世爻所處之內、外卦爲主，此三種世卦之世爻皆處卦體之內卦，故以內卦與該宮本位卦之內卦爲飛伏，如乾宮中一世卦姤卦，內卦爲巽，以卦而言，巽爲飛，乾卦內卦乾爲伏，以爻而言，巽初六爲飛爻，乾初九爲伏爻。乾宮二世卦遯卦，內卦艮爲飛，與乾卦內卦乾爲伏，乾宮三世卦否卦，內卦坤爲飛，與乾卦內卦乾爲伏。其三，爲四世、五世卦之飛伏，四世、五世卦之世爻皆在外卦，因此以外卦爲四世、五世卦之飛伏，故以外卦與該宮本位卦外卦互爲飛伏，如乾宮四世卦觀卦，外卦巽爲飛，與乾卦外卦乾爲伏，又如乾宮五世卦剝卦，外卦艮爲飛，與乾卦外卦乾爲伏。其四，爲游魂卦之飛伏，游魂卦之世爻爲四爻，四爻處外卦，游魂卦之世爻係由五世卦四爻之變，因此游魂卦以外卦與該宮五世卦之外卦互爲飛伏，如乾宮游魂卦晉卦，外卦離爲飛，乾宮五世卦剝卦之外卦艮爲伏。其五，爲歸魂卦之飛伏，歸魂卦之世爻爲初爻、二爻、三爻之三個爻位，此三爻居內卦，而歸魂卦內卦爲游魂卦內卦之變，因此歸魂卦內卦與該宮游魂卦內卦互爲飛伏，如乾宮歸魂卦大有卦內卦乾爲飛，與乾宮游魂卦晉卦之內卦坤爲伏。其八宮六十四卦與之飛伏卦，如下表所示：

〔註140〕《京氏易傳》，卷上，頁2。

〔註141〕同註140，卷上，頁2。

〔註142〕〔宋〕朱震撰：《漢上易傳》（北京：九州出版社，2012年），頁3。

圖表 8：京房八宮六十四卦與飛伏卦

八宮卦	乾宮	震宮	坎宮	艮宮	坤宮	巽宮	離宮	兌宮
上　世	乾	震	坎	艮	坤	巽	離	兌
飛伏卦	坤	巽	離	兌	乾	震	坎	艮
一　世	姤	豫	節	賁	復	小畜	旅	困
飛伏卦	巽	坤	兌	離	震	乾	艮	坎
二　世	遯	解	屯	大畜	臨	家人	鼎	萃
飛伏卦	艮	坎	震	乾	兌	離	巽	坤
三　世	否	恆	既濟	損	泰	益	未濟	咸
飛伏卦	坤	巽	離	兌	乾	震	坎	艮
四　世	觀	升	革	睽	大壯	无妄	蒙	蹇
飛伏卦	巽	坤	兌	離	震	乾	艮	坎
五　世	剝	井	豐	履	夬	噬嗑	渙	謙
飛伏卦	艮	坎	震	乾	兌	離	巽	坤
游　魂	晉	大過	明夷	中孚	需	頤	訟	小過
飛伏卦	艮	坎	震	乾	兌	離	巽	坤
歸　魂	大有	隨	師	漸	比	蠱	同人	歸妹
飛伏卦	坤	巽	離	兌	乾	震	坎	艮

上文是用飛伏卦來解說京房飛伏說，卦由爻所組合而成，八宮六十四卦以每卦世爻爲飛爻，而和變爲世爻的那一爻爲伏爻，飛伏卦乃爲世爻在卦體上之擴展。但京房之飛伏不僅運用在世爻上，更展現於世爻之外的其它各爻，因此，劉玉建在《兩漢象數易學研究》中提出京房有飛伏卦與飛伏爻。〔註143〕

〔註143〕「需要注意的是，京氏論飛伏，並不僅僅限于世爻，這一點在飛伏卦中已經有了體現。因飛伏卦除包括世爻之飛伏外，還包括世爻之外的諸爻之飛伏。如八純卦之飛伏，即爲包括世爻在內的六個之爻之飛伏。京氏于其《易傳》中還曾論及世爻之外的爻象飛伏，如解《離》時說：『陽爲陰主，陽伏于陰也。』陸績注：『成卦義在六五。』此是說六五爲卦主。但按《易》例，如京氏所言陽本爲陰主，今六五爲陰，何以能爲卦主。京氏認爲，六五陰下伏陽，故六五之爲卦主，亦即六五伏下之爻九五爲卦主。這裡，京氏很顯然是採用爻之飛伏來解說《離》之卦主。……京氏既言某卦與某卦之飛狀，又曾單獨講過爻之飛伏。因此，應當明確京氏飛伏說有兩種情形，即飛伏卦與飛伏爻。」《兩漢象數易學研究》，頁 265～266。

10. 互體說

「互體」之名創於京房，一卦有內、外卦兩卦體，而在一卦六爻中重新取出二三四五爻相連之三爻，稱為「互體」，如二、三、四爻之互體，三、四、五爻之互體，重新結合成為一經卦，故一別卦中有兩個互體，如離卦以二、三、四爻互體而為巽，三、四、五爻互體而為兌，巽與兌即離卦三爻互體中的二個經卦。

《繫辭下傳》曰：「若夫雜物撰德，辯是與非，則非其中爻不備。」〔註144〕朱震《漢上易傳》引京房解說曰：「互體是也。」〔註145〕京房以「中爻」為「互體」，又稱為「互」、「體」，而二、三、四爻互體，二爻與三爻皆在內卦，故又稱「內互」，三、四、五爻互體，四爻與五爻皆在外卦，故又稱「外互」，《京氏易傳》无妄卦曰：「內互見艮……外互見巽。」无妄卦二、三、四爻互體為艮，三、四、五爻互體為巽，艮為內互，巽為外互。

11. 六十四卦值日法

京房師承焦延壽，焦延壽又學《易》於孟喜，而孟喜除四正卦外，其餘六十卦與一年三百六十五又四分之一日相配，故每卦值六又八十分之七日，謂為「六日七分法」。京房於此原則下發展新的值日法，見《新唐書》志第十七上、曆三上僧一行《卦議》曰：

> 京氏又以卦爻配期之日，坎、離、震、兌，其用事自分、至之首，皆得八十分日之七十三。頤、晉、井、大畜，皆五日十四分，餘皆六日七分。〔註146〕

京房將春分前的晉卦，秋分前的大畜卦，夏至前的井卦，冬至前的頤卦，本來各值六日又八十分之七，各減去八十分之七十三，故此四卦各值五日又八十分之十四，此減掉之日分配給坎、離、震、兌，故坎、離、震、兌各值八十分之七十三日，各卦皆有值日，坎、離、震、兌四卦各值八十分之七十三日，頤、晉、井、大畜四卦各值五日又八十分之十四，其餘諸卦皆值六日又八十分之七。

孟喜、焦延壽、京房所謂六日七分法，實際為占驗與陰陽災異之作，目的非為注解《易》文，一行《卦議》曰：「又京氏減七十三分，為四正之候，

〔註144〕《周易正義》，卷8，頁174。
〔註145〕《漢上易傳》，卷8，頁249。
〔註146〕《新唐書》，卷27上，頁301。

其說不經，欲附會《緯文》『七日來復』而已。」〔註147〕但劉玉建認為此說為非〔註148〕，一則是《緯書》產生於兩漢之際，晚於京房，一則是京房創立六日七分法目的在占筮。

二、東漢注經派象數《易》學

　　京房「納十二支」，後人稱為「爻辰說」而東漢鄭玄改立其說並提出「爻體說」，荀爽於卦氣說之前提下，提出「乾升坤降說」、「陽升陰降說」，更開啓「卦變說」之端，以象注《易》、以傳解經之虞翻集兩漢《易》學之大成，遍觀各家之說而建構一套自己的《易》學架構，本文列舉三家來介紹東漢注經派象數《易》學。

（一）鄭　玄

《後漢書‧鄭玄傳》曰：

　　鄭玄字康成，北海高密人也。八世祖崇，哀帝時尚書僕射。玄少為鄉嗇夫，得休歸，常詣學官，不樂為吏，父數怒之，不能禁。遂造太學受業，師事京兆第五元先，始通《京氏易》、《公羊春秋》、《三統歷》、《九章算術》。又從東郡張恭祖受《周官》、《禮記》、《左氏春秋》、《韓詩》、《古文尚書》。以山東無足問者，乃西入關，因涿郡盧植，事扶風馬融。……五年春，夢孔子告之曰：「起，起，今年歲在辰，來年歲在巳。」既寤，以讖合之，知命當終。有頃寢疾。時袁紹與曹操相拒于官度，令其子譚遣使逼玄隨軍。不得已，載病到元城縣，疾篤不進。其年六月卒，年七十四。〔註149〕

〔註147〕《新唐書》。
〔註148〕「《緯書》產生於兩漢之際，晚於京房。《易緯》中繼承了京氏卦氣說，『七日來復』乃《復》卦辭，因此說，不是京房附會《易緯》，而是《易緯》借用京房之學。《易緯‧稽覽圖》論『甲子卦氣起中孚』（此亦是孟、京卦氣說）時說：『坎常以冬至日始效，復生坎，七日。』孟喜四正卦說，以坎初六主冬至，《京氏易傳》卷下說『龍德十一月在子在坎卦，左行』，是京氏以坎為十一月。《復》於十二月消息卦亦為十一月。所謂『七日』來自『七日來復』，鄭玄注《稽覽圖》『消息及四時卦各盡其日』說：『消息盡六日七分，四時盡七十三分。』消息即十二消息卦，四時為四正卦。依京氏之說，以四正之坎及十二消息之《復》為例，坎主七十三分，《復》主六日七分，二者相加則為『七日』，……孟、焦、京創立六日七分法的目的，從根本上講，都是為了服務於占筮及解說陰陽災異。」《兩漢象數易學研究》，頁286～287。
〔註149〕《新校本後漢書》，卷35，頁1207～1211。

鄭玄，字康成，北海高密人，生於東漢順帝永建二年（127），卒於獻帝建安五年（200），少時曾為鄉嗇夫，不喜為官，受業於太學及京兆，又從張恭祖、馬融受學，所學甚廣而謂為通儒。

1. 爻辰說

京房以八卦納十二地支，後人稱之為「爻辰說」，鄭玄改京房之說而自創一套新的「爻辰說」。鄭玄「爻辰說」係指乾坤十二爻納十二辰，辰即地支，十二辰又可用以表示十二個月，因此惠棟《易漢學》稱之為「十二月爻辰」。京房將乾卦由初爻至上爻配以陽支「子、寅、辰、午、申、戌」，坤卦初至上爻配以陰支「未、巳、卯、丑、亥、酉」，陽支為順數之序，陰支為逆數之序，鄭玄乾卦配對與京房相同，坤卦初爻至上爻配以「未、酉、亥、丑、卯、巳」。鄭玄爻辰的排序取法於月令十二月中的音樂制律，鄭玄於《周禮・春官・大師》注曰：

> 黃鍾，初九也，下生林鍾之初六，林鍾又上生大簇之九二，大簇又下生南呂之六二，南呂又上生姑洗之九三，姑洗又下生應鍾之六三，應鍾又上生蕤賓之九四，蕤賓又下生大呂之六四，大呂又上生夷則之九五，夷則又下生夾鍾之六五，夾鍾又上生無射之上九，無射又上生中呂之上六。〔註150〕

古代音樂制律即十二律隔八相生，韋昭注解《國語・周語下》「王將鑄無射」章，同鄭玄之說曰：

> 十一月曰黃鍾，乾初九也。
>
> 十二月曰大呂，坤九四也。
>
> 正月曰太簇，乾九二也。
>
> 二月曰夾鍾，坤六五也。
>
> 三月曰姑洗，乾九三也。
>
> 四月曰中呂，坤上六也。
>
> 五月曰蕤賓，乾九四也。
>
> 六月曰林鍾，坤初六也。
>
> 七月曰夷則，乾九五也。

〔註150〕〔漢〕鄭玄注；〔唐〕賈公彥疏：《周禮》（臺北：藝文印書館《十三經注疏》，2001年），卷23，頁354。

八月日南呂，坤六二也。

九月日無射，乾上九也。

十月日應鐘，坤六三也。〔註 151〕

鄭玄爻辰將乾坤十二爻與十二地支相配，再合以十二律呂、十二月份，整理以下圖所示：

（九月）	戌	▬▬	无射	（四月）	巳	▬ ▬	中呂
（七月）	申	▬▬	夷則	（二月）	卯	▬ ▬	夾鐘
（五月）	午	▬▬	蕤賓	（十二月）	丑	▬ ▬	大呂
（三月）	辰	▬▬	姑洗	（十月）	亥	▬ ▬	應鐘
（正月）	寅	▬▬	太簇	（八月）	酉	▬ ▬	南呂
（十一月）	子	▬▬	黃鐘	（六月）	未	▬ ▬	林鐘
		乾				坤	

《毛詩正義》卷七之一引比卦初六：「爻有孚盈」〔註 152〕，鄭玄注曰：「爻辰在未，上值東井。井之水，人所汲。用缶，缶汲器。」〔註 153〕鄭玄「爻辰說」將乾坤十二爻與十二地支相合外，再推廣至其餘六十二卦，換言之，六十四卦中三百八十四爻皆可納辰，不僅納辰還納四方、四時、十二月、二十四節氣、十二律呂、十二生肖、二十八星宿、五行等，此為漢代常以事物比附萬象。

2. 爻體說

「爻體說」為鄭玄以象解《易》時所創的一套注經體例，爻體說指卦體中任一爻皆可代表此卦及卦義，而成為某卦之主。於六畫卦中，初爻、四爻為陽爻，則稱為「震爻」，初爻、四爻為陰爻，則稱為「巽爻」，二爻、五爻為陽爻，則稱為「坎爻」，二爻、五爻為陰爻，則稱為「離爻」，三爻、上爻為陽爻，則稱為「艮爻」，三爻、上爻為陰爻，則稱為「兌爻」。如《周易集解》萃卦卦辭：「王假有廟，利見大人。」鄭玄注曰：

四本震爻，震為長子。五本坎爻，坎為隱伏。居尊而隱伏，鬼神之象。長子入闕升堂，祭祖禰之禮也，故曰王假有廟。二本離爻也，

〔註 151〕〔吳〕韋昭注：《國語》（臺北：臺灣商務印書館《景印文淵閣四庫全書》第 406 冊，1983 年），卷 3，頁 39〜40。

〔註 152〕〔漢〕毛亨撰；〔後漢〕鄭玄、〔唐〕孔穎達注：《毛詩正義》（臺北：中華書局《四部備要》中華書局據阮刻本校刊，1965 年），冊 2，頁 3。

〔註 153〕同註 152，冊 2，頁 3。

離爲目，居正應五，故利見大人矣。〔註154〕

鄭玄「爻體說」以一爻象徵全卦之主，此類思想於《易傳》中已可見，《繫辭下傳》曰：「陽卦多陰，陰卦多陽。」〔註155〕陽卦、陰卦以少統眾，爻體中以少者爲卦主，如震卦爲一陽二陰則以一陽爲主。又《說卦傳》曰：「震一索而得男，故謂之長男。巽一索而得女，故謂之長女。坎再索而得男，故謂之中男。離再索而得女，故謂之中女。艮三索而得男，故謂之少男。兌三索而得女，故謂之少女。」〔註156〕震、坎、艮爲一陽二陰，陽爻位置相應男子之順序，而巽、離、兌亦然。鄭玄將「爻體說」由三爻擴展至六爻，藉以增加注解《周易》經傳時之詮釋方式，使《易》之義理更可與卦爻體之象結合。

（二）荀 爽

《後漢書·荀爽傳》曰：

爽字慈明，一名諝。幼而好學，年十二，能通《春秋》、《論語》。太尉杜喬見而稱之，曰：「可爲人師。」爽遂耽思經書，慶弔不行，徵命不應。潁川爲之語曰：「荀氏八龍，慈明無雙。」……後遭黨錮，隱於海上，又南遁漢濱，積十餘年，以著述爲事，遂稱爲碩儒。黨禁解，五府並辟，司空袁逢舉有道，不應。及逢卒，爽制服三年，當世往往化以爲俗。時人多不行妻服，雖在親憂猶有弔問喪疾者，又私諡其君父及諸名士，爽皆引據大義，正之經典，雖不悉變，亦頗有改。後公車徵爲大將軍何進從事中郎。進恐其不至，迎薦爲侍中，及進敗而詔命中絕。獻帝即位，董卓輔政，復徵之，爽欲遁命，吏持之急，不得去。因復就拜平原相，行至宛陵，復追爲光祿勳。視事三日，進拜司空。爽自被徵命及登台司，九十五日。因從遷都長安。爽見董卓忍暴滋甚，必危社稷，其所辟舉皆取才略之士，將共圖之，亦與司徒王允及卓長史何顒等爲內謀。會病薨，年六十三。

〔註157〕。

〔註154〕〔漢〕鄭玄撰：《周易注》（臺北：藝文印書館《叢書集成三編》之《黃氏逸書考》，1972年），卷2，頁46。
〔註155〕《周易正義》，卷8，頁168。
〔註156〕同註155，卷9，頁185。
〔註157〕《新校本後漢書》，卷62，頁2050～2057。

荀爽（128～190），字慈明，一名諝，潁川潁陰人，生於東漢順帝永建三年
（128），卒於東漢獻帝初平元年（190），年六十三，荀爽兄弟八人，時人稱
爲「八龍」，故曰「荀氏八龍，慈明无雙。」荀爽自幼好學，勤於筆耕，爲
著名經學家、《易》學家，後抨擊時政而遭黨錮，於是隱居著書，視仕途如
雲煙，董卓專權之際出而應命，眾以爲貪好權貴，但范曄曰：「余竊商其情，
以爲出處君子之大致也，平運則弘道以求志，陵夷則濡跡以匡時。荀公之急
急自勵，其濡跡乎？不然，何爲違貞吉而履虎尾焉？」〔註 158〕荀爽爲匡正
亂世、除去奸臣，而在董卓亂政時挺身出仕。《後漢書・儒林傳上・孫期傳》
言荀爽與馬融、鄭玄爲一脈，傳費直《易》學，但史書中並未記載荀爽師承
何人，費直常以《傳》解經，荀爽亦以十篇之文解說經意，因此論荀爽《易》
學流派可歸之於費直學派。〔註 159〕虞翻注《易》時曾批評當時《易》學家
馬融、鄭玄、荀爽、宋忠，〔註 160〕對荀爽《易》說雖有貶抑，而虞翻所論
者已是讀《易》英才，故稱荀爽爲「荀公」，李鼎祚《周易集解》中引虞翻
及荀爽之注爲全書之最，是故可知荀爽爲東漢《易》學重要《易》家之一。

1. 乾升坤降說

荀爽認爲「乾」與「坤」爲卦中的基本卦，乾卦九二爻之陽應升而居於
坤卦六五爻之位，反之，坤卦六五爻之陰當降至乾卦九二爻之位。五爻爲君
位，二爻爲臣位，陽爻代表君王、上位者，陰爻表徵臣子、順服者，因此陽
爻當升至五爻之位以代表上位者升居君位，而陰爻應降至二爻之位闡明安居
於臣下之位，此說即荀爽「乾升坤降說」。

朱伯崑《易學哲學史》中言：「乾坤兩卦乃基本卦，此兩卦的爻位互易，
即乾卦九二居於坤卦六五爻位，坤卦六五居於乾卦九二爻位，此即乾升坤

〔註 158〕《後漢書》，卷 62，頁 733。
〔註 159〕《新校本後漢書》曰：「建武中，范升傳《孟氏易》，以授楊政，而陳元、鄭
眾皆傳《費氏易》，其後馬融亦爲其傳。融授鄭玄，玄作《易注》，荀爽又作
《易傳》，自是《費氏》興，而《京氏》遂衰。」，卷 79 上，頁 2554。
〔註 160〕《三國志・虞翻傳》注引《翻別傳》曰：「自漢初以來，海內英才，其讀《易》
者，解之率少。至孝靈之際，潁川荀諝號爲知《易》，臣得其注，有愈俗儒，
至所說『西南得朋，東北喪朋』，顛倒反逆，了不可知。孔子歎《易》曰：『知
變化之道者，其知神之所爲乎！』以美大衍四象之作，而上爲章首，尤可怪
矣。又南郡太守馬融，名有俊才，其所解釋，復不及諝。孔子曰『可與共學，
未可與適道』，豈不其然！若乃北海鄭玄，南陽宋忠，雖各立注，忠小差玄，
而皆未得其門，難以示世。」，卷 57，頁 1322。

降，則形成坎離兩卦，爲上經之終；坎離兩卦相配合，則成爲既濟和未濟，爲下經之終。所以乾坤兩卦爻位的升降乃八卦和六十四卦的基礎。此說本于京房所說『乾坤者陰陽之根本，坎離者陰陽之性命。』」〔註161〕朱伯崑認爲荀爽以乾卦和坤卦爲八卦及六十四卦之根本，係本於京房的「乾坤者陰陽之根本，坎離者陰陽之性命」因乾卦與坤卦之升降變化，而生成坎卦、離卦，坎卦、離卦相配而生既濟卦和未濟卦，坎卦、離卦爲上經之終，而既濟卦、未濟卦乃爲下經之終。乾卦九五爻《文言傳》「本乎天者親上，本乎地者親下」，荀爽注曰：

> 謂乾九二，本出於乾，故曰：本乎天。而居坤五，故曰：親上。
>
> 〔註162〕
>
> 謂坤六五，本出於坤，故曰：本乎地。降居乾二，故曰：親下也。
>
> 〔註163〕

乾卦九二出於乾，本乎天，當升至坤卦六五之位，坤卦六五出於坤，本於地，而當下降至乾卦九二之位，這是爻變的變化基礎。解釋乾卦《文言傳》「與日月合其明」，荀爽注曰：

> 謂坤五之乾二成離，離爲日。乾二之坤五爲坎，坎爲月。〔註164〕

坤卦五爻至乾卦二爻而成「離卦」，乾卦二爻至坤卦五爻而爲「坎卦」。又乾卦《文言傳》「雲行雨施天下平」，荀爽注曰：

> 乾升於坤曰雲行，坤降於乾曰雨施。乾坤二卦成兩既濟，陰陽和均，
>
> 而得其正，故曰天下平。〔註165〕

以乾升坤降說來解釋上升之「雲行」及下降之「雨施」，乾卦九二上升至坤卦六五之位而爲「坎卦」，坤卦六五下降居乾卦九二之位而爲「乾卦」，上卦爲坎與下卦爲離乃成既濟卦，既濟卦六爻皆正而曰「陰陽和均」，故稱「天下平」。

2. 陽升陰降說

荀爽於「乾升坤降說」之基礎上，發展出「陽升陰降說」。此說乃爲乾卦

〔註161〕朱伯崑著：《易學哲學史》（臺北：藍燈文化事業股份有限公司，1991 年），第 1 卷，頁 230。

〔註162〕《周易集解》，頁 14。

〔註163〕同註 162，頁 14。

〔註164〕同註 162，頁 21。

〔註165〕同註 162，頁 19。

九五陽爻當居上卦之中位，而坤卦六二陰爻當居下卦之中位，在此預設前提下，乾卦九二陽爻當升至五爻之君位，坤卦六五陰爻當降至二爻之臣位，陽爻陰爻各當其位，則陰陽相互協調且不相干犯。

除乾卦與坤卦兩卦之外，其餘六十二卦居二爻之陽當升至五爻，居五爻之陰當降至二爻。臨卦九二爻《小象傳》「咸臨吉，無不利，未順命也。」，荀爽注曰：

> 陽感至二，當升居五，羣陰相承，故無不利也。陽當居五，陰當順
>
> 從。今尚在二，故曰未順命也。〔註166〕

臨卦陽爻息至二爻，謂「陽感至二」，九二陽爻居下體二爻之位則「當升居五」，三爻至上爻共有四個陰爻群聚在上，故稱「羣陰相承」，陽爻當居五爻君位，陰爻當降二爻臣位，若陽爻不變仍居下卦二爻之位，因而「未順命也」。

其後又將此理論推衍至一卦中的其他各爻。如離卦九四爻「突如，其來如。」，荀爽注曰：

> 陽升居五，光炎宣揚，故突如也。陰退居四，灰炭降墜，故其來如
>
> 也。〔註167〕

離卦九四陽爻當升居五爻之位，以「光炎宣揚，故突如也。」離卦六五陰爻應退居四爻之位以「灰炭降墜，故其來如也」，將「陽升陰降說」應用在一卦的其它爻位上，藉由爻位變動而之正，甚而認為由一卦之爻位升降，可變成另一卦，以說明卦是由何而來。如屯卦《彖傳》「剛柔始交而難生，動乎險中，大亨貞」，荀爽注曰：

> 物難在始生，此本坎卦也。案初六升二，九二降初，是剛柔始交也。
>
> 交則成震，震為動也。上有坎，是動乎險中也。動則物通而得正，
>
> 故曰動乎險中，大亨貞也。〔註168〕

闡明屯卦係由坎卦而來，坎卦之初六陰爻升至二爻之位，九二陽爻也降至初爻之位，為陽剛與陰柔相交之始，經過坎卦初爻與二爻相交，屯卦下體震乃生，震有動之象，屯卦上體為坎，下體為震，震為動象，坎為險象，故曰「動乎險中」，又因經動，使別卦之坎將初爻與二爻之位互易而得正，因此「大亨貞也。」荀爽認為一別卦之爻，不必受限於相應的爻位關係，皆可進行「升」、

〔註166〕《周易集解》，頁110。
〔註167〕同註166，頁156。
〔註168〕同註166，頁38。

「降」之作用。

　　荀爽因循著「陽升陰降說」解釋卦從何而來，因此有「卦變」思想，「卦變」爲某一卦經由爻位變化而成另一個卦。故知荀爽對乾卦與坤卦，及二、五爻位較爲重視，「毀乾坤之體，則無以見陰陽之交易也」〔註169〕、「陰陽相易，出於乾坤，故日門」〔註170〕認爲可藉乾卦與坤卦爻位之升降變動而觀察陰陽爻位互易；《繫辭上傳》「易簡而天下之理得矣；天下之理得，而易成位乎其中矣」〔註171〕荀爽注日：「陽位成於五，陰位成於二。五爲上中，二爲下中，故易成位乎其中也。」〔註172〕以爲六二和九五皆爲下卦與上卦之中位，荀爽重視二五爻位，更是對「中位說」之開展，及《中庸》「中和」思想之延伸。

（三）虞　翻

　　虞翻（170～239）爲集兩漢《易》學之大成者，於前儒所開創傳承的思想中，亦創立獨自思維體系，「卦變說」以《易》開啓萬象之變，以《易》之太極生乾坤兩儀，乾坤生六子，而後締造各類飛潛動植，「卦氣說」是依孟喜、《易緯》等卦氣之說而以卦喻氣，闡明陰陽消長所建構的日月之功，「月體納甲說」則承襲京房、魏伯陽之「納甲說」而至，藉以日月爲易而持八卦之象，說明八卦與月相盈虛之相應，更以「逸象說」來比附千象萬物，以有限說無限之道。本文後面章節將仔細闡論虞翻思想，故此簡單介紹虞翻《易》學梗概。

三、漢末《易》學與丹道融合

（一）魏伯陽

　　彭曉《周易參同契分章通眞義・序》日：

> 眞人魏伯陽者，會稽上虞人也。世襲簪裾，唯公不仕，修眞潛默，養志虛无，博贍文詞，通諸緯候，恬淡守素，唯道是從，每視軒裳如糠粃焉。不知師授誰氏，得古文龍虎經，盡獲妙書，乃約《周易》撰《參同契》三篇。〔註173〕

〔註169〕《周易集解》，頁354。
〔註170〕同註169，頁383。
〔註171〕《周易正義》，卷7，頁144。
〔註172〕同註169，頁314。
〔註173〕〔漢〕魏伯陽撰；〔五代〕彭曉注：《周易參同契分章通眞義》（成都：四川人

魏伯陽，東漢會稽上虞人，一曰吳人〔註174〕，有《周易參同契》三篇，有關《周易參同契》一書的作者，歷來多有爭議〔註175〕，本文採此書爲東漢魏伯陽所著。虞翻與魏伯陽同爲會稽人，有地緣上之關聯，故引魏伯陽納甲說之處頗多，《經典釋文》「易」字下有「虞翻注《參同契》」〔註176〕，可見虞翻鑽研過《周易參同契》並爲之作注。又虞翻爲漢靈帝建寧三年（170）至吳大帝赤烏二年（239），魏伯陽推測當爲虞翻之前，彭曉《周易參同契分章通眞義‧序》曰：「青州徐從事，徐乃隱名而註之，至後漢孝桓帝時，公復傳授與同郡

〔註174〕〔晉〕葛洪撰：《神仙傳》（臺北：新文豐出版社《叢書集成新編》1985年），卷2，頁291。其曰：「魏伯陽，吳人也，高門之子而性好道術，不肯仕宦，閒居養性，時人莫知其所從來，謂之治民養身而已。……伯陽作《參同契》五相類凡二卷，其說似解《周易》，其實假借爻象以論作丹之意。而世之儒者，不知神丹之事，多作陰陽注之，殊失其旨矣。」

〔註175〕「有關《周易參同契》的作者，歷來尚有爭議，主要的說法有二：一是認爲《周易參同契》是東漢魏伯陽所著；二是認爲此書由魏伯陽、徐從事、淳于叔通合著。持第一種觀點的主要根據是：①《周易參同契》第八十八至九十章是魏伯陽自序，其中以隱語自署名字，並有『乃撰斯文』字樣。②舊題晉葛洪的《神仙傳》說：『伯陽作《參同契》、《五相類》，凡二卷，其說如似解釋《周易》，其實假借爻象以論作丹之意，而儒者不知神仙之事，多作陰陽注之，殊失其奧旨矣。』（《雲笈七籤》卷一百九）③唐玄宗時，綿州昌明令劉知古作《日月玄樞篇》引『《抱樸子》曰：魏伯陽作《參同契》、《五相類》凡二篇，假《大易》之爻象以論修丹之旨。』（《道樞》卷二十六）④《舊唐書‧經籍志》丙部五行類：《周易參同契》二卷，魏伯陽撰。《周易五相類》一卷，魏伯陽撰。《新唐書‧藝文志》五行類：魏伯陽《周易參同契》二卷，又《五相類》一卷。⑤《顏氏家訓‧書證》：『《參同契》以人負告爲造。』朱元育《參同契闡幽》釋《周易參同契》第九十章最後四句說：『柯葉萎黃四句，合成造字，言《參同契》全文乃魏伯陽所造也。』可見顏之推也認爲魏伯陽隱名著書。持第二種觀點的主要根據是：①唐劉知古著《日月玄樞篇》引『玄光先生曰：徐從事擬龍虎天文而作《參同契》上篇以傳魏君，魏君爲作中篇傳於淳于叔通，叔通爲制下篇以表三才之道。』②南梁陶弘景《眞誥》卷十二有注：『《易參同契》云：桓帝時上虞淳于叔通受術於青州徐從事，仰觀乾象，以處災異，數有效驗，以知數故，郡舉方士，遷洛陽市長。……』③後蜀彭曉《周易參同契分章通眞義序》說：魏伯陽『乃約《周易》撰《參同契》三篇，……密示青州徐從事，徐乃隱名而注之。至後漢孝桓帝時，公復傳授與同郡淳于叔通，遂行於世。』彭曉雖然認爲《周易參同契》由魏伯陽著，但其箋注與流傳與徐從事、淳于叔通有關。④陰長生的《周易參同契注》『魯（彭曉本作「鄶」）國鄙夫』等八句下云：『乃謂北海徐從事。《參同契》起於徐公之作矣。』」劉國棟注譯；黃沛榮先生校閱：《新譯周易參同契》：（臺北：三民書局，2010年），頁1～2。

〔註176〕〔唐〕陸德明撰：《經典釋文》（北京：中華書局，1985年），卷2，頁61。

民出版社《諸子集成》補編據正道道藏本影印，1997年），頁355。

淳于叔通，遂行于世。」〔註177〕由此推論魏伯陽活動於漢桓帝期間，魏伯陽視官仕富貴爲糠粃，恬淡虛無，任性保眞，《周易參同契》係以《周易》與爐火煉丹術參合之作。

1. 乾坤坎離之牝牡四卦

魏伯陽以乾、坤、坎、離爲「牝牡四卦」，《周易參同契・乾坤易之門戶章第一》曰：

> 乾坤者，易之門戶，眾卦之父母。坎離匡郭，運轂正軸。〔註178〕

乾、坤兩卦爲眾卦之父母，易之門戶，坎卦、離卦如車之轂軸，有此方能運轉作用。又《周易參同契・牝牡四卦章第二》曰：

> 牝牡四卦，以爲橐籥。覆冒陰陽之道，猶工御者準繩墨，執銜轡，
> 正規矩，隨軌轍。處中以制外，數在律曆紀。〔註179〕

乾、坤、坎、離爲牝牡四卦，如煉丹時之風箱，其餘六十卦因四卦作用而生，乾、坤兩卦處外，如易之門戶，坎、離兩卦居中，用以制外，律呂、曆法、年紀之數皆由此而來，《周易參同契・天地設位章第七》又曰：

> 天地設位，而易行乎其中矣。天地者，乾坤之象也。設位者，列陰
> 陽配合之位也。易謂坎離。坎離者，乾坤二用。二用無爻位，周流
> 行六虛。往來既不定，上下亦無常。幽潛淪匿，變化於中。包囊萬
> 物，爲道紀綱。〔註180〕

牝牡四卦闡明《易》之體用，坎、離爲乾、坤之用，乾、坤爲坎、離之體，坎與離作用於天地之間，坎離作用無固定爻位，流行於六虛之間，上下往來無定向，坎、離幽隱潛伏，變化於天地間，包含萬物，此謂實然之道，故體用是一。俞琰《周易集說》將魏伯陽牝牡四卦與虞翻卦變結合繪製成「先天六十四卦直圖」〔註181〕，如下如所示：

〔註177〕《周易參同契分章通眞義》，頁 355。
〔註178〕《新譯周易參同契》，頁 2。
〔註179〕同註 178，頁 3。
〔註180〕同註 178，頁 12。
〔註181〕〔元〕俞琰撰：《易外別傳》（成都：四川人民出版社《諸子集成》續編 20，1998 年），頁 799。

圖表9：俞琰之「先天六十四卦直圖」

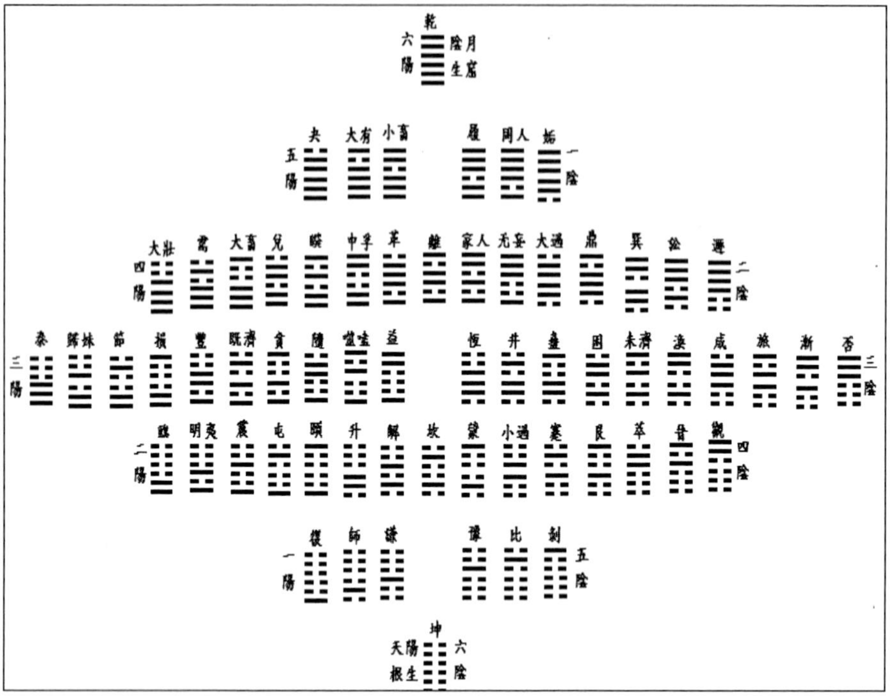

上圖中央四卦為魏伯陽牝牡四卦，具體排列方式為乾、坤在外，坎、離處中，俞琰將「坎離匡廓，運轂正軸」具象展現於圖中，十二月消息亦整齊有序地排列其中，故可藉此觀覽魏伯陽與虞翻《易》學的精要之處。

2. 六十卦值日

魏伯陽除乾、坤、坎、離之四卦外，尚有其餘六十卦，魏伯陽將此六十卦值日並配合丹道修煉，因丹道修煉對日及時辰十分重視，故將六十卦與日相合以達修道之功。《周易參同契‧牝牡四卦章第二》曰：

> 月節有五六，經緯奉日使，兼并為六十，剛柔有表裡。〔註182〕

又〈朔旦屯直事章第三〉曰：

> 朔旦屯直事，至暮蒙當受，晝夜各一卦，用之依次序。〔註183〕

一月有三十日，值二節氣，一節氣又可分「初候」、「次候」、「末候」，每個節氣有十五日，每候直五日，故每月值六候。月體環繞太陽運行而有晦朔弦望，一日中有晝與夜，晝夜各配以一卦，故一日有二卦，一月三十日，配以乾、

〔註182〕《新譯周易參同契》，頁2。
〔註183〕同註182，頁7。

坤、坎、離外之六十卦，是故將剛柔陰陽揉合其中。初一平旦之時以屯卦象徵萬物始生，暮昏之際以蒙卦代表事物蒙昧，魏伯陽以屯、蒙爲值日之始，並依循《周易》上下經次序分配每月晝夜各值一卦，直至既濟、未濟後再重新開啓另一個循環。魏伯陽將一日晝夜值兩卦，更配以十二辰於兩卦十二爻之中，〈春夏據內體章第五〉曰：

> 春夏據內體，從子到辰巳。秋冬當外用，自午訖戌亥。〔註184〕

一卦六爻，上三爻爲外體，下三爻爲內體，以子、丑、寅爲春，卯、辰、巳爲夏，春夏陽氣上升，主陽動，據內體，以午、未、申爲秋，酉、戌、亥爲冬，秋冬主陰靜，據外體。內丹修煉之際，春夏宜進陽火，秋冬當退陰符，但魏伯陽並未將具體施行之法完整道出，係因爲丹道修煉對人身生命關係匪淺，故〈補塞遺脫章八十四〉曰：

> 《參同契》者，敷陳梗概，不能純一，泛濫而說，纖微未備，闕略髣髴。〔註185〕

魏伯陽自敘僅能略述《參同契》之梗概，而不能純粹專一，能廣泛地論說，但在細微處卻不能備全，似乎有所遺漏疏略。因魏伯陽與孟喜、焦延壽、京房之占驗派象數《易》，及鄭玄、荀爽與虞翻之注經派象數《易》在《易》學發展上有著本質上的迥異，魏伯陽目的即爲丹道修煉，故《周易參同契》中之文字皆本其理而生。

3. 納甲說

「納甲說」即月體納甲，《周易參同契》曰：

> 坎戊月精，離己日光。日月爲易，剛柔相當。〔註186〕

坎爲水爲月，月爲陰物，戊爲陽物，「坎戊月精」乃指陰中有陽，如同坎卦卦象。離爲日，日爲陽物，己爲陰物，「離己日光」所喻爲陽中有陰，正如離卦卦象。日爲日光爲陽，月爲月精爲陰，「易」是日光、月精陰陽相交而生其變化。「剛」指剛健、陽、日光，「柔」指柔順、陰、月精，剛柔相互輔成而有所得。《周易參同契》又曰：

> 三日出爲爽，震庚受西方。八日兌受丁，上弦平如繩。十五乾體就，盛滿甲東方。蟾蜍與兔魄，日月氣雙明。蟾蜍視卦節，兔者吐生光。

〔註184〕《新譯周易參同契》，頁9。
〔註185〕同註184，頁169。
〔註186〕同註184，頁16。

七八道已訖，屈折低下降。十六轉受統，巽辛見平明。艮值於丙南，

下弦二十三。坤乙三十日，東北喪其朋。節盡相禪與，繼體復生龍。

壬癸配甲乙，乾坤括始終。〔註187〕

「三日出爲爽，震庚受西方。」每月初三日左右，庚方（西方）之上，月亮始露微光，一彎新月出始於日剛落之時，月相光明面以陽爻表示，月相暗晦面以陰爻表徵，此時月相如震卦一陽初升之象，震卦納庚。「八日兌受丁，上弦平如繩。」每月初八日左右，月與日相距九十度角，日於西方落下，月正位於正南方，於是黃昏時見月於丁方（南方），月相明暗面各占一半，陽息陰消，月亮像弓掛弦平如繩，如兌卦二陽爲上弦月象，兌卦納丁。「十五乾體就，盛滿甲東方。」每月十五日左右，地球運行至日與月之中，日與月各位於地球左右，日月相望，日落於西方，黃昏時見月於甲方（東方），乾卦三陽爲滿月之象，乾卦納甲。「蟾蜍與兔魄，日月氣雙明。」蟾蜍爲日之精，兔魄爲月之光，日出而月沒，月出而日沒，日月更替而兩分明。「蟾蜍視卦節，兔者吐生光。」日體蟾蜍吐納順其節候之變化，月體兔魄受日光照射而有明。「七八道已訖，屈折低下降。」每月十五日左右，陰陽兩氣的變化，陰升陽降，漸損其光明。「十六轉受統，巽辛見平明。」每月十六日左右，平明天亮之時，月相之暗晦面轉而受陰之統緒，月相於辛位（西方）之上變缺，一陰初升，如巽卦一陰方起之象，巽卦納辛。「艮值於丙南，下弦二十三。」每月二十三日左右，後半夜，下弦月出現於南方，升至正南中天，丙方之時，此時東方天將白，如艮卦二陰爲下弦月之象，艮卦納丙。「坤乙三十日，東北喪其明。」每月二十九或三十日爲晦，月之明盡喪於乙方（東方），而藏滅於癸方（北方），如坤卦三陰月晦之象，坤卦納乙。「節盡相禪與，繼體復生龍。」一個月中六個節候已盡，月終爲陰，月初爲陽，陽爲龍，坤復轉爲震，震得乾一陽，是繼乾體而生龍，是故陰陽迭承循環不已。「壬癸配甲乙，乾坤括始終。」每月三十日左右，日月相會於壬方（北方），新月也將出現，月相之光明面微現，乾卦又納「壬」，「壬」與「甲」相配且納於乾卦，「癸」與「乙」相配並納於坤卦，乾卦納甲壬，坤卦納乙癸，乾卦所納之「甲」爲十天干之首，首爲始，坤卦所納之「癸」爲十天干之末，末爲終，又乾當望月，坤屬晦時，此兩卦代表陰陽消長之終始。

〔註187〕《新譯周易參同契》，頁23～28。

　　魏伯陽月體納甲說將月象盈缺與十天干、方位、八經卦相合，卦象取相似之月相而對，乾爲盈滿，坤爲喪明，震巽爲月缺，艮兌爲平弦，但有些部份與現實所觀不符，見黃宗羲《易學象數論》曰：

> 世言納甲，本于《參同契》，然京房《積算》已言分天地乾坤之象，益之以甲、乙、壬、癸；震巽之象，配庚、辛；坎離之象，配戊、己；艮兌之象，配丙、丁。是則西漢之前已有之矣。魏伯陽因其說而以月象附會之。……趙汝楳駁之曰：「晝夜有長短。晝短，日沒于中，則月合于中，望于寅；晝長，則日沒于戌，則月合于戌，望于辰。十二月間，三日之月未必盡見庚，十五日之月未必盡見甲。合朔有先後，則上下弦未必盡在八日、二十三日，望晦未必盡在十五日、三十日。震巽位于西，兌艮位于南，乾坤位于東，與《大傳》之卦易位。兌晝陽過陰，艮晝陰過陽，不能均平，與上下弦月體相符。」〔註188〕

以晝夜有長短，一年之中月相三日不一定在盡見於庚，十五日未必盡見於甲，八日、二十三日未必盡於上下弦，十五日、三十日未必皆望晦，實際之月相與日數並不完全雷同，且未依《說卦傳》以震東、兌西、坎北、離南爲方位，而自創震兌位於西，兌艮位於南，乾坤位於東，又兌艮非均平之象而用以象徵上下弦月，有違實情。趙汝楳之說雖有道理，但仍需體察魏伯陽作《周易參同契》係用來煉丹修道，而非注經解《易》。

　　魏伯陽將一個月中之三十日，分而爲三日、八日、十五日、十六日、二十三日、三十日等六個部分，表明月體的晦朔盈虧之關係，自震卦、兌卦、乾卦，表示月相由晦而明，自巽卦、艮卦、坤卦表徵月相由明而晦，將八純卦配以十天干、方位等，此之謂「月體納甲說」。下圖以「納甲圓圖」〔註189〕及「月體納甲圖」〔註190〕補充說明之：

〔註188〕〔清〕黃宗羲撰：《易學象數論》（北京：九州出版社，2007年），頁29～30。

〔註189〕《新譯周易參同契》，頁8。

〔註190〕王新春：《周易虞氏學》（臺北：頂淵文化事業有限公司，1999年），頁250。

圖表 10：納甲圓圖

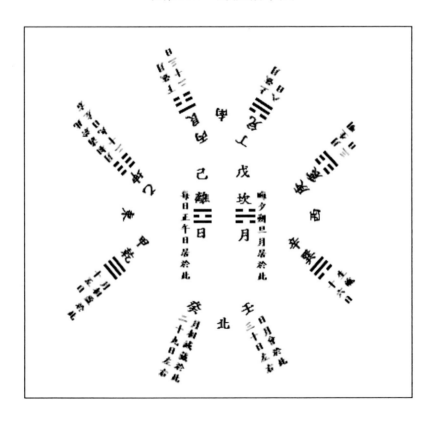

（圖表10）

甲 望
乾

丁 上   辛 生
兌 弦   巽 魄

戊   坎
己   離

庚 生   丙 下
震 明   艮 弦

乙 月
坤 晦

圖表 11：月體納甲圖

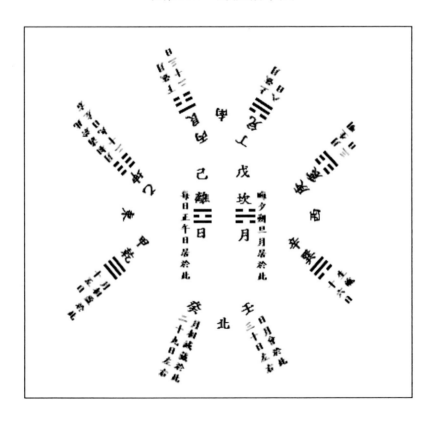

　　京房「納甲說」其目的為占筮，而魏伯陽「月體納甲說」係以月相之圓缺晦朔來進行丹道修鍊，兩者之目的截然不同，況且魏伯陽的「月體納甲」僅論及八經卦，而京房則以六十四別卦皆納於十天干之中，綜合以觀，魏伯陽「月體納甲」與虞翻以月相之陰陽消長來解《易》關係較為密切。

第四章 漢代氣論思想

　　漢代常將天地宇宙上下一氣周流於萬物中，羅光曰：「在漢朝學者的思想中，天地萬物互相通，所謂相通爲氣的相通。氣周流天地間，上天下地都是氣，萬物也是氣，萬事也是氣。」〔註1〕因此本文將漢代分爲儒家、道家、道教、自然及《易》家等探討漢代氣論思想，而儒家之氣有《春秋繁露》、《白虎通義》，道家之氣有《淮南子》、《老子指歸》，道教之氣有《太平經》、《周易參同契》，自然之氣有《論衡》、《潛夫論》，《易》家之氣有《京氏易傳》、《太平經》、《易緯》。

第一節　儒家之氣

一、《春秋繁露》

　　董仲舒，號桂巖子，西漢廣川人，著錄《春秋繁露》，此書氣論思想已有前人討論〔註2〕，故本文列舉《春秋繁露》中幾個重要的氣論相關論題，如「元者爲萬物之本」以「元」爲本體義，「天者萬物之祖，萬物非天不生」以「天」爲「元」之具體展現，「元」有本體意涵，「元」與「氣」相合，將「元」視作「元氣」，故「元氣之流皮毛腠理」，天地之氣分而爲陰陽，故論「以陰陽之氣常漸人者」、「陽陰之氣，因可以類相損益也」。

〔註1〕 羅光撰：《中國哲學思想史》（兩漢、南北朝篇）（臺北：臺灣學書局，1985年），頁182～183。

〔註2〕 論文之著有：蕭又寧撰：《董仲舒《春秋繁露》氣論思想研究》（臺北：中國文化大學中研究所碩士論文，2009年1月）。

（一）「元者為萬物之本」

萬物之本為「元」、為「一」，《春秋繁露・五行相生》曰：

> 天地之氣，合而為一，分為陰陽，判為四時，列為五行。〔註3〕

董仲舒以「一」為天地之氣相合，為混沌未分之一氣，而陰陽、四時、五行係由「合而為一」之天地一氣而來，將「一」視為萬物起始，此外，董仲舒將「元」視為萬物之本，且提升至世界初始之源，《春秋繁露・重政》曰：

> 唯聖人能屬萬物於一而繫之元也，終不及本所從而承之，不能遂其
> 功。是以《春秋》變一謂之元。元猶原也，其義以隨天地終始也。
> 故人唯有終始也而生，不必應四時之變，故元者為萬物之本，而人
> 之元在焉。安在乎？乃在乎天地之前。〔註4〕

聖者作《春秋》稱「君之始年」為「元年」，董仲舒對《春秋》公羊學有所研究，「乃在乎天地之前」將「元」提升至萬物本原之位，又曰「其意以隨天地終始也」，有以「元」為本體，但此本體隨順天地而終始，換言之，本體之元存於天地萬物方見其義，是無限在有限物質中甫以展現。又《春秋繁露・二端》曰：

> 是故《春秋》之道，以元之深正天之端，以天之端正王之政，以王
> 之政正諸侯之即位，以諸侯之即位正竟內之治，五者俱正而化大行。
>
> 〔註5〕

董仲舒以「元」為《春秋》之道，為端正之最高標準，「元」正則天之端、王之政、諸侯即位及竟內之治皆通達流行，故知《春秋繁露》視「元」為最高範疇，而「氣」為「元」之構成要件，小野澤精一於《氣的思想》中認為「『元』和『一』在根本上是同一的」〔註6〕，又以《說文解字・卷一上・一》：「惟初太始，道立於一。造分天地，化成萬物。」〔註7〕說明「一」為「道」之立，

〔註3〕 蘇輿撰；鍾哲點校：《春秋繁露義證》（北京：中華書局，2002 年），卷 13，頁 362。

〔註4〕 同註3，卷5，頁 147。

〔註5〕 同註3，卷6，頁 155～156。

〔註6〕 「『元』和『一』在根本上是同一的。但由於『元』有著『一』的法則性機能，所以也苦以說比起『一』來是更為本源。『一』呈萬物之姿，而『元』作為萬物之本而常存。因此，萬物不論何種形態，都必須基於『元』。」〔日〕小野澤精一、福永光司、山井涌編；李慶譯：《氣的思想——中國自然觀與人的觀念的發展》（上海：上海人民出版社，2007 年），頁 161。

〔註7〕 〔漢〕許慎撰；〔清〕段玉裁注：《說文解字》（臺北：臺灣商務印書館《四部

「元」與「一」根本上相同，皆為道的別稱，道家以「道」為最高本體，而董仲舒則以「元」、「一」為萬物本原。

（二）「天者萬物之祖，萬物非天不生」

董仲舒將「元」提升至萬物本原的位置，而「天」為「元」之具體展現，韋政通《董仲舒》〔註8〕將其天之意義分為至上神、自然義、萬物之本、道德義、天有十端、人君為天等六種不同的分類，而天與陰陽、四時、五行及萬物皆有關聯，董仲舒以「天」為萬物之祖，《春秋繁露・順命》曰：

> 父者，子之天也；天者，父之天也，無天而生，未之有也。天者萬物之祖，萬物非天不生。獨陰不生，獨陽不生，陰陽與天地參然後生。〔註9〕

以人倫中之父子關係說起，再論及天為萬物之祖，萬物根源為同質層之天而來，故天為「執其道為萬物主」〔註10〕、「萬物之本，先祖之所出也」〔註11〕，天雖為萬物之祖，但萬物仍需與陰陽、天地相互參合得以生成。綜上所述，董仲舒以「天」為宇宙萬物實存之本，「天」即本體「元」之具體展現。

（三）「元氣之流皮毛腠理」

戰國時期有「一」、「一氣」之概念〔註12〕，又「元」即「一」，是故將「元氣」并用，以氣來貫通天人，《春秋繁露・王道》曰：

> 王正則元氣和順，風雨時，景星見，黃龍下；王不正則上變天，賊氣并見。〔註13〕

又〈天地之行〉曰：

> 布恩施惠，若元氣之流皮毛腠理也。百姓皆得其所，若血氣和平，形體無所苦也。〔註14〕

見《春秋繁露・二端》中「以元之深正天之端，以天之端正王之政」，王正則

叢刊》影上海商務印書館縮印日本岩崎氏藏宋刊本，1975年），頁4。
〔註8〕 韋政通撰：《董仲舒》（臺北：東大圖書股份有限公司，1993年），頁65～71。
〔註9〕 《春秋繁露義證》，卷15，頁410。
〔註10〕 同註9，卷17，頁459。
〔註11〕 同註9，卷9，頁269。
〔註12〕 《呂氏春秋・應同》：「芒芒昧昧，因天之威，與元同氣。」《鶡冠子・泰錄》：「精微者，天地之始也。……故天地成於元氣，萬物乘於天地。」《淮南子・泰族》與《淮南子・繆稱》皆有「與元同氣」。
〔註13〕 同註9，卷4，頁101。
〔註14〕 同註9，卷17，頁461。

元氣和順，王不正則賊氣并見，又〈天地之行〉「元氣之流皮毛腠理」，元氣充斥於天地宇宙萬物之間，君王理政有元氣，天之端裡亦有元氣。而現代學術界有學者認為董仲舒之「元」為「元氣」〔註15〕，另外也有學者認為「元」非「元氣」〔註16〕，然「元猶原也，其意以隨天地終始也」筆者以為董仲舒不僅以「元」為本體，「元」之本體體現在天地萬物活動中，是依循天地起始而終，天地之間充滿其氣，故「元」為萬物本原，但其本原是順隨天地終始的，因此可視本體之「元」為充塞天地萬物間之「元氣」，也唯有本體之「元」具體流行於萬物中方能發揮作用，此為氣化整體的具體表現。

「天地之氣，合而為一，分為陰陽」天地一氣分而為陰陽，故有陰陽之氣，此氣處於不同位置則有不同表現方式，《春秋繁露・如天之為》曰：

> 陰陽之氣，在上天，亦在人，在人者為好惡喜怒，在天者為暖清寒暑。出入上下、左右、前後，平行而不止，未嘗有所稽留滯鬱也，其在人者，亦宜行而無留，若四時之條條然也。〔註17〕

陰陽之氣在天表現為暖清寒暑，在人則以喜怒好惡展現，氣之活動有「出入上下、左右前後，平行而不止」係毫無停頓滯礙，因此董仲舒認為人當效法，則能「行而無留」。《春秋繁露・人副天數》曰：

> 天德施，地德化，人德義。天氣上，地氣下，人氣在其間。春生夏長，百物以興，秋殺冬收，百物以藏。故莫精於氣，莫富於地，莫神於天，天地之精所以生物者，莫貴於人。〔註18〕

以天地人之三才來說明氣之貫通，萬物以人為貴，以氣為天地之最精美者，天地人皆稟氣而行，唯三才各司其職，天之氣於上而施予其德，地之氣於下而化育其德，人之氣於中則以道義為其德，此為氣在天地人三才中具體作用義的展現。

〔註15〕徐復觀撰：《兩漢思想史》（上海：華東師範大學出版社，2001年）、金春峰撰：《漢代思想史》（北京：中國社會科學出版社，2006年）以董仲舒之「元」為「元氣」。

〔註16〕于首奎撰：《兩漢哲學新探》（四川：四川人民出版社，1988年）、周桂鈿撰：《董學探微》（北京：北京師範大學出版社，1989年）、孫以楷撰：《道家與中國哲學（漢代卷）》（臺北：人民出版社，2005年）認為董仲舒之「元」非指「元氣」。

〔註17〕《春秋繁露義證》，卷17，頁463。

〔註18〕同註17，卷13，頁354。

（四）「有陰陽之氣，常漸人者」

《春秋繁露‧天地陰陽》曰：

> 天地之閒，有陰陽之氣，常漸人者，若水常漸魚也。所以異於水者，
> 可見與不可見耳，其澹澹也。然則人之居天地之閒，其猶魚之離水，
> 一也，其無閒，若氣而淖於水，水之比於氣也，若泥之比於水也，
> 是天地之閒，若虛而實，人常漸是澹澹之中，而以治亂之氣，與之
> 流通相殽也，故人氣調和，而天地之化美。〔註19〕

天地之間充盈著陰陽之氣，此陰陽之氣由虛而實就是因「常漸」功夫，陰陽
之氣是連續性漸至之氣，而非突如其來之氣，此氣由虛而實是經過逐漸衍生、
聚散而至。

（五）「陽陰之氣，因可以類相損益也」

董仲舒「人副天數」由人身之數與天相副，進而闡明人天同歸其類，事
物相同而可以相互感知、感動及增損，《春秋繁露‧同類相動》曰：

> 陽益陽而陰益陰，陽陰之氣，因可以類相益損也。〔註20〕

陰陽二氣循其同氣而相感相動、相互損益，致使陽氣益陽、陰氣益陰，而世
間美惡亦如此，「美事召美類，惡事召惡類，類之相應而起也」由陰陽二氣同
類相感，延伸至美惡的事物同類而應。天之寒暑與人之哀樂實為同類，故天
人得以相應，《春秋繁露‧王道通三》曰：

> 天有寒有暑。夫喜怒哀樂之發，與清暖寒暑，其實一貫也。喜氣
> 為暖而當春，怒氣為清而當秋，樂氣為太陽而當夏，哀氣為太陰
> 而當冬。四氣者，天與人所同有也，⋯⋯人生於天，而取化於天。
> 喜氣取諸春，樂氣取諸夏，怒氣取諸秋，哀氣取諸冬，四氣之心
> 也。〔註21〕

天之春夏秋冬、清暖寒暑與人之喜怒哀樂同為一類，是故「人生於天，而取
化於天」天與人皆有四氣，天人同類，故人之喜怒由天之寒暑而至，如《春
秋繁露‧天辨在人》曰：「天乃有喜怒哀樂之行，人亦有春秋冬夏之氣者，合
類之謂也。」〔註22〕。又《春秋繁露‧同類相動》曰：

〔註19〕《春秋繁露義證》，卷17，頁467。
〔註20〕同註19，卷13，頁360。
〔註21〕同註19，卷11，頁330～331。
〔註22〕同註19，卷11，頁336。

非獨陰陽之氣可以類進退也，雖不祥禍福所從生，亦由是也。無非
己先起之，而物以類應之而動者也。〔註23〕

陰陽之氣有感應、損益、進退，而人間禍福亦同於此，人若陰多陽少而天之
陰氣隨之而增，天人之間的互動並非由天對人之單向感應，亦可由人之活動
而與天有所應對，肯定人亦有主動發動義。

二、《白虎通義》

　　秦始皇焚書後，漢代始有今、古文經學之爭，是故東漢章帝建初四年（79）
於白虎觀舉行白虎觀會議〔註24〕，冀能兼容眾家所長，博取遺佚之說，班
固彙集白虎觀奏議而成《白虎奏議》。《白虎奏議》經後代學者彙集整理而有
《白虎通義》、《白虎通德論》等別名〔註25〕，本文認爲東漢章帝號召諸儒
而有《白虎奏議》，後又經由班固等十四人編纂彙集，〔註26〕《唐志》所載
皆以《白虎通義》爲名，故本文以此爲名，然此書已有前人敘述氣論思想，
〔註27〕故可參閱。

〔註23〕《春秋繁露義證》，卷13，頁360。
〔註24〕《後漢書·章帝紀》：「十一月壬戌，詔曰：『蓋三代導人，教學爲本。漢承暴
　　　　秦，襃顯儒術，建立五經，爲置博士。其後學者精進，雖曰承師，亦別名家。
　　　　孝宣皇帝以爲去聖久遠，學不厭博，故遂立大、小夏侯尚書，後又立京氏易。
　　　　至建武中，復置顏氏、嚴氏春秋，大、小戴禮博士。此皆所以扶進微學，尊廣
　　　　道藝也。中元元年詔書，五經章句煩多，議欲減省。至永平元年，長水校尉儵
　　　　奏言，先帝大業，當以時施行。欲使諸儒共正經義，頗令學者得以自助。孔子
　　　　曰：學之不講，是吾憂也。又曰：博學而篤志。切問而近思，仁在其中矣。於
　　　　戲，其勉之哉。』於是下太常，將、大夫、博士、議郎、郎官及諸生、諸儒會
　　　　白虎觀，講議五經同異，使五官中郎將魏應承制問，侍中淳于恭奏，帝親稱制
　　　　臨決，如孝宣甘露石渠故事，作《白虎議奏》。」〔宋〕范曄撰；〔唐〕李賢注；
　　　　〔清〕王先謙集解：《後漢書》（臺北：藝文印書館，1996年），卷3，頁78。
〔註25〕《四庫全書總目》：「蓋諸儒可考者十有餘人，其議奏統名《白虎通德論》，猶
　　　　不名《通義》。《後漢書·儒林傳》序言：『建初中，大會諸儒於白虎觀，考詳
　　　　同異，連月乃罷。肅宗親臨稱制，如石渠故事。顧命史臣，著爲通義』唐章
　　　　懷太子賢注，云即《白虎通義》是足證固撰集後乃名其書曰《通義》。《唐志》
　　　　所載，蓋其本名。」〔清〕永瑢撰：《欽定四庫全書總目》（臺北：臺灣商務印
　　　　書館《景印文淵閣四庫全書》，1983年），卷118，頁166。
〔註26〕《白虎通義》其作者有十四人：班固、楊終、丁鴻、廣平王羨、樓望、成封、
　　　　桓郁、張酺、魏應、召馴、賈逵、李育、淳于恭、魯恭等。參考周德良撰：《《白
　　　　虎通》研究——《白虎通》暨《漢禮》考》（桃園：國立中央大學中國文學研
　　　　究所博士論文，2004年），頁59～75。
〔註27〕其論文有：林曉呈撰：《《白虎通德論》的氣論思想研究》（臺北：中國文化大

（一）氣始太初之元氣論

《白虎通義》將天地起始作階段性論說，且天地爲元氣所生，《白虎通疏證・天地》曰：

> 始起先有太初，然後有太始，形兆既成，名曰太素。混沌相連，
> 視之不見，聽之不聞，然後判清濁，既分，精曜出布，庶物施生。
> 〔註28〕

宇宙萬物之起始順序爲「太初」、「太始」、「太素」，文後又引《乾鑿度》曰：「太初者，氣之始也。太始者，形之始也。太素者，質之始也。陽唱陰和，男行女隨也。」〔註29〕故萬物之始名爲「太初」，並肯認「太初」爲氣之始，「太始」爲形氣之始，「太素」爲形變有質之端，於「太初」、「太始」、「太素」之氣形質未離前曰「混沌」，「混沌」爲視之不見、聽之不聞的狀態，直至分離爲天地，清輕者爲上爲天，濁重者爲下爲地，中和者爲中爲萬物。又《白虎通疏證・天地》曰：

> 天者，何也？天之爲言鎮也。居高理下，爲人鎮也。地者，元氣之
> 所生，萬物之祖也。地者，易也。萬物懷任，交易變化。〔註30〕

在混沌之後，清濁既分，清者爲天，濁者爲地，天居高理下則爲人之標準，地爲元氣所生，是萬物之祖。上文雖未直言天與地皆爲元氣所生，但由〈天地〉篇脈絡以觀，可知《白虎通義》以「太初」爲氣之始，經「太初」、「太始」、「太素」三階段後才天地分判，因此可知天亦爲氣之所生，地者能蘊育長養萬物，故稱萬物之祖，其理路與前文《乾鑿度》引文相似，認爲「太初」已有氣，「太初」存其氣，而氣、形、質皆見則曰「太素」，故〈天地篇〉以「形兆既成」曰「太素」。

（二）陰陽二氣具體展現於五行

陰陽二氣交互流行、互動調合而生天地萬物，因而天地中四時、方位及五行皆與陰陽之氣相互關連，《白虎通疏證・誅伐》曰：

> 故《孝經讖》曰：「夏至陰氣始動，冬至陽氣始萌。」……夏至陰始
> 起，反大熱何？陰氣始起，陽氣推而上，故大熱也。冬至陽始起，

學中文研究所碩士論文，100 年 6 月）。
〔註28〕〔清〕陳立撰：《白虎通疏證》（北京：中華書局，1997 年），頁 421。
〔註29〕同註 28，頁 421～422。
〔註30〕同註 28，頁 420。

反大寒何？陰氣推而上，故大寒也。〔註31〕

一年之中四時轉替，夏至陽極而陰氣始動，冬至陰極而陽氣方升，又「陰陽消息之期也」〔註32〕、「陰陽更相用事也」〔註33〕、「明有陰陽」〔註34〕直言陰陽由日月所致，構成晝夜、時期、四季、年歲。又《白虎通疏證‧五行》曰：

> 水位在北方，北方者陰氣，在黃泉之下，任養萬物。水之為言淮也，養物平均，有准則也。木在東方，東方者，陽氣始動，萬物始生。木之為言觸也，陽氣動躍觸地而出也。火在南方，南方者，陽在上，萬物垂枝。火之為言委隨也，言萬物布施。火之為言化也，陽氣用事，萬物變化也。金在西方，西方者，陰始起，萬物禁止。金之為言禁也。土在中央，中央者土，土主吐含萬物。土之為言吐也。〔註35〕

陰陽二氣生成天下萬物，而真實表現於水、木、火、金、土等五行之具體內容中，《白虎通義》將五行配以方位、時節，藉由陰陽二氣盛衰變化來對應時間、空間之運行，以五行之水為例，水位在北，季配以冬，此時陰氣旺盛於黃泉之下而蘊養萬物，春夏秋冬皆依陰陽之氣而接替轉換，陰陽二氣亦與萬物生養用事密切相關。《白虎通疏證‧五行》曰：

> 五行之性，或上或下何？火者，陽也。尊，故上。水者，陰也。卑，故下。木者少陽；金者少陰，有中和之性，故可曲直從革；土者最大，苞含物將生者出，將歸者入，不嫌清濁為萬物。〔註36〕

火為陽、太陽，水為陰、太陰，木為少陽，金為少陰，土者包含陰陽、混雜清濁而為萬物，將五行與陰陽對應結合，進而說明萬物生成與事物特性皆與陰陽相關，而此陰陽係指自然中陰陽二氣之運行轉變。

〔註31〕 《白虎通疏證》，頁219。
〔註32〕 「歲時何謂？春夏秋冬也。時者，期也，陰陽消息之期也。」同註31，頁429。
〔註33〕 「所以必有晝夜何？備陰陽也。日照晝，月照夜。日所以有長短何？陰陽更相用事也。」同註31，頁426。
〔註34〕 「月有小大何？天左旋，日月右行。日日行一度，月日行十三度。月及日為一月，至二十九日，未及七度，即三十者，過行七度，日不可分，故月乍大乍小，明有陰陽也。」同註31，頁427。
〔註35〕 同註31，頁167～168。
〔註36〕 同註31，頁169～170。

（三）氣生人之情性

在《白虎通義》元氣論思想下，天地萬物皆稟氣而生，而人亦屬其中，《白虎通疏證・性情》曰：

> 性情者，何謂也？性者陽之施，情者陰之化也。人稟陰陽氣而生，
> 故內懷五性六情。情者，靜也。性者，生也。此人所稟六氣以生者
> 也。故《鉤命決》曰：「情生于陰，欲以時念也。性生于陽，以就理
> 也。陽氣者仁，陰氣者貪，故情有利欲，性有仁也。」〔註37〕

人所稟陰陽二氣而生，又「性者陽之施，情者陰之化」可見人之情性亦由氣之陽施陰化而來，情為靜、為陰，性為生、為陽，情性皆氣具體表現在人之內在行為。《白虎通疏證・禮樂》曰：

> 樂以象天，禮以法地。人無不含天地之氣，有五常之性者。〔註38〕

人涵授天地之氣而有五常之性，此五性為「仁者，不忍也，施生愛人也。義者，宜也，斷決得中也。禮者，履也，履道成文也。智者，知也。獨見前聞，不惑於事，見微知著也。信者，誠也，專一不移也。」〔註39〕以仁義禮智信為五常之性，而六情又為何？《白虎通疏證・性情》曰：

> 六情者，何謂也？喜怒哀樂愛惡謂六情，所以扶成五性。性所以五，
> 情所以六何？人本含六律五行之氣而生，故內有五藏六府，此情性
> 之所由出入也。《樂動聲儀》曰：「官有六府，人有五藏。」〔註40〕

情之為六，有喜怒哀樂愛惡，六情更可輔成五性，此六情五性係依天地中六律五行所來，而六律五行又為氣之所生，相應至人體之五臟六腑，可作為情性出入之門，此與《春秋繁露》「天人相副」相似。

第二節　道家之氣

一、《淮南子》

《淮南子》氣論思想已有人論之，〔註41〕本文將依與氣論關係密切之「陰

〔註37〕《白虎通疏證》，頁381。
〔註38〕同註37，頁93～94。
〔註39〕同註37，頁382。
〔註40〕同註37，頁382。
〔註41〕其論文為：楊婉羚撰：《《淮南鴻烈》氣論思想研究》（臺北：中國文化大學中

陽氣化之道體觀」、「氣化生人之精氣說」、「同氣相動之感應說」及「養神、和氣、平形之氣化修養論」等論述《淮南子》氣論思維。

（一）陰陽氣化之道體觀

《淮南》以「道」爲形上最高本體，而「道」即「一」，《淮南子·詮言》曰：

> 一也者，萬物之本也，无敵之道也。〔註42〕

又《淮南子·原道》曰：

> 道者，一立而萬物生矣。是故一之理，施四海；一之解，際天地。
> 其全也，純兮若樸；其散也，混兮若濁。濁而徐清，冲而徐盈，澹
> 兮其若深淵，汎兮其若浮雲，若無而有，若亡而存。萬物之總，皆
> 閲一孔；百事之根，皆出一門。其動無形，變化若神；其行無迹，
> 常後而先。〔註43〕

道即一也，道立而萬物乃生，道之形狀若無而有，若亡而存，無形無迹，係天地萬物最高絕對之標準，但《淮南》之道非僅存於本體至上之位，而是充盈於百事萬物中，因道蘊含陰陽氣化之能動性，故在道生化萬物之進程次序中存在著氣化生生之作用，《淮南子·天文》曰：

> 天地未形〔註44〕，馮馮翼翼，洞洞灟灟，故曰太始〔註45〕。太始生
> 虛霩〔註46〕，虛霩生宇宙，宇宙生元氣，元氣有涯垠〔註47〕。清揚

文言究所碩士論文，2009 年 1 月）。

〔註42〕〔漢〕劉安撰：《淮南子》（臺北：臺灣商務印書館，1979 年《四部叢刊》初編子部據上海涵芬樓景印劉泖生影寫北宋本），卷 14，頁 105。

〔註43〕《淮南子》，卷 1，頁 6。

〔註44〕錢塘曰：「『墬』籀文『地』。」〔清〕錢塘撰：《淮南天文訓補注》（臺北：藝文印書館《百部叢書集成》據清道光錢熙祚校刊指海叢書影印，1968 年），頁 1。于大成曰：「說文十三下土部：『墬，籀文地，從阜土，象聲』，段注曰：『漢人多用墬字者，傳寫皆誤少一畫』。」于大成撰：《淮南鴻烈論文集》（臺北：里仁書局，2005 年），上冊，頁 243。「天地未形」本作「天墬未形」。當從改之。

〔註45〕王引之：「『太昭』當作『太始』，字之誤也。」參見〔清〕王念孫撰：《讀書雜志》（臺北：世界書局據同治庚午十一月金陵書局重刊本影印，1988 年），下冊，頁 785。「故曰太始」本作「故曰太昭」。當從改之。

〔註46〕王引之：「『道始於虛霩』當作『太始生虛霩』，即承上文『太始』而言。」《讀書雜志》，頁 785。「太始生虛霩」本作「道始於虛霩」。當從改之。

〔註47〕王念孫曰：「此當爲『宇宙生元氣，元氣有涯垠。』下文清揚爲天，重濁爲地，所謂元氣有涯垠也，今本脱去兩元字，涯字又誤爲漢。」《讀書雜志》，頁 785。

者薄靡而爲天，重濁者凝滯而爲地。清妙之合摶易，重濁之凝竭難，故天先成而地後定。天地之襲精爲陰陽，陰陽之專精爲四時，四時之散精爲萬物。〔註48〕

天地宇宙的生化過程以「太始」爲先，「太始」即爲天地未形成前「馮馮翼翼，洞洞灟灟」的狀態，「太始」後生「虛霩」，「虛霩」生「宇宙」，「宇宙」生「元氣」，「元氣」分離而清陽爲天，重濁爲地，故知「道」先「氣」後，「道」先於天地萬物而爲物之本體，「氣」產生於「太始」、「虛霩」、「宇宙」之後，但氣又是具體天地之材質，係無至有之媒介素質，若本體之道無氣化潛質之可能，如何而能生元氣，故可推「道」已蘊藏陰陽氣化的潛存素質，依時間推移與自然氣化之理，萬物乃生成於天地之間。《淮南子・俶眞》中又說明宇宙另一個生化進序，其曰：

有始者，有未始有有始者，有未始有夫未始有有始者。有有者，有無者，有未始有有無者，有未始有夫未始有有無者。所謂有始者，繁憤未發，萌兆牙糱，未有形坪〔註49〕，無無蝡蝡，將欲生興而未成物類。有未始有有始者，天氣始下，地氣始上，陰陽錯合，相與優游競暢于宇宙之間，被德含和，繽紛籠縱，欲與物接而未成兆朕。有未始有夫未始者有有始者，天含和而未降，地懷氣而未揚，虛無寂寞，蕭條霄霓，無有仿佛，氣遂而大通冥冥者也。有有者，言萬物摻落，根莖枝葉，青蔥苓蘢，萑蔰炫煌，蠉飛蝡動，蚑行噲息，可切循把握而有數量。有無者，視之不見其形，聽之不聞其聲，捫之不可得也，望之不可極也，儲與扈冶〔註50〕，浩浩瀚瀚，不可隱儀揆度而通光耀者。有未始有有無者，包裹天地，陶冶萬物，大通混冥，深閎廣大，不可爲外，析豪剖芒，不可爲內，無環堵之宇，

「宇宙生元氣，元氣有涯垠」本作「宇宙生氣，氣有漢垠」。當從改之。

〔註48〕《淮南子》，卷3，頁17。

〔註49〕王念孫曰：「覽冥篇『不見朕垠』，高注：『朕，兆朕也。垠，形狀也。』繆稱篇『道之有篇章形坪者』，高注：『形坪，兆朕也。』是垠坪與形坪同義。既言形坪，無庸更言垠坪，疑垠坪是形坪之注，而今本誤入正文也。」《讀書雜志》，下冊，頁776。「未有形坪」本作「未有形呼坪垠坪」。又「呼」字爲衍文，當而改之。

〔註50〕鄭良樹曰：「各本『治』作『冶』，是也。北宋本與道藏本並誤。」鄭良樹撰：《淮南子斠理》（臺北：嘉新水泥公司文化基金會研究論文，1969年），頁22。「儲與扈冶」本作「儲與扈治」。當從改之。

而生有無之根。有未始有夫未始有有無者，天地未剖，陰陽未判，
四時未分，萬物未生，汪然平靜，寂然清澄，莫見其形，若光燿之
間於無有〔註51〕，退而自失也。曰：予能有無，而未能無無也。及
其爲無無，至妙何從及此哉！〔註52〕

眾多學者對此段文字之宇宙生成進程所持不同見解，有學者認爲前三者爲時
間序列之宇宙生成過程，後四者爲存在序列之無至有的變化過程，本文延續
〈天文〉中「宇宙生元氣」之理路，以觀〈俶眞〉氣的變化狀態，文中明顯
可見「有未始有夫未始有有始者」、「有未始有有始者」及「有始者」是一進
化階段，而「有未始有夫未始有有始者」中言氣係大通冥冥、虛無若無之狀，
此時天含和氣而未始降落，地懷其氣而尚未揚升，係元氣存在且尚未分判之
際，「清陽者薄靡而爲天，重濁者凝滯而爲地」至「有未始有有始者」與元
氣未分的情狀已然不同，有如「天地之襲精爲陰陽」，此時天之氣始降，地
之氣始升，天地陰陽之氣相互雜錯，與萬物相接而未成形兆。上述所論是以
「道」爲本體的前提之下所發展延伸的天地陰陽二氣生化萬物的進階變化過
程，《淮南》中分爲各種不同面向來說明宇宙產生由本體之道至萬物之形，
氣於過程中扮演溝通無至有的變化介質。

（二）氣化生人之精氣說

自《管子·內業》「天出其精，地出其形」之精氣說與《莊子》氣聚氣散，
《淮南》承繼其思並開創出「精氣爲人」的一套宇宙進化過程論，《淮南子·
精神》曰：

古未有天地之時，罔像無形〔註53〕，幽幽冥冥，茫茫昧昧，幕幕
閔閔，鴻濛澒洞〔註54〕，莫知其門。有二神混生，經天營地，孔

〔註51〕陳觀樓曰：「閒當作問，光燿問於無有，事見莊子〈知北遊〉篇。」《讀書雜
志》，下冊，頁777。「若光燿之問於無有」本作「若光燿之間於無有」，當從
改之。
〔註52〕《淮南子》，卷2，頁10。
〔註53〕俞樾曰：「惟乃惘字之誤。隸書罔字或作罓，故惘與惟相似而誤。惘像即罔象
也。……今作『惟像無形』，義不可通。」參見〔清〕俞樾撰：《諸子平議》（臺
北：世界書局，1991年），頁353。「罔像無形」本作「惟像無形」，當從改之。
〔註54〕于大成曰：「《御覽一》、《事類賦注一》、《海錄碎事九下》、《蔡箋杜詩六》引此
文，皆作『鴻濛澒洞』……御覽一下引明標高誘注，則高本作『鴻濛澒洞』，上
文『窈窈冥冥，芒芠漠閔』，御覽引作『幽幽冥冥，茫茫昧昧，幕幕閔閔』，亦
高本如此。其御覽三百六十、楚辭天問補注、蔡箋杜詩二十七、三十七、韓愈

乎莫知其所終極，滔乎莫知其所止息，於是乃別爲陰陽，離爲八
極，剛柔相成，萬物乃形，煩氣爲蟲，精氣爲人。是故精神，天
之有也；而骨骸者，地之有也。精神入其門，而骨骸反其根，我
尚何存？〔註55〕

眾多學者認爲《淮南》此段文字中將宇宙演化分爲五個階段〔註56〕，在天地
之先的「惘像無形，幽幽冥冥，茫茫昧昧，幕幕閔閔，鴻蒙瀇洞，莫知其門」
亦如〈天文〉中「天地未形，馮馮翼翼，洞洞灟灟，故曰太始」說明初始茫
昧幽冥，未有其名，未知其門，而後「二神混生」，二神即陰陽二氣，陰陽二
氣混生即爲陰陽尚未分離之狀，有如元氣未分之際，元氣清陽爲天、重濁爲
地，故能「經天營地」，而後分裂其氣，「別爲陰陽，離爲八極」陰陽有別，
成於剛柔，萬物具形，而人爲精氣所聚，蟲爲煩氣所生，故萬物皆由氣所來，
聚合精氣而爲人，與雜染煩氣之蟲相異，由此可見，氣之能動性，氣中具有
陰陽二氣，氣化因多寡精雜之異，而可創生出各種形物，而人爲精氣聚合之
物。一如陳鼓應所言戰國末期稷下道家於《老子》有創造性的繼承，將《老
子》之道具體轉化爲精氣。〔註57〕《淮南》之氣是架構萬物的精微介質，氣

南山詩方崧卿注（卷一），柳宗元非國語童宗說音註、群書通要甲集一引與今本
同者，反是許本。」《淮南鴻烈論文集》，頁543。「幽幽冥冥，茫茫昧昧，幕幕
閔閔，鴻蒙瀇洞。」本作「窈窈冥冥，芒芠漠閔，澒濛鴻洞。」，當從改之。
〔註55〕《淮南子》，卷7，頁44。
〔註56〕持此論之學者有牟鍾鑒、孫紀文等。牟鍾鑒曰：「作者將宇宙演化分成五個階
段：1.『惘象無形』的混一階段；2.『有二神混生』的含氣階段；3.『別爲陰
陽，離爲八極』的天地生成階段；4.『剛柔相成，萬物乃形』的自然世界階段；
5.『煩氣爲蟲，精氣爲人』的動物與人的出現階段。這種宇宙論同《管子·內
業》的精氣說和莊周的氣化說相比，有三點創新：1.在古今的比較上，強調分
化與進化；2.在人與動物的比較上，指出有精粗的差別，氣之粗者爲蟲，氣之
精華爲人；3.在形體與精神的比較上，提出有重濁與清陽的不同，把『天出其
精，地出其形』的理論更具體化了。」《呂氏春秋與淮南子思想研究》（濟南：
齊魯書社，1987年），頁182。孫紀文曰：「《精神訓》將宇宙演化過程分爲五
個階段：一是『惘象無形』的混一階段；二是『二神混生』的含氣階段；三
是『別爲陰陽，離爲八極』的天地生階段；四是『剛柔相成，萬物乃形』的
自然世界階段；五是『煩氣爲蟲，精氣爲人』的動物與人出現階段。」《淮南
子研究》（北京：學苑出版社，2005年），頁70。
〔註57〕「稷下道家繼承了老子道論中的形而上之道，并將之轉化，以『心』、『氣』
爲主要論述之範疇，泛見於〈內業〉與〈心術下〉，從而成就了中國哲學史上
極爲著名的『精氣說』。稷下道家之於老子形而上之道的繼承，可稱之爲『創
造性的繼承』，將原本抽象渺遠之道具象化爲精氣。」陳鼓應撰：《管子四篇

為本體之道所生，對宇宙生成次序有邏輯性的詮釋。

（三）「同氣相動」之感應說

《周易》乾卦九五〈文言〉曰：「同聲相應，同氣相求，水流濕，火就燥，雲從龍，風從虎，聖人作而萬物睹。」〔註58〕《易傳》中已有氣類相通之概念，然《淮南》承接其思，故〈本經〉曰「天地之合和，陰陽之陶化萬物，皆承一氣者也。〔註59〕」〔註60〕因天地萬物稟受其氣，同氣而能相互感通、對應，《淮南子・覽冥》曰：

> 夫燧取火於日〔註61〕，方諸取露於月，天地之閒，巧歷不能舉其數，
> 手徵忽怳，不能覽其光。然以掌握之中，引類於太極之上，而水火
> 可立致者，陰陽同氣相動也。〔註62〕

氣中有陰陽，陽聚以近火，火氣盛集而成日，陰聚以近水，水氣凝積而成月，此其可相通相動則是因為火與日、水與月等陰陽同氣相動。又《淮南子・天文》曰：

> 火上蕁，水下流，故鳥飛而高，魚動而下〔註63〕。物類相感〔註64〕，
> 本標相應，故陽燧見日則燃而為火，方諸見月則津而為水，虎嘯而
> 谷風至，龍舉而景雲屬，麒麟鬭而日月食，鯨魚死而彗星出，蠶珥

詮釋——稷下道家代表作解析》（北京：商務印書館，2006年），頁51。

〔註58〕〔魏〕王弼、〔晉〕韓康伯注；〔唐〕孔穎達等正義：《周易正義》（臺北：藝文印書館，2001年），頁15。

〔註59〕莊逵吉曰：「『乘人氣』本作『乘一氣』，唯藏本作人。」〔漢〕劉安撰；〔漢〕高誘註；〔清〕莊逵吉校：《淮南子》（臺北：中國子學名著集成編印基金會影清嘉慶甲子（九年）姑蘇聚文堂重刊莊逵吉本，1978年），頁261。「皆乘一氣者也」本作「皆乘人氣者也」。當從改之。

〔註60〕《淮南子》，卷8，頁51。

〔註61〕王念孫曰：「夫陽燧本作夫燧，今本有陽字者，後人所加也。彼蓋誤以夫為語詞，又以天文篇『陽燧見日則然而為火，方諸見月則津而為水』，故加入陽字，不知夫燧即陽燧也。」《讀書雜志》，下冊，頁818。「夫燧取火於日」本作「夫陽燧取火於日」。當從改之。

〔註62〕同註60，卷6，頁40。

〔註63〕王念孫曰：「『飛』本作『動』，此後人妄改之也。太平御覽鱗介部七此正作『鳥動而高』。」《讀書雜志》，下冊，頁768。「鳥動而高」本作「鳥飛而高」。當從改之。

〔註64〕劉家立曰：「『物類相動』，『動』字應作『感』，與『本標相應』之『應』字相對。作動者涉上句而誤也。」參見劉家立撰：《淮南集證》（臺北：廣文書局，1978年），頁4。「物類相感」本作「物類相動」。當從改之。

絲而商弦絕，賁星墜而勃海決。〔註65〕

天鳥、地魚、火日、水月因氣性相同而感應運動，虎嘯龍雲為五行相生而相應，高誘注曰：「虎，土物也。谷風，木風也。水生於土，故虎嘯而谷風至。龍，水也。雲能生水，故舉而景雲屬。」〔註66〕土能生木，故虎嘯而谷風，龍性為水，雲能生水，故龍與雲同物而彼此相互感應。陽召陽、陰召陰，兩種不同物質的互動作用，介質為氣，「麒麟鬥而日月食，鯨魚死而彗星出，蠶珥絲而商弦絕，賁星墜而勃海決。」甚至對於前後性質不同之物，但此物為氣所生，因而兩者能相互感動。

《淮南》認為風土地理對於萬物有其一定之影響，《淮南子・地形》曰：

土地各以類生人〔註67〕，是故山氣多男，澤氣多女，障氣多暗，風氣多聾，林氣多癃，水氣多傴〔註68〕，岸下氣多尰〔註69〕，石氣多力，險阻氣多癭，暑氣多夭，寒氣多壽，谷氣多痺，丘氣多尪〔註70〕，衍氣多仁，陵氣多貪，輕土多利，重土多遲，清水音小，濁水音大，湍水人輕，遲水人重，中土多聖人。皆象其氣，皆應其類。〔註71〕

以氣論而觀，土地為氣所生，人與物皆附於天地，故亦染其氣而生成各種不同物類，有山氣、澤氣、障氣、風氣、林氣、水氣、岸下氣、石氣、險阻氣、暑氣、寒氣、谷氣、丘氣、衍氣、陵氣等，相異氣性對於居處此地之人的性別、外貌、本性、氣質皆有感應，所謂「皆象其氣，皆應其類」最後同氣相近、同氣以求，有學者認為《淮南》是將現實存在方式加以理則化、類型化〔註72〕，然天地間風土地理之萬變而生養物類也萬千，足見氣化於真實世界

〔註65〕《淮南子》，卷3，頁17。
〔註66〕同註65，卷3，頁17。
〔註67〕王念孫曰：「此本作土地各以類生人。今本衍其字，脫人字。」《讀書雜志》，下冊，頁807。「土地各以類生人」本作「土地各以其類生」。當從改之。
〔註68〕于大成曰：「史記天官書正義引此，正作『水氣多傴』。」《淮南鴻烈論文集》，頁374。「水氣多傴」本作「木氣多傴」。當從改之。
〔註69〕王念孫曰：「尰本作尰，此亦後人妄改也。」《讀書雜志》，頁807。「岸下氣多尰」本作「岸下氣多尰」。當從改之。
〔註70〕王念孫曰：「狂當為尪。」《讀書雜志》，頁807。「丘氣多尪」本作「丘氣多狂」。當從改之。
〔註71〕同註65，卷4，頁27。
〔註72〕「根據風土的、地理的諸條件，想把人類現實的存在方式加以法則化、類型化的《淮南子》土氣、地氣的『氣』論，是在專門把超越的、形而上的『道』的世界作為問題，主要關心與終極的真實世界合一的先秦道家『氣』論中幾乎未見的，《淮南子》在沿襲先秦道家『道』的哲學思辨的同時，是導向對由

中以各種方式來接濟群品。

（四）養神、和氣、平形之修養論

天地萬物皆氣所生，而「精氣爲人，煩氣爲蟲」，聚合氣之精華則爲人，但人之組成除了氣之外，尚有形與神，《淮南子·原道》曰：

> 夫形者，生之舍也；氣者，生之充也；神者，生之制也。一失位，則二者傷矣。〔註73〕

人集合形氣神三者而活動，形體乃爲人依附寄託之所，氣爲人之最基礎構建的元素，神爲人之精神主宰者，羅光〔註74〕、徐復觀〔註75〕皆認爲《淮南》所指之「神」即「心」。三者中若有一失則另外二者亦有所損傷，故《淮南子·原道》又曰：

> 是故聖人使人各處其位，守其職，而不得相干也。故夫形者非其所安也而處之則廢，氣不當其所充而用之則泄，神非其所宜而行之則昧。此三者，不可不愼守也。〔註76〕

聖人認爲當愼守形氣神，若形體不安則易受損害，若不充滿則其氣泄惰而不流行，若不主宰精神則心神蒙昧而不能思考，故形體爲載承氣神之物，元氣爲形神流行運作之本質，精神能主宰形氣判斷思考，三者爲有形與無形的結合，以人之修養行動體現聖人所處之境。《淮南子·精神》曰：

> 是故血氣者，人之華也；而五藏者，人之精也。夫血氣能專于五藏而不外越〔註77〕，則胷腹充而嗜欲省矣。胷腹充而嗜欲省，則耳目

<hr/>

于漢王朝出現大變面貌的現實的『事』的世界的切實關心而發展的結果。」〔日〕小野澤精一、福永光司、山井涌編；李慶譯：《氣的思想——中國自然觀與人的觀念的發展》，頁134～135。

〔註73〕《淮南子》，卷1，頁8。

〔註74〕「《淮南子》建立了這種次序：形、氣、神。神爲心，以主制生命，在三者中爲最高，居於氣之上。這種位次，不能顛倒。三中之一若不在自己的位置，三者同時受傷。」羅光撰：《中國哲學思想史（兩漢、南北朝篇）》（臺北：臺灣學生書局，1985年），頁573。

〔註75〕「《淮南子》中所用的神字，作形容詞用時，是指微妙不測的作用。……但作名詞用時，所謂神即指的是人的精神。……我更要進一步指出，《淮南子》所說的神，實際指的即是人的心。」徐復觀撰：《兩漢思想史》（上海：華東師範大學出版社，2001年），第2卷，頁145。

〔註76〕同註73，卷1，頁8。

〔註77〕于大成曰：「面氣當作血氣。上文云：『血氣者，風雨也』，下文云：『則血氣滔蕩而不休矣』，是其證。」《淮南鴻烈論文集》，頁551。「是故血氣者，人之華也；……夫血氣能專於五藏而不外越」本作「是故面氣者，人之華也；……

清、聽視達矣。耳目清、聽視達，謂之明。五藏能屬於心而無乖，
則**敦**志勝而行不僻矣〔註78〕。**敦**志勝而行不僻，則精神盛而氣不散
矣。精神盛而氣不散則理，理則均，均則通，通則神，神則以視無
不見，以聽無不聞也，以爲無不成也。是故憂患不能入也，而邪氣
不能襲。〔註79〕

《淮南》以血氣爲人之精華，而血氣爲人體無形之氣的具體呈現，其流行於
五臟，「五藏能屬於心而無乖」五臟爲形體可見之處，以心爲神，「無乖」乃
爲前文所言「神非其所宜而行之則昧」，指精神合宜地主宰形與氣，使之無所
乖違則能「敦志勝而行不僻」、「精神盛而氣不散」，以形、氣、神三者相互作
用而言，最終能理、能均、能通、能神，形體稟賦著充盈生命力之血氣得以
精神作用，邪氣、憂患皆遠離，但聖人又如何養形、氣、神，見《淮南子·
原道》曰：

夫精神氣志者，靜而日充者以壯，躁而日耗者以老。是故聖人將養
其神，和弱其氣，平夷其形，而與道沉浮俛仰。〔註80〕

靜而能壯盛盈滿，躁則會耗弱衰老，《淮南》認爲要養足精氣志需當處靜，若
要與道相合，則需畜養精神，和順其氣，安定形體，此爲內在修養之道，使
形氣神能三者各司其職並相互配合作用，生命修養與道同位。

二、《老子指歸》

嚴遵，原姓莊，名遵，字君平，西漢末隱士，蜀郡成都人，依循《老子》
一書作《老子指歸》，其中對於生成萬物之前的道、德、神明、太和之境界形
態有相關討論，從「無無無之無」絕對虛無之道推展至「無」相對虛無之太
和，而氣於何處方始發顯？在一系列境界推演進程中，氣之形象徵兆、氣之
存在、氣形態之確定即爲此節探究之處。

（一）「不無不有，乃生無有」之道

《老子指歸》認爲有、無及形上、形下皆存其道，「無」爲事物之根本，

夫面氣能專於五藏而不外越」。當從改之。

〔註78〕楊樹達曰：「之字當衍。集證本去之字。」楊樹達撰：《淮南子證聞·鹽鐵論
要釋》（上海：上海古籍出版社，2006 年），頁 60。「敦志勝而行不僻」本作
「敦志勝而行之不僻」。當從改之。

〔註79〕《淮南子》，卷 7，頁 45。

〔註80〕同註 79，卷 1，頁 9。

「有」能發顯萬物之生成，「有」、「無」相即不相離，若以「無」爲存在之位階，而「有」則位於存有層中，但道貫通有無之中而遍在，《老子指歸》所論之道有本體義與宇宙生成義，《老子指歸・至柔》曰：

> 夫道〔註81〕以無有之有，通無間，游無理，光耀有爲之室，澄清無爲之府，出入無外而無圻，經歷珠玉而無朕。〔註82〕

又《老子指歸・爲無爲》曰：

> 神明之數，自然之道，無不生無，有不生有，不無不有，乃生無有。……是以聖人，不爲有，不爲亡〔註83〕，不爲死，不爲生，游於無有之際，處於死生之間，變化因應，自然爲常。〔註84〕

「道」以自然常性表現於具體天地之作用位階，既不無且不有，但卻可生無與有，金春峰認爲「道」即「自然」，但道與物的關係不是母與子，而是榜樣、範型與效法者，〔註85〕但此又落入思想邏輯之重要思辨議題，無不能生無，有不能生有，「不無不有，乃生無有」即言「不無」生「無」，「不有」生「有」，依循《老子》習慣運用反面式、否定式語言演譯無有的生成，但「不無」、「不有」爲何意？與「道」的關係爲何？「無」如何成「有」？對於上述問題，《老子指歸》以「無」、「無之無」、「無無之無」、「無無無之無」來解說「道」，「道」即「無無無之無」、「虛之虛」〔註86〕，「德」爲「無無

〔註81〕王德有曰：「《怡蘭》本、《津逮》本、《學津》本無『道』。」〔漢〕嚴遵著；王德有譯注：《老子指歸譯注》（北京：商務印書館，2006年），頁62。

〔註82〕同註81，頁62。

〔註83〕同註81，頁224。王德有曰：「《津逮》本、《學津》本作『無』。」

〔註84〕同註81，頁223。

〔註85〕「《指歸》關於『道』即『自然』的思想，實際上突破了漢代宇宙生成論的模式，進入了『本體論』的領域。因爲『道』既然是自然，『道』對於物的『生』和『化』是『不生』、『不化』，萬物是自己運動、分化、成形，具有自己的品德、特性，而僅僅以『道』爲依據，那麼『道』就不再是生成的母體，而是本體論的概念了。……道與物不是母之與子，生與被生的關係，而是榜樣，範型與效法者的關係。……但是《指歸》並沒有脫離生成論的窠臼，毋寧說它的哲學思想的基本模式仍然是生成論而不是宇宙論。因此，關於『自然』的概念，它常常是從生成論的思路提出並將其置於生成論的鏈條之上的。」金春峰撰：《漢代思想史》（北京：中國社會科學出版社，2006年），頁357。

〔註86〕同註81，頁48～49。《老子指歸・道生一》曰：「無無無始，不可存在，無形無聲，不可視聽，稟無授有，不可言道，無無無之無，始未始之始，萬物所由，性命所以，無有所名者謂之道。」

之無」、「虛」、「一」﹝註87﹞，「神明」爲「無之無」、「二」﹝註88﹞，「太和」
爲「無」、「三」﹝註89﹞。「道」、「德」、「神明」、「太和」爲虛無的宇宙生成，
而後方生萬物﹝註90﹞。又《老子指歸·道生》曰：

> 故道之爲物，窺之無戶，察之無門，揗﹝註91﹞之無體，象之無容，
> 意不能盡而言不能通。萬物以生，不爲之損；物皆歸之，不爲之盈。
> 上下不窮，廣大無涯，消息贏詘，不可度訾。遊於秋毫，不以爲少；
> 包裹萬天，不以爲多。青紫光耀，不爲易志；幽冥枯槁，不爲變化。
> 運行并施，無所愛好，稟授性命，無所不爲。德流萬物而不可復，
> 恩結澤締而不可歸。贍足天下而不費，成功遂事而不衰。其於萬物
> 也，豈直生之而已哉！生之形之，設而成之，品而流之，停而就之，
> 終而始之，先而後之。既﹝註92﹞託其後，又在其前，神明以處，太
> 和以存，清以上積，濁以下凝。天以之圓，地以之方。陰得以陰，
> 陽得以陽。日月以照，星辰以行。四時以變化，五行以相勝。火以
> 之熱，水以之寒。草木以柔，金石以剛。味以甘苦，色以玄黃。音
> 以高下，變以縱橫。山陵以滯，風雨以行。鱗者以游，羽者以翔。
> 獸以之走，人以聰明。殊類異族，皆以之存；變化相背，皆以之亡。

﹝註87﹞《老子指歸譯注》，頁51。《老子指歸·道生一》曰：「道，虛之虛，故能生一。
有物混沌，恍惚居起；輕而不發，重而不止，陽而無表，陰而無裏；既無上
下，又無左右，通達無境，爲道綱紀；懷壤空虛，包裹未有，無形無名，芒
芒潚潚，混混沌沌，冥冥不可稽之，亡於聲色，莫之與比：指之無嚮，搏之
無有，浩洋無窮，不可論諭；潢然大同，無終無始，萬物之廬，爲太初首者，
故謂之一。」

﹝註88﹞同註87，頁52。《老子指歸·道生一》曰：「一以虛，故能生二。二物並興，
妙妙纖微，生生存存，因物變化；滑淖無形，生息不衰；光耀玄冥，無嚮無
存；包裹天地，莫覩其元；不可逐以聲，不可逃以形：謂之神明。存物物存，
去物物亡，智力不能接而威德不能運者，謂之二。」

﹝註89﹞同註87，頁53。《老子指歸·道生一》曰：「二以無之無，故能生三。三物俱
生，渾渾茫茫，視之不見其形，聽之不聞其聲，搏之不得其緒，望之不覩其
門；不可揆度，不可測量，冥冥窅窅，潢洋堂堂。一清一濁，與和俱行，天
人所始，未有形朕圻堮，根繫於一，受命於神者，謂之三。」

﹝註90﹞同註87，頁54。《老子指歸·道生一》曰：「三以無，故能生萬物。清濁以分，
高卑以陳，陰陽始別，和氣流行，三光運，群類生。有形嚮可因循者，有聲
色可見聞者，謂之萬物。」

﹝註91﹞同註87，頁134。王德有曰：「《津逮》本、《學津》本作『指』。」

﹝註92﹞同註87，頁134。王德有曰：「《怡蘭》本、《津逮》本、《學津》本『既』後
有『而』。」

> 萬天殊狀，水土異形，習俗相違，利害不同，容貌詭謬，意欲不通，
> 陰陽所不能及，日月所不能明，皆以之始，皆以之終。開口張目，
> 屈伸傾側，俯仰之頃，喘息之間，神所經歷，心意所存，恩愛所加，
> 雌雄所化，無所不導，無所不為。生之而不以為貴，為之而不以有
> 求，長之而無以為有。天下迷惑，莫之能知。〔註93〕

形容道於萬物中之狀為「無戶」、「無門」、「無體」、「無容」且無法用外在
言語、意念相通，但萬物又因道而生，「其於萬物也，豈直生之而已哉」萬
物不僅生於道，道之於萬物是「生之形之，設而成之，品而流之，停而就
之，終而始之，先而後之」，從上文敘述可知一旦萬物生而成形，則道與萬
物即是先後終始為一體，萬物中有道，道生養畜育萬物，而「德流萬物而
不可復」、「神明以處」、「太和以存」為一套宇宙論推演之進程，有「太和」
之氣則積畜清氣以上達天，凝滯濁氣以下通地，天地得以成方圓，而統攝
天地、日月、星辰、四時、五行等，萬物皆以道為始與終，且「無所不導，
無所不為」。綜合以觀，可知《老子指歸》之「道」存於形上本體位階，而
群品萬物又無所不受其發顯、統領，「道」貫穿在有形、無形之間。

（二）「德」、「神明」、「太和」含氣

《老子指歸》以有生於無，無又生於無之無，以一系列之推進生成方式，
發顯最上位概念之道為「無無無之無」，而有與有形的敘述，見《老子指歸·
道生一》曰：

> 虛之虛者生虛（虛）〔註94〕者，無之無者生無（無）〔註95〕者，無
> 者生有形者。故諸有形之徒皆屬於物類。物有所宗，類有所祖。天
> 地，物之大者，人次之矣。夫天人之生也〔註96〕，形因於氣，氣因

〔註93〕《老子指歸譯注》，頁 133～134。
〔註94〕同註93頁50。王德有曰：「衍虛：上文言『有虛者』，此處應為『虛之虛者生
虛者』。」《老子指歸·道生一》曰：「有虛之虛者開導稟受，無然然者而然不
能然也；『有虛者』陶冶變化，始生生者而生不能生也；有無之無而神明不能
改，造存存者而存不能存也；有無者纖微玄妙，動成成者而成不能成也。」，
頁 48。
〔註95〕同註93，頁50。王德有曰：「衍無：上文言『有無者』，下文言『無者生有形
者』，此處應為『無之無者生無者』。」《老子指歸·道生一》曰：「有虛之虛
者開導稟受，無然然者而然不能然也；有虛者陶冶變化，始生生者而生不能
生也；有無之無而神明不能改，造存存者而存不能存也；『有無者』纖微玄妙，
動成成者而成不能成也。」，頁 48。
〔註96〕同註93，頁50。王德有曰：「《津逮》本、《學津》本作『夫天之生人也』，誤。」

於和，和因於神明，神明因於道德，道德因於自然〔註97〕：萬物以

存。〔註98〕

有形皆歸於物，物大爲天地，次而爲人，天人形體源於氣，氣源於和，和源
於神明，神明源於道德，道德源於自然，上節論「道」、「德」、「神明」、「太
和」之進程，而在道德之外又有一「自然」，此「自然」爲道之上位概念？
《老子指歸》中的「自然」爲道之常性，或言道即自然，兩者爲一不爲二，
「自然」爲道之發顯，故言「道德之動而天地之化」爲「自然之驗，變化之
常」〔註99〕，是故可推「太和」中已有氣，太和發氣而生成形體，而有些學
者〔註100〕主張太和爲氣，劉有博更認爲「氣性質的呈現卻是到了『太和』
階段才明確」〔註101〕，而「太和」中所涵攝內容爲何？《老子指歸・天之
道》曰：

天地未始，陰陽未萌，寒暑未兆，明晦未形，有物三立，一濁一清，

清上濁下，和在中央。三者俱起，天地以成，陰陽以交，而萬物以

〔註97〕《老子指歸譯注》，頁50。王德有曰：「道德因於自然：道德根據於自然。《指
　　　　歸》卷三《道生篇》：『道高德大，深不可言；物不能富，爵不能尊；無爲爲
　　　　物，無以物爲：非有所迫，而性常自然。』」

〔註98〕同註97，頁48。

〔註99〕同註97，頁145～146。《老子指歸・行於大道篇》曰：「故虛無無爲無知無欲
　　　　者，道德之心而天地之意也；清靜效象無爲因應者，道德之動而天地之化也。
　　　　何以明之？莊子曰：道之所生，天之所興。始始於不始，生生於不生。存存
　　　　於不存，亡亡於不亡。凡此數者，自然之驗、變化之常也。」

〔註100〕持此說學者有：鍾肇鵬：「『道』、『德』、『神明』都屬於『無』的階段；『太和』
　　　　爲氣，氣雖無形，但已屬於物質，故『氣』以下爲有的階段。」〈嚴遵的《老
　　　　子指歸》及其哲學政治思想〉，《世界宗教研究》第2期（1985年），頁6。趙
　　　　雅博：「這無者，就是所謂的三了。它纖微玄妙，也就是有清濁之氣，也就是
　　　　太和了，太和的功能，是成就萬物，更好說是成就天地人物。」〈從《道德指
　　　　歸》看嚴遵的思想（上）〉，《哲學與文化》第26卷第1期（總296期）（1991
　　　　年1月），頁6。

〔註101〕劉爲博：「廣義觀之，若以氣爲本來詮釋『道』，則凡屬於『道』的創生歷程，
　　　　都能以『氣』來說明，那麼『道』，甚或『德』、『神明』……都可視作氣化歷
　　　　程的各個階段，自無疑義。然若回到指歸的文字觀之，氣性質的呈現卻是到
　　　　了『太和』階段才明確。指歸說：『天地生於太和，太和生於虛冥』（卷七），
　　　　又說：『太和妙氣，妙物莫神，空虛爲家，寂泊爲常，出入無窮，往來無間，
　　　　動無不遂，靜無不成。』可知『太和』是指指歸在其宇宙論體系氣的重要階
　　　　段；清、濁、和由一而三也對應著三生萬物的階段，所以它是『有無之間』
　　　　的銜接點，也是使得『道』、『氣』、『天地』三層次一貫的重要環節，更是指
　　　　歸言『氣化連通』與『氣化分離』的焦點所在。」《嚴遵《老子指歸》研究》
　　　　（臺北：臺灣師範大學國文研究所碩士論文，2000年），頁61～62。

生。失之者敗，得之者榮。夫和之於物也，剛而不折，柔而不卷，
在天爲繩，在地爲準，在陽爲規，在陰爲矩。不行不止，不與不取，
物以柔弱，氣以堅強，動無不制，靜無不與。〔註102〕

在天地、陰陽、寒暑未發之前已有「清、濁、和」，三者皆起而萬物始生，
「和」在三者中處於中央統領之位，上清下濁而中和，雖然三者是「有物三
立」，但「和」較「清」、「濁」又略顯主宰性，故後文又言「和」對於物體
可剛可柔，爲天地準繩，爲陰陽規矩，動靜制宜，對於氣可使其堅強，此「堅
強」即爲氣充盈萬物之完滿性，因此在「清、濁、和」三立中，「和」爲主
導和合者且統領「氣」，「氣」在「和」之位階已顯而易見，但「太和」「氣」
所統攝範疇非全然相同，不過可確定的是《老子指歸》直至「太和」，「氣」
的內涵已可證成。《老子指歸・善爲道者》曰：

道德神明、清濁太和、天地人物，若末若根，數者相隨，氣化連通，
逆順昌衰，同於吉凶。〔註103〕

若以《老子指歸》之「道」、「德」、「神明」、「太和」爲「氣化連通」，則是從
氣論本體宇宙論的角度端視此文，但文中僅〈善爲道者篇〉之「氣化連通」
之孤證並不足以證論《老子指歸》中由「道」至「萬物」皆氣化所生，「道」
爲「無無無之無」、「萬物以生，不爲之損」，僅言「道」對萬物實際創生，爲
宇宙進化之本，消融物體於極致即爲「道」，由「道」、「德」、「神明」、「太和」
皆以氣化論之，則失其本義。至於「道」下之「德」、「神明」乃爲氣之範圍
活動內？《老子指歸・得一》曰：

天地之外，毫釐之內，稟氣不同，殊形異類，皆得一之一以生，盡
得一之化以成。〔註104〕

又曰：

故得一者，萬物之所導而變化之至要也，萬方之準繩而百變之權量
也。一，其名也；德，其號也；無有，其舍也；無爲，其事也；無
形，其度也；反，其大數也；和，其歸也；弱，其用也。〔註105〕

〈得一〉曰「德」爲「一」，「德」會捨棄「無有」，事從「無爲」，度衡「無
形」，用事爲弱，大數則反，而「太和」歸之，說明殊異形類皆稟存不同之氣，

〔註102〕《老子指歸譯注》，頁331。
〔註103〕同註102，頁240。
〔註104〕同註102，頁25。
〔註105〕同註102，頁25。

但其源相同，「皆得一之一以生」係為「一」之確定，「盡得一之化以成」為「一」至「二」的作用活動，其中「得」說明「一」與「二」之生化階段並非「一」完成後而進展至「二」，「二」生成蘊含與「一」之內容性質全然斷裂，而是「二」已得「一」而生，於「二」中仍可體現「一」之發顯作用，然而「二」即指神明，《老子指歸・至柔》曰：

> 夫有形鎌利不入無理，神明在身，出無間，入無孔，俯仰之頃經千里。……是以聖人，虛心以原道德，靜氣以存神明，損聰以聽無音，棄明以視無形。〔註106〕

《老子指歸・生也柔弱》曰：

> 神明所居，危者可安，死者可活也；神明所去，寧者可危，而壯者可煞也。陽氣之所居，木可卷而草可結也；陽氣之所去，氣可凝而冰可折也。故神明、陽氣，生物之根也；而柔弱，物之藥。柔弱和順，長生之具而神明、陽氣之所託也。〔註107〕

聖人之工夫修養為「虛心」、「靜氣」、「損聰」、「棄明」，而存養「神明」則需「靜氣」，生養形體需依託「神明」與「陽氣」，「神明」的去留影響人之安危，「陽氣」居離導致萬物伸詘，然「神明」是否為「氣」則待深究，另外「神明」與「氣」之關係為何？《老子指歸》中常以「神」與「氣」相連，如「心意虛靜，神氣和順」〔註108〕、「神氣相通」〔註109〕、「神氣不作，聰明無識」〔註110〕、「神氣煩促，趨翕去張」〔註111〕、「言行修於內，則神氣踰於外」〔註112〕、「大命以絕，神氣散分」〔註113〕等，綜上可知「神」與「氣」為截然不同之物，「神明」不等同於「氣」，但由靜氣可善養神明，故可推知「神明」中存其「氣」，雖氣未如於「太和」之顯見，但從「神明」與「氣」的關連性上可見此一階段中，氣是處於甚為重要之介質，足以影響「神明」之無窮發顯。王德有曰：「《指歸》所描述的『一』，是罪初出現的

〔註106〕《老子指歸譯注》，頁62～63。
〔註107〕同註106，頁326。
〔註108〕同註106，頁15。
〔註109〕同註106，頁127。
〔註110〕同註106，頁162。
〔註111〕同註106，頁221。
〔註112〕同註106，頁216。
〔註113〕同註106，頁262。

混混沌沌的存在物，即我們所謂的原始混沌物質。」〔註114〕以「道」爲虛無之境，「德」、「神明」、「太和」爲實有階段，但「德」爲「有物混沌，恍惚居起」，包含未發之輕重，未分之陰陽，「神明」爲「二物並興，妙妙纖微」、「因物變化」、「存物物存，去物物亡」，而「太和」爲「三物俱生，渾渾茫茫」，又〈道生一〉「夫天人之生也〔註115〕，形因於氣，氣因於和，和因於神明，神明因於道德，道德因於自然〔註116〕：萬物以存。」〔註117〕氣因循形體而存，此形體並非具體完成之體，而爲宇宙生成過程中，材質之潛存運行作用者，「德」、「神明」、「太和」皆爲此物，物依氣而生，「德」、「神明」、「太和」皆存其氣，但需至「太和」階段氣才開始具體流行顯見。

（三）「含囊陰陽」之太和

〈道生一〉曰：「夫天人之生也〔註118〕，形因於氣，氣因於和，和因於神明，神明因於道德，道德因於自然〔註119〕：萬物以存。」〔註120〕天人之形由氣而來，而氣之上有太和、神明、德、道，故「太和」存「氣」，「氣」而有「形」，處於無至有的過程，其中之先後次序與統合涵攝概念又爲何？《老子指歸・至柔》曰：

〔註114〕《老子指歸譯注》，頁8～9。〈自序〉其曰：「其一是說，『一』仍然是一種『無形無名』、『亡于聲色』，看不見、摸不著、聽不到的東西；其二是說，它相對道來說，已經不是絕對的虛無，而是『虛而實』，「無而有」，是一種以道爲法、循道而行、比道便于捉摸的東西，即所謂『爲道綱紀』；其三是說，這種東西無輕無重，無上無下，無陰無陽，無表無裏，彌漫於無窮空間，是『芒芒湏湏，混混沌沌』的存在物；其四是說，這種混混沌沌的存在物包容萬物，生化眾類，是『太初之首者』。可見，《指歸》所描述的『一』，是最初出現的混混沌沌的存在物，即我們所謂的原始混沌物質。」

〔註115〕同註114，頁50。王德有曰：「《津逮》本、《學津》本作『夫天之生人也』，誤。」

〔註116〕同註114，頁50。王德有曰：「道德因於自然：道德根據於自然。《指歸》卷三《道生篇》：『道高德大，深不可言；物不能富，爵不能尊；無爲爲物，無以物爲：非有所迫，而性常自然。』」

〔註117〕同註114，頁48。

〔註118〕同註114，頁50。王德有曰：「《津逮》本、《學津》本作『夫天之生人也』，誤。」

〔註119〕同註114，頁50。王德有曰：「道德因於自然：道德根據於自然。《指歸》卷三《道生篇》：『道高德大，深不可言；物不能富，爵不能尊；無爲爲物，無以物爲：非有所迫，而性常自然。』」

〔註120〕同註114，頁48。

清濁太和，至柔無形，包裹天地，含囊陰陽，經紀萬物，無不維綱。
〔註 121〕

《老子指歸》中以清、濁、和爲三，所處階段仍屬「無」者，故曰「至柔無形」，其中包含天地，含括陰陽，而後萬物方生，從上文中可察「太和」涵攝「天地」、「陰陽」，有「太和」方有「天地」、「陰陽」之生，但此處值得注意的是「太和」與「和」的關係，《老子指歸》以「太和」言「道」、「德」、「神明」進程後之階段，「和」常見於「無」、「太和」的階段，「太和」可分「清」、「濁」、「和」，「和」爲三者之一，故「太和」較接近無的狀態，而「和」處「無」至「有」之中介層次，較於「太和」則更接近「有」的形態。《老子指歸・道生一》曰：

三以無，故能生萬物。清濁以分，高卑以陳，陰陽始別，和氣流行，三光運，群類生。有形彎可因循者，有聲色可見聞者，謂之萬物。
〔註 122〕

又《老子指歸・天之道》曰：

天地未始，陰陽未萌，寒暑未兆，明晦未形，有物三立：一濁一清，清上濁下，和在中央。三者俱起，天地以成，陰陽以交，而萬物以生。〔註 123〕

「無」之境界形態中包含三者：清、濁、和。清朗而上，濁重而下，和處中央，三者生化天地、陰陽與萬物，清濁分離則上下陰陽分明，中央和氣乃充滿流行，清、濁、和之三光運行而品群萬類，綜而觀之，「太和」中有三光，三光含覆天地、陰陽、萬物。《老子指歸・以正治國》曰：

道德之情，正信爲常，變化動靜，一有一亡；覆載天地，經緯陰陽。……故，天地之道，一陰一陽；陽氣主德，陰氣主刑，刑德相反，和在中央。……陽終反陰，陰終反陽，陰陽相反，以至無窮。〔註 124〕

又《老子指歸・勇敢》曰：

夫天地之道，一陰一陽，分爲四時，離爲五行，流爲萬物，精爲三

〔註 121〕《老子指歸譯注》，頁 59。
〔註 122〕同註 121，頁 54。
〔註 123〕同註 121，頁 331。
〔註 124〕同註 121，頁 172。

光：陽氣主德，陰氣主刑，覆載群類，含吐異方。〔註125〕

太和分化至萬物生成之過程，先出現天地而後有陰陽，曰「天地之道，一陰一陽」，清者爲天、濁者爲地，天地生成，和氣流行其中，然「和氣」可分爲陰氣與陽氣，因此論證天地常道即爲陰陽運行，此中有四時革易、五行轉替，故天地之道即爲自然之道，爲道、德、神明、太和、萬物之運行發動者，統攝一切生發性與演化性之可能，而氣即是「無無無之無」的道之本體進化至「有」的具體形物所潛存之形質，於「德」、「神明」之階段爲形兆未明，但對於自然進化的發顯、證成是賦予無窮健順創生作用。

第三節　道教之氣

一、《太平經》

歷代學者評論《太平經》性質爲道書、神書、儒書，然多數仍以此書爲道教經典，王明《太平經合校‧前言》說明此書非一時、一地、一人之作，更不能簡單以爲是于吉、宮崇或帛和之個人著作〔註126〕，其成書時間約東漢中晚期，本文以天、道、神三者關係以闡明《太平經》所追求之境，再敘述構成天地宇宙之元氣有三個別名及「一」於《太平經》中所富含之意，而「精、神、氣」三合爲一即爲求道安身之修養論。

（一）天、道、神之「三合相通」

多數學者〔註127〕認爲《太平經》中常以「三一爲宗」之思爲內容主旨，

〔註125〕《老子指歸譯注》，頁305。

〔註126〕王明《太平經合校‧前言》曰：「各家著錄的書，大概都稱《太平經》書一百七十卷。《太平經》卷九十八〈男女反形訣〉說：『天師前所賜予愚生本文。』《太平經複文序》說，于吉初受太平本文，因易爲百七十卷。《仙苑編珠》說，帛和授以素書二卷，于吉受之，乃《太平經》也，後演此《經》成一百七十卷。所謂『素書』、『本文』，雖則含有神書傳受的玄談，然而這的確透露了《太平經》一百七十卷不是一時一人所作。東西兩漢的著述，一書多至一百七十卷的，實在太少見了。所以我相信《太平經》先有『本文』若干卷，後來崇道的人繼續擴增，逐漸成爲一百七十卷。不能簡單地說這書就是于吉、宮崇或帛和個人所著作。現存的經書裏，固然不免有後人改寫增竄，可是大體說來，它還保存著東漢中晚期的著作的本來面目。」王明編：《太平經合校》（北京：中華書局，1997年），頁2。

〔註127〕陳攖寧〈太平經的前因與後果〉曰：「太平者，此經以三一爲宗。此言《太平

此「三一」有「天、地、人」、「精、氣、神」、「太陽、太陰、中和」、「一、二、三」，《太平經》主宰萬物之人格神的天，存有天君之姿，與「道」及「神」亦有「三合相通」之意涵。《太平經・闕題》曰：

> 天乃無不覆，無不生，無大無小，皆受命生焉，故爲天。〔註128〕

《太平經・爲道敗成戒》曰：

> 天之爲象法也，乃尊無上，反卑無下，大無外，反小無內，包養萬
> 二千物，善惡大小，皆利祐之，授以元氣而生之，終之不害傷也。
> 故能爲天，最稱神也，最名無（天）上之君也。〔註129〕

天生萬物，於物則無所不覆、無所不生，具有生生義與創造義，《太平經・有過死謫作河梁誡》曰：「天佑善人，不與惡子。各自加愼，勿相怨咎。各爲身計，行宜人人有知，無有過負於天，⋯⋯惡逆之人，天不佑也。」〔註130〕又《太平經・闕題》曰：「天者好生興物，物不樂，不肯生。」〔註131〕倘或萬物不樂而天雖好生亦不肯生，此外，天庇佑善人、無益惡逆，足見天爲人格意志之天，有似天君之於臣民。而「道」之內涵見《太平經・急學眞法》曰：

> 古者上皇之時，人皆學清靜，深知天地之至情，故悉學眞道，乃後
> 得天心地意。〔註132〕

又曰：

> 夫道者，乃與皇天同骨法血脈。〔註133〕

前者之「道」偏於修養工夫，得「道」方能親近天地，得天心地意而達天人之境，後者之「道」，與天同出血脈，故知「天」與「道」同根同源，又《太平經・闕題》曰：

> 夫萬二千物，各自存精神，⋯⋯萬二千物精神，共天地生，共一大
> 道而出，有大有中有小。何謂也？乃謂萬二千物有大小，其道亦有

經》的宗旨，修身以精、氣、神三者渾而爲一，治國以天、地、人三者合而爲一，故曰，三一爲宗。」陳攖寧撰：《道教與養生》（北京：華文出版社，1989年），頁45。湯一介曰：「天、地、人三者合一以致太平：神、氣、精三者混一而長生。」湯一介撰：《魏晉南北朝時期的道教》（臺北：東大出版社，1991年），頁38。

〔註128〕《太平經合校》，頁219。
〔註129〕同註128，頁445。
〔註130〕同註128，頁577。
〔註131〕同註128，頁650～651。
〔註132〕同註128，頁159。
〔註133〕同註128，頁166。

大小也。〔註134〕

「天」無分大小，但世間萬二千物有大小之別，萬物爲天地所生，亦爲大道所出，大道流行於萬物中即分大小，如此以觀，天爲整全之上位概念，無所分判，但道卻有大小之別，以哲學邏輯論之，「道」之概念「天」爲下。《太平經・興衰由人訣》曰：

> 天尊道、用道、興行道，時道王。〔註135〕

又《太平經・忍辱象天地至誠與神相應大戒》曰：

> 天者，乃道之眞，道之綱，道之信，道之所因緣而行也。〔註136〕

「天」能尊道、用道、行道，「天」爲道之眞純者，係「道之綱」、「道之信」，「天」與「道」爲一體兩面，「天」有主宰性、統一性、絕對性，從文中可知「道」之精純與「天」之概念可相通，《太平經・王者無憂法》曰：「道者，天之心，天之首。」〔註137〕此「道」與「道亦有大小」之「道」爲精純之不同，流賦萬物之「道」有大小，然道之純化眞性即爲與天相等之「道」。另再論敘「天」與「神」之關係爲何？《太平經・萬二千國始火始氣訣》曰：

> 天者，爲神主神靈之長，故使精神鬼殺人。〔註138〕

《太平經・不孝不可久生誡》曰：

> 天遣候神，居其左右，入其身內，促其所爲。〔註139〕

「天」能遣使「神」，爲「神主神靈之長」，然「天」派遣「神」而居於左右，「神」可融會於「天」之中，故以「天」爲主，而「神」爲「天」之下一個無窮神妙之作用。「道」與「神」有何關連？《太平經・戒六子訣》曰：

> 夫道迥洞，無上無下，無表無裏，守其和氣，名爲神。〔註140〕

《太平經・分別形容邪自消清身行法》曰：

> 道之生人，本皆精氣也，皆有神也。〔註141〕

又《太平經・太平經佚文》曰：「道者，乃天地所常行，萬物所受命而生也。」

〔註134〕《太平經合校》，頁218。
〔註135〕同註134，頁232。
〔註136〕同註134，頁423。
〔註137〕同註134，頁726。
〔註138〕同註134，頁371。
〔註139〕同註134，頁598。
〔註140〕同註134，頁258。
〔註141〕同註134，頁723。

〔註142〕、「神者，道也。」〔註143〕、「神以道全，形以術延。」〔註144〕、「道包无表裏，其能生精神。」〔註145〕、「夫神者，因道而行。」〔註146〕，可見「道」爲「神」之稟全存眞，然「道」位階較之「神」爲高，「道之眞」不分小大，無上下表裡之別，「道」之守氣稱「神」，「道」又能生「精神」，「道」生人而人有精氣神。總合而論，「天」、「道」、「神」三者究竟爲不同個體，抑或爲三合相通之異名？《太平經・西壁圖》曰：

> 天道無私，乃有自然，故不失法也，其事若神。〔註147〕

《太平經・太平經鈔》辛部曰：

> 天上諸學道之爲法也，人精求道也已。小合於小道，見諸神爲小得道，門戶未合於中道，乃得至於大道。至於大道，乃能致於眞神也。小合小道者致小神，合於中道者致中神，合於大道者致大神。〔註148〕

有言「道」可爲大、中、小，「神」相應而有小大之別，此中唯「天」不可分裂，《太平經》以「天」爲天君、稟存人格神，而「道」、「神」可分大小，「天」於哲學思想中無形而不可分割，有支派遣使「神」之姿，以「天」爲天地秩序之宰制者，而「道」中至高者稱「道之眞」，凡指「道」之最高境界即稱「道之眞」，與可分大小之「道」有別，「道之眞」乃爲萬物所共同追求的狀態，「神」爲「天」可派遣之生生作用，此生生作用循常道而行則與「道」爲一，故曰「至於大道，乃能致於眞神也」，故知「天」之秩序主宰者與全滿眞實之「道」、無窮生生妙能之「神」係一體三面，「天」以「道」爲境界狀態，以「神」爲無窮作用，《太平經》常以「三合相通」論修養道德的工夫及天地生成之宇宙模式，「天、道、神」之關係亦爲此。

（二）元氣三名「太陽、太陰、中和」

《太平經・來善集三道文書訣》曰：「夫氣者，所以通天地萬物之命也。」〔註149〕氣爲天地萬物生命延續之重要介質，「通」字有「氣」貫穿萬物亦稟賦

〔註142〕《太平經合校》，頁734。
〔註143〕同註142，頁734。
〔註144〕同註142，頁736。
〔註145〕同註142，頁736。
〔註146〕同註142，頁737。
〔註147〕同註142，頁458。
〔註148〕同註142，頁696。
〔註149〕同註142，頁317。

流行天地之無限性與廣泛性，「氣」存而萬物生、滅而萬物亡，《太平經》中「氣」有「陰、陽」﹝註150﹞、「正、邪」﹝註151﹞、「德、刑」﹝註152﹞之別，此外更有「四時五行之氣」﹝註153﹞、「帝、王、相、侯、微之氣」﹝註154﹞等，係將氣與天地間所發生事物相互連結，故萬物之源為「元氣」，《太平經·修一卻邪法》曰：

> 天地開闢貴本根，乃氣之元也。﹝註155﹞

「元氣」為天地萬物生化之始，「氣」與「元氣」之別乃於「元氣」為氣之本原，氣之起始形態，因《太平經》以氣有各種不同態樣，而「元氣」係指氣尚未分化，而「元氣」之特性為何？《太平經·三者為一家陽火數五訣》曰：

> 俱天地人初生之始，物之根本也。初生屬陽，陽者本天地人元氣。
> ﹝註156﹞

《太平經·闕題》曰：

> 元氣自然樂，則合共生天地，悅則陰陽和合，風雨調。風雨調，則
> 共生萬二千物。﹝註157﹞

又「元氣守道」﹝註158﹞、「元氣……時悅悅未有形也。」﹝註159﹞說明「元氣」展現的性質為崇生、屬陽、守道、無形，「元氣」為無形無狀之生化萬物者，《太平經·和三氣興帝王法》曰：

> 元氣有三名，太陽、太陰、中和。﹝註160﹞

《太平經·太平經鈔》壬辛部曰：

﹝註150﹞《太平經合校·三急吉凶法》曰：「晝則陽氣為暖，夜則陰氣為潤。」，頁47。
﹝註151﹞《太平經合校·禁燒山林訣》曰：「邪氣止休，正氣遂行。」，頁668。
﹝註152﹞《太平經合校·三者為一家陽火數五訣》曰：「置其德氣陽氣，乃萬物得遂生；如中有凶氣輒傷」，頁676～677。又「不欲見刑惡凶氣，俱欲得見樂氣。」，頁677。
﹝註153﹞《太平經合校·道祐三人訣》曰：「有木行，有春氣。……有火行，有夏氣。……有土行，有四季中央之氣。……有金行，有秋氣。……有水行，有冬氣。」，頁683。
﹝註154﹞《太平經合校·某訣》曰：「常先動其帝氣，其次動王氣，其次動相氣，其次動侯氣，其次動微氣。」，頁630～631。
﹝註155﹞同註150，頁12。
﹝註156﹞同註150，頁676。
﹝註157﹞同註150，頁647～648。
﹝註158﹞同註150，頁21。
﹝註159﹞同註150，頁148。
﹝註160﹞同註150，頁19。

故萬物不生者，失在太陽；生而不養者，失在太陰；養而不成，失
在中和。〔註161〕

「太陽」、「太陰」、「中和」皆「元氣」之名，「太陽」主生化萬物，「太陰」
主育養萬物，「中和」主成就萬物，「太陽」、「太陰」、「中和」皆含賦元氣，
以「元氣」統攝三名，但三者有生化演變之先後進程，《太平經‧闕題》曰：

元氣恍惚自然，共凝成一，名爲天也；分而生陰而成地，名爲二也；
因爲上天下地，陰陽相合施生人，名爲三也。三統共生，長養凡物。
〔註162〕

《太平經‧太平經鈔》辛部曰：

天，太陽也。地，太陰也。人居中央，萬物亦然。天者常下施，其
氣常下流也。地者常上求，其氣上合也。兩氣交於中央。人者，居
其中爲正也。兩氣者常交用事，合於中央，乃共生萬物。萬物悉受
此二氣以成形，合爲情性；無此二氣，不能生成也。故萬物命繫此
二氣，二氣交相於形中。〔註163〕

「元氣」充盈於自然而凝爲「一」，名爲「天」，此時之氣以陽爲主，此「一」
之凝結整體分裂而成陰，爲「二」，名爲「地」，「一與二」、「天與地」、「陽
與陰」相合而生人，人爲「三」。總論〈太平經鈔〉「天」爲「一」，爲「太
陽」，「地」爲「二」，爲「太陰」，「人」爲「三」，爲「中和」，天之氣則向
下流行，地之氣則往上推求，太陽、太陰相交於中而爲中和，中和之氣乃生
萬物，故知萬物爲天地、太陽太陰之後，此爲《老子》第四十二章「道生一，
一生二，二生三，三生萬物」〔註164〕的具體展現，將「一」、「二」、「三」
實際所蘊含內容明確道出，更可印證「元氣」之特性近於「太陽」，「元氣」
之凝結爲「太陽」，而呼應前文之「屬陽」，故「元氣」三名有前後進化的時
空之異，爲何言此三名皆可稱爲「元氣」？此處值得注意是「太陽」、「太陰」、
「中和」非全然等同，「元氣」貫穿一、二、三生成階段，不需有凝結、分
裂及和合之過程，「元氣」整體未變，變者爲時間空間之推演，其中生化的
介質爲「元氣」，分別三名是足見三者的不同，但皆以「元氣」爲起始之母，
「太陽」、「太陰」、「中和」三者皆有「元氣」，因演化進程的重點不同而有

〔註161〕《太平經合校》，頁704。
〔註162〕同註161，頁305。
〔註163〕同註161，頁694。
〔註164〕陳錫勇先生撰：《老子校正》（臺北：里仁書局，2003年），頁45。

其三名，故言「元氣有三名」是強調「太陽」、「太陰」、「中和」在不同演進
階段都有「元氣」之性質，換言之，天地間殊形異類皆有「元氣」，而「元
氣」又較「太陽」、「太陰」、「中和」更爲無形性，但卻爲宇宙發生之開端。

（三）「一」爲天之綱、道之根、氣之始

《太平經》中天富人格神之特質，天與道、神之關係前文已述，天爲主
宰之君、道爲境界狀態、神爲生生作用，三者常聚合以言，然天之君爲萬物
之主，但天所尊崇最高原則又爲何？《太平經·五事解承負法》曰：

> 一者，天之紀綱，萬物之本也。〔註165〕

《太平經·三合相通訣》曰：

> 一日而王，日上一者，天也；天者數一，……一爲天，天亦君長也。
>
> 〔註166〕

「一」爲天之綱紀，萬物之本，天地品群之主爲王，王上有天，天之數爲一，
「一爲天」從語義上可知，「一」等於「天」，然天行常道並以爲綱紀者，稱
之爲「一」。《太平經·修一卻邪法》曰：

> 夫一者，乃道之根也。〔註167〕

《太平經·守一入室知神戒》曰：

> 夫一，乃至道之喉襟也。〔註168〕

「一」爲道之根本，爲道家修身求道之源，有如道之至要關鍵。《太平經·五
事解承負法》曰：

> 一者，元氣所起也。〔註169〕

《太平經·國不可勝數訣》曰：

> 一者，其元氣純純之時也。元氣合無理，若風無理也，故都合名爲
>
> 一也。一凝成天。〔註170〕

《太平經·太平經鈔》曰：

> 天地未分之時，積氣都爲一。〔註171〕

〔註165〕《太平經合校》，頁60。
〔註166〕同註165，頁147。
〔註167〕同註165，頁12～13。
〔註168〕同註165，頁410。
〔註169〕同註165，頁60。
〔註170〕同註165，頁392。
〔註171〕同註165，頁708。

太陽、太陰、中和之演化進程起於元氣，而元氣始於「一」，「一」爲元氣混沌窅窅之際，係指天地未分之純粹自然樣態，此中已有氣之充滿，亦稱爲「一」，故《太平經》中以「一」爲天地宇宙冥窅未分的狀態，亦爲天之綱、道之根、氣之始、萬物之本，是純然無爲者，爲最高存有之體與萬物常道的最高指導原則。

（四）精神氣「三氣共一」

天地萬物皆稟氣而生，《太平經》有「三氣共一」之說，此偏於修道得全之概念，《太平經·令人壽治平法》曰：

> 三氣共一，爲神根也。一爲精，一爲神，一爲氣。此三者，共一位也，本天地人之氣。神者受之於天，精者受之於地，氣者受之於中和，相與共爲一道。〔註172〕

《太平經·太平經佚文》曰：

> 夫人本生混沌之氣，氣生精，精生神，神生明。本於陰陽之氣，氣轉爲精，精轉爲神，神轉爲明。欲壽者當守氣而合神，精不去其形，念此三合以爲一。〔註173〕

三氣者係指「精」、「神」、「氣」，有如天、地、人，太陽、太陰、中和之關係，雖分爲三但卻可同歸於「一」，人與萬品殊類皆稟存其氣，氣受之於地之精，地之精又由天之神而至，神而可歸明，人生活俯仰於天地之間，存有中和之氣之人仍潛存有天之太陽、地之太陰，天之神、地之精，故修道養壽者當守其氣、和合其神，保全其形以守精，於工夫修養上而論「精」、「神」、「氣」乃三氣同一，三氣共一。《太平經·四行本末訣》曰：

> 神者乘氣而行，故人有氣則有神，有神則有氣，神去則氣絕，氣亡則神去。故無神亦死，無氣亦死。〔註174〕

《太平經·還神邪自消法》曰：

> 人氣亦輪身上下，神精乘之出入。神精有氣，如魚有水，氣絕神精散，水絕魚亡。故養生之道，安身養氣。〔註175〕

「神」、「精」、「氣」是否又有位階之上下關係？若從哲學邏輯以觀則有前後

〔註172〕《太平經合校》，頁728。
〔註173〕同註172，頁739。
〔註174〕同註172，頁96。
〔註175〕同註172，頁727。

之別，但《太平經》爲道教修養求道、治身治國之書，以實際人之修養而觀則「神、精、氣」屬同質同量之位，所謂「神去則氣絕，氣亡則神去」、「神精有氣，如魚有水，氣絕神精散，水絕魚亡」若三者存一，另外兩者亦不得保全，此關係著人之身體存亡，但仍可見人以氣貫充上下，而神與精出入其中，是故眞正保全養身之道乃在於安其身、養其氣，使神、精、氣三合爲一、三氣共一，更可謂天地人是一之境。

二、《周易參同契》

前章已對魏伯陽著《周易參同契》有所論述，此書兼論內丹、外丹之術以期能修道長生，劉國樑認爲《周易參同契》彙結《易》學、《老》學、煉丹術、儒家、陰陽五行之思想，且奠定道教金丹的理論基礎與開啓人體科學之創造。〔註176〕本文已於上一章節中論述漢末《易》學中魏伯陽之「乾坤坎離之牝牡四卦」、「六十卦值日」、「納甲說」等基本卦氣、《易》學思想，故此處僅論與「氣」相關之概念，進而釐清《周易參同契》中如何運用「氣」以修養得道。

（一）元氣之精

魏伯陽將東漢末年象數《易》學思想運用在道教的煉丹修養上，以月相圓缺明晦來說明月體納甲，月相變化象徵陰陽更迭，陰陽即陰陽二氣，此二氣又由元氣而生，因此羅光認納甲說結合八卦、四方、天干及月亮的明晦，

〔註176〕「《周易參同契》在中國文化思想史和中國科技史上都有非常重要的地位。首先，它匯歸了漢代的《易》學、老學、煉丹術，以及儒家、陰陽五行思想，是了解漢代學術思想的重要著作。第二，它奠定了道教金丹理論的基礎，開啓了化學科學先河。此書被唐宋以後的內丹（氣功）家奉爲圭臬，對其評價極高。宋翁葆光注《悟眞篇》說：『丹經萬卷，妙在《參同契》。』北宋高先《金丹歌》云：『又不聞叔通從事魏伯陽，相將笑人無何鄉。準《連山》作《參同契》，留爲萬古丹中王。』南宋陳顯微《周易參同契解》王夷序云：『又古今諸仙，多尊《參同契》爲丹法之祖。』元代俞琰《周易參同契發揮》阮登炳序：『《參同契》乃萬古丹經之祖。』清朱元育《參同契闡幽·序》云：『此書源流最遠，實爲丹經鼻祖，諸經命脈。』是世界上公認的現存煉丹書中最古的一部。……第三，中國古代人體科學的瑰寶。此書對人體進行整體考察，講究辯證論治。認爲人身自有藥物精、氣、神，以人體爲丹爐，以意志（神）作能源，在體內燒煉，從而使精、氣、神凝結成體內的金丹。這種內丹術是中國人體科學成就的高峰，是道教在人體科學上的創造。」劉國樑注譯；黃沛榮先生校閱：《新譯周易參同契·導讀》（臺北：三民書局，2010年），頁24～25。

以道教煉丹爲延長人之壽命，而人之壽命以元氣爲根本，故煉丹即保持元氣的整全。〔註177〕《周易參同契・於是仲尼章第十一》曰：

> 於是仲尼讚鴻蒙，乾坤德洞虛。稽古當元皇，〈關雎〉建始初。〈昏〉、
> 〈冠〉氣相紐，元年乃牙滋。〔註178〕

陰陽二氣未分前之狀態爲「鴻蒙」，爲未加人爲作用之初始，如乾卦、坤卦之萬物起始，《尚書・堯典》考究元始古道，《詩經・關雎》建立之初，《儀禮》中〈士昏禮〉、〈士冠禮〉陰陽二氣之相感相合，《春秋》以元來象徵萬物滋蕃，《周易參同契・剛柔迭興章第七十七》曰：「含元虛危，播精於子」〔註179〕二十八星宿之虛、危亦存其「元」，說明萬物起始皆本於「元」，「元」係指元氣，氣尚未分別清濁之初始情狀。《周易參同契・元精眇難睹章第十六》曰：

> 元精眇難睹，推度效符證。〔註180〕

又《周易參同契・將欲養性章第六十二》曰：

> 將欲養性，延命卻期。審思後末，當慮其先。人所稟軀，體本一無。
> 元精雲布，因氣託初。〔註181〕

「元精雲布，因氣託初」元之精妙散布廣遍，託於萬物本始之氣，其中值得注意之處，即「元精」之「元」應當解釋爲元，抑或元氣？「元精雲布，因氣託初」以「元」爲先，「元」再託付於「氣」之原始物質而成就其物，又「人所稟軀，體本一無」人所稟受之身體形軀來自於「一」、「無」，《周易參同契》「以無制有」〔註182〕，「一」、「無」顯然爲「無」，「無」爲最高本體之境界，而「元」若同爲無之境則與「一」、「無」無所區別，「元」雖未言

〔註177〕「魏伯陽納甲的理論，以月亮的明晦作象徵，明爲甲，晦爲乙；明爲乾，晦爲坤；明爲陽，陰爲坤。在天象裡祇有月亮有變化，而月亮的變化是受日光的影響；因此月亮的變化，象徵陰陽的變化。陰陽的變化，爲氣的變化；陰陽兩氣來自元氣，元氣也週遊在宇宙之中。道教煉丹，爲延長人的壽命，人的壽命以元氣爲根基，金丹便要和元氣相配合。元氣週遊宇宙，以宇宙中陰陽兩氣的盛衰爲標準，因此煉丹便要以月亮的變化作標準。爲象徵陰陽的變化，易經以八卦作象徵，八卦的變化和月亮的變化便應該有關係，於是乃有納甲說，把八卦、四方、天干、和月亮的明晦，組成一圖，稱爲納甲圖。納甲圖就可以用煉丹的根據。」羅光撰：《中國思想史（兩漢、南北朝篇）》（臺北：臺灣學生書局，1985年），頁654～655。
〔註178〕《新譯周易參同契》，頁21。
〔註179〕同註178，頁148。
〔註180〕同註178，頁30。
〔註181〕同註178，頁114。
〔註182〕同註178，頁15。

「元氣」，但係指萬物初始生化之本原，以「元精雲布，因氣託初」特別強調氣之本始情狀爲「元氣」，「元氣」即氣之精萃者，亦爲「無」至「有」之中介連結材質，故人之身體肢軀若要達至養性延命必先蘊養「元氣」，「元氣」渺小精微難以睹見，只能藉由八卦來推測度量、效法驗證。《周易參同契·動靜有常章第四十五》曰：

> 動靜有常，奉其繩墨。四時順宜，與氣相得。剛柔斷矣，不相涉入。
>
> 五行守界，不妄盈縮。易行周流，屈伸反復。〔註183〕

陰陽有動靜常道，煉丹之際當遵循常規以制火候，更要順應二至、二分之四時更迭，使氣得以運轉暢達，武火、文火判定得宜，五行各守其界，日月流行廣遍，屈伸往來皆順自然，此說明煉丹求道的目的爲順應元氣自然，使人體之元氣能通暢清明，故知《周易參同契》並非在建立完整哲學思想，而是以修道成仙、延壽求道爲終極目標。《周易參同契·陰陽爲度章第六十三》曰：

> 陰陽爲度，魂魄所居。陽神日魄，陰神月魂。魂之與魄，互爲室宅。
> 〔註184〕

日月陰陽運行有度，其中有「日魂」、「陽神」與「月魄」、「陰神」，人身既有「日魂」亦有「月魄」，有「陰」與「陽」，彼此不可分割，人之形軀爲元氣所構，人身又有陰陽，故知陰陽爲陰陽二氣，萬物以元氣爲初始，而元氣中有陰陽二氣，萬物宅室皆有陰陽，唯二氣多寡清濁比例不同造就各種殊異形類，是故萬物以元氣爲原，元氣分成陰陽二氣，得仙修道係使初始元氣保持暢達通順。

（二）十二消息卦之卦氣說

前章已言「乾坤坎離之牝牡四卦」、「六十卦值日」之卦氣說，《周易參同契》更以陰陽二氣之升降遍行乾、坤六爻，而成「復」、「臨」、「泰」、「大壯」、「夬」、「乾」之息卦，與「姤」、「遯」、「否」、「觀」、「剝」、「坤」之消卦，謂爲十二消息卦，下文分成息卦與消卦兩個部份來詮釋陰陽二氣之升降往返。《周易參同契·朔旦爲復章第四十九》曰：

> 朔旦爲復☳，陽氣始通。出入無疾，立表微剛。黃鍾建子，兆乃

〔註183〕《新譯周易參同契》，頁93。
〔註184〕同註183，頁116。

滋彰。播施柔暖，黎烝得常。〔註185〕

《周易參同契・臨爐施條章第五十》曰：

臨 ䷒ 爐施條，開路正光。光耀漸進，日以益長。丑之大呂，結正低昂。〔註186〕

《周易參同契・仰以成泰章第五十一》曰：

仰以成泰 ䷊ ，剛柔並隆。陰陽交接，小往大來。輻輳於寅，運而趨時。〔註187〕

《周易參同契・漸歷大壯章第五十二》曰：

漸歷大壯 ䷡ ，俠列卯門。榆莢墮落，還歸本根。刑德相負，晝夜始分。〔註188〕

《周易參同契・夬陰以退章第五十二》曰：

夬 ䷪ 陰以退，陽升而前。洗濯羽翮，振索宿塵。〔註189〕

《周易參同契・乾健盛明章第五十四》曰：

乾 ䷀ 健盛明，廣被四鄰。陽終於巳，中而相干。〔註190〕

「復」卦代表初一清晨陽氣升起，陰陽二氣變化疾速，表徵微陽之剛氣，時值冬至、建子、十一月，配以黃鍾之律，「臨」卦象徵陽氣舒展，陽道正開，值建丑、十二月，配以大呂之律，「泰」卦說明陰陽剛柔均平，陰氣往，陽氣來，彼此互相感通，值建寅、一月，配以太簇之律，「大壯」卦表徵陰氣之刑與陽氣之德不相上下，春分時節晝夜相當，值建卯、二月，配以夾鍾之律，「夬」卦說明五陽盡退一陰，陽氣上升前進，洗滌羽毛，除去塵埃陰氣，值建辰、三月，配以姑洗之律，「乾」卦正應陽氣當盛，光明遠播四方，陽氣至極陰氣來犯，值建巳、四月，配以中呂之律。另外六個消卦爲《周易參同契・姤始紀序章第五十五》曰：

姤 ䷫ 始紀序，履霜最先。井底寒泉，午爲蕤賓。賓服於陰，陰爲主人。〔註191〕

〔註185〕《新譯周易參同契》，頁 100。
〔註186〕同註 185，頁 101。
〔註187〕同註 185 頁 102。
〔註188〕同註 185，頁 103。
〔註189〕同註 185，頁 104。
〔註190〕同註 185，頁 105。
〔註191〕同註 185，頁 106。

《周易參同契·遯去世位章第五十六》曰：

遯䷠去世位，收斂其精。懷德俟時，栖遲昧冥。〔註192〕

《周易參同契·否塞不通章第五十七》曰：

否䷋塞不通，萌者不生。陰伸陽屈，沒陽姓名。〔註193〕

《周易參同契·觀其權量章第五十八》曰：

觀䷓其權量，察仲秋情。任畜微稚，老枯復榮。薺麥芽櫱，因冒

以生。〔註194〕

《周易參同契·剝爛肢體章第五十九》曰：

剝䷖爛肢體，消滅其形。化氣既竭，亡失至神。〔註195〕

《周易參同契·道窮則反章第六十》曰：

道窮則反，歸乎坤䷁元。恆順地理，承天布宣。〔註196〕

「姤」卦為一陰初生，履霜之後堅冰隨至，陽氣漸消，陰氣為主，值建午、五月，配以蕤賓之律，「遯」卦表徵陽氣退去其位，收斂其精，懷抱德性以待時，栖息山林歸於闇昧幽冥，值建未、六月，配以林鍾之律，「否」卦代表三陰三陽互不相通，陰陽不交而無所生成，陰氣伸張，陽氣潛沒，值建申、七月，配以夷則之律，「觀」卦以應晝夜相等，時當秋分，年老枯萎再次復生旁芽，值建酉、八月，配以南呂之律，「剝」卦象徵陽氣消滅，草木剝爛，陽氣將竭，值建戌、九月，配以無射之律，「坤」卦說明大道至極而反之理，歸於陰氣，地之理恆長柔順，並能承受陽氣遍布宣揚，值建亥、十月，配以應鍾之律。

《周易參同契》牝牡四卦以乾坤為天地父母，坎離為用，除此四卦外之六十卦與日數、時辰、節氣及年歲相應，將卦與氣相互結合應用於丹道修煉，此外又提出陰陽消長之十二消息卦，目的並非將十二月對應卦爻間之消息，而是用以進退火候，以達元氣之純粹，是故後蜀彭曉曰：「此喻一年十二月，一日十二辰，運陰陽進退之火符，合乾坤坎離之精氣，周而復始，妙用无窮，因使聖女靈男交陰陽於神室；飛龍伏虎媾魂魄於母胞，是以神變无方，化生

〔註192〕《新譯周易參同契》，頁107。
〔註193〕同註192，頁108。
〔註194〕同註192，頁109。
〔註195〕同註192，頁110。
〔註196〕同註192，頁111。

純粹者也。」〔註197〕故知《周易參同契》之卦氣說乃用於火符進退，冀求化生純粹之元氣。

（三）含精養神，正氣常存

自我安身靜心係由內而求，具體作法則是使元氣不外洩，《周易參同契·辰極受正章第二十》曰：

> 內以養己，安靜虛無。原本隱明，內照形軀。閉塞其兌，築固靈株。
>
> 三光陸沉，溫養子珠。視之不見，近而易求。〔註198〕

《周易參同契·黃中漸通理章第二十一》曰：

> 黃中漸通理，潤澤達肌膚。初正則終修，榦立末可持。一者以掩蔽，
>
> 世人莫知之。〔註199〕

內在功夫修煉為身心安靜虛無，了解精氣潛存自身不需外求，因此更要閉塞元氣出入門戶而使堅實不洩，耳目心神收斂得宜，溫養圓明之神，元氣本無形狀，但卻內處其身而近得以求。〈黃中漸通理章〉以養潤脾臟使其肌膚紋理光澤，本立而末強，故人體之本為「一」，「一」可解為元氣、道，此處若以修養身心而論，以「以」視作「元氣」較為適宜，若以「道」釋「一」，則是用形上境界解釋煉丹強身之用，在理路上較不通順，但前文言「一」、「無」與「元」、「元氣」之義不同，《周易參同契》以丹道修煉為目的，丹道修煉用於人身，人身門戶掩蔽得宜則精氣不易外洩，故以「元氣」釋之，較為適當。《周易參同契·旁有垣闕章第二十六》曰：

> 神氣滿室，莫之能留。守之者昌，失之者亡。動靜休息，常與人俱。
>
> 〔註200〕

《周易參同契·惟昔聖賢章第七十九》曰：

> 惟昔聖賢，懷玄抱真。服鍊九鼎，化跡隱淪。含精養神，通德三光。
>
> 津液膝理，筋骨緻堅。眾邪辟除，正氣常存。累積長久，變形而仙。
>
> 〔註201〕

元氣充其丹田，若能抱元守一則昌盛，縱失離伏則滅亡，真一元氣動靜與

〔註197〕（東漢）魏伯陽撰；（後蜀）彭曉注：《周易參同契分章通真義》（成都：四川人民出版社《諸子集成補編》據正道道藏本影印，1997 年），頁 379。

〔註198〕《新譯周易參同契》，頁 38。

〔註199〕同註 198，頁 40。

〔註200〕同註 198，頁 49。

〔註201〕同註 198，頁 155。

形神相依，如此一來精氣神俱齊守一。又古之聖賢常守中抱一，煉丹九轉火候，形跡隱匿，含養精神，將日月星辰與自身之德相合，因而玉津金液通透肌理，筋骨堅固細密，陰氣一併排除，陽氣常存於身，日累月積而可變形爲仙。如此得知，萬物形軀本於元氣，形體修煉應守元氣並與精、神合一，使精、氣、神抱一守眞進而修煉成仙。

第四節　自然之氣

一、《論衡》

王充，字仲任，會稽上虞人，《後漢書》言王充著《論衡》曰：「充好論說，始若詭異，終有理實。以爲俗儒守文，多失其眞，乃閉門潛思，……著《論衡》八十五篇，二十餘萬言，釋物類同異，正時俗嫌疑。」〔註202〕王充生處東漢末年，漢末社會漫瀰陰陽災異、讖緯附會之說，而王充卻對此現象深感詫異，故以「釋物類同異，正時俗嫌疑」爲務，當時流行於民間思想尤以董仲舒陽尊陰卑、崇陽抑陰爲深，故王充提出並建立一套獨有的自然宇宙觀，以氣貫其中，視氣爲現實世界之基本元素，氣爲無意識、無知覺之自然物質，而前人已有對王充《論衡》作氣論研究者〔註203〕，可參閱其說。

（一）天體施氣

《論衡》以天爲體、爲氣，如〈談天〉曰：「且夫天者氣邪？體邪？如氣乎，雲烟無異。」〔註204〕又〈變虛〉曰：「使天體乎，耳高不能聞人言。使天氣乎，氣若雲烟，安能聽人辭。」〔註205〕但徐復觀認爲王充偏向以天爲體，〔註206〕《論衡・談天》曰：

〔註202〕《後漢書》，卷49，頁585。

〔註203〕其論文有：紀喬蓓撰：《王充《論衡》氣論思想研究》（臺北：中國文化大學中文研究所碩士論文，2008年）。

〔註204〕黃暉撰：《論衡校釋》（北京：中華書局，2006年），卷11，頁471。

〔註205〕同註204，卷4，頁206。

〔註206〕「但他何以要偏向於天是體的看法？因爲第一，當時流行的唯氣論，主張『同類通氣，性相感通』。（《偶會篇》）他反對這種感動說，所以他對於上說的答複是『若夫事物相遭，吉凶同時，偶適相值，非氣感也。』他不否定災異及妖祥等等的眞實性，而只反對這是由氣感而來，天是體而不是氣，他覺得便把『氣感』說的根子拔掉了。第二，是爲了人是體，天也是體；但天的體顯

天，體也，非氣也。人生於天，何嫌天無氣？獨〔註207〕有體在上，與人相遠。祕傳或言：天之離天下，六萬餘里。數家計之，三百六十五度一周天。下有周度，高有里數。如天審氣，氣如雲煙，安得里度？又以二十八宿效之，二十八宿爲日月舍，猶地有郵亭爲長吏廨矣。郵亭著地，亦如星舍著天也。天有形體，所據不虛。猶此考之，則無恍惚，明矣。〔註208〕

王充自己提出「天」究竟是「體」或是「氣」的問題，雖在《論衡》中時而偏「體」，時而偏「氣」，但對王充認爲天人不相通，故以「天」爲「體」較接近王充思想理路，王充認爲天爲體，人亦爲體，天與人之體相遠故不相通，人稟元氣而生自於天，可知天有元氣，緯書曰天地相距六萬餘里，天文曆算家統計三百六十五度爲一周天，若天爲氣，氣虛如雲煙如何審量周度、里數，故《論衡‧道虛》曰：「天之與地皆體也。地無下，則天無上也。」〔註209〕故知王充以天爲具象實存之形體。《論衡‧自然》曰：

天之動行也，施氣也；體動氣乃出，物乃生矣。〔註210〕

又《論衡‧自然》曰：

夫天覆於上，地偃於下，下氣烝上，上氣降下，萬物自生其中間矣。〔註211〕

天與地爲一個實然之體，上之天動行施氣，下之地承接其氣，天地能生成化育萬物。

（二）自然之元氣論

王充認爲天之性格、天之道是自然無爲，《論衡‧自然》曰：

何以知天之自然也？以天無口目也。……何以知天無口目也？以地知之。地以土爲體，土本無口目。天地，夫婦也；地體無口目，亦知天無口目也。使天體乎？宜與地同。使天氣乎？氣若雲煙；雲煙

然與人的體不同，由此以說明人有欲而天無欲，所以人有爲而天無爲、自然，且由此以說明天與人不能相知。」徐復觀撰：《兩漢思想史》（上海：華東師範大學出版社，2001年），頁375。

〔註207〕本文作「猶有體在上」，但黃暉《論衡校釋‧談天》曰：「『猶』當作『獨』，形誤。」故改「猶」爲「獨」。《論衡校釋》，卷11，頁482。
〔註208〕《論衡校釋》，卷11，頁482～484。
〔註209〕同註208，卷7，頁319。
〔註210〕同註208，卷18，頁776。
〔註211〕同註208，卷18，頁782。

之屬，安得口目。〔註212〕

天與地的自然之理相同，天是體而存氣，氣若似雲煙，氣為自然界有形質之物，此外，王充更將氣運用在生成萬物的哲學條件、理路順序上，《論衡・商蟲》曰：

凡天地之間，陰陽所生，蛟蟯之類，蜫蠕之屬，含氣而生。〔註213〕

又《論衡・言毒》曰：

萬物之生，皆稟元氣。〔註214〕

《莊子・知北遊》：「通天下一氣耳」〔註215〕已將「元」與「氣」結合，戰國末期《呂氏春秋・應同》「與元同氣」〔註216〕也可見端倪，但真正明確提出「元氣」之概念乃要至漢代，王充認為天地之中，萬物皆由陰陽相合而成，萬物含氣而生，故萬物皆有元氣，《論衡・論死》曰：「人未生，在元氣之中。既死，復歸元氣。」〔註217〕闡明天地間充盈元氣，人生之前、人死返歸皆在元氣之中。然而聖人與一般人不同，則由「氣和」而生，《論衡・齊世》曰：

夫天地氣和，即生聖人。〔註218〕

一般萬物生成是稟存元氣，但聖人乃由氣和而生。《論衡・奇怪》曰：「天地，夫婦也。天施氣於地以生物。」〔註219〕《論衡・感虛》曰：「天主施氣，地主產物。」〔註220〕徐復觀認為王充的天地合氣是天施氣於地，地只是以土承受天之氣，而非天地陰陽之氣相合〔註221〕，但天以施氣為主，地以產物

〔註212〕《論衡校釋》，卷18，頁775～776。
〔註213〕同註212，卷16，頁719。
〔註214〕同註212，卷23，頁949。
〔註215〕〔清〕王先謙撰：《莊子集解》（臺北：世界書局，2001年），頁194。
〔註216〕陳奇猷著：《呂氏春秋校釋》（臺北：華正書局，2004年），卷13，頁678。
〔註217〕同註212，卷20，頁875。
〔註218〕同註212，卷18，頁812。
〔註219〕同註212，卷3，頁162。
〔註220〕同註212，卷5，頁252。
〔註221〕「天是形體，天之道（性格）是自然無為，但王充并不否定天生萬物，天生萬物，依然是由天之施氣。不過一般以陰陽二氣為生物之氣。王充亦偶然說到陰陽二氣，如前所引《訂鬼篇》。《說日篇》：『天地并氣，故能生物。』這是他所說的當時一般的觀念。但他則以為生物僅由天施氣於地，地只是以土承受天的氣，并不是以陰氣承受天的陽氣，所以他認為天生一般之物的氣是『元氣』，而生聖人的氣是『和氣』。他之所謂元氣，他在《物勢篇》中，亦稱為『一行之氣』；換言之，只是『一樣氣』，而沒有兩樣以上的。不能作陰

爲主，並非指天無產物、地無施氣之能，是故徐說有待商確。但王充終究未言氣有陰陽，而言「一天一地，並生萬物，萬物之生，俱得一氣。氣之薄渥，萬世若一。」〔註222〕但又說「人之所以生者，陰陽氣也」，見《論衡‧訂鬼》曰：

> 夫人之所以生者，陰陽氣也。陰氣主爲骨肉，陽氣主爲精神。人之生也，陰陽氣具，故骨肉堅，精氣盛。精氣爲知，骨肉爲強，故精神言談，形體固守。〔註223〕

人稟元氣而生，但未言係由陰陽兩氣相合而生，王充認爲天地中有陰氣、陽氣，人之生亦存陰陽二氣，陰氣爲骨肉形體之主，陽氣爲精神之主，人之生成需具備陰陽二氣，故知王充堅持天地間僅有「一行之氣」，「一行之氣」即爲元氣，而陰氣、陽氣是元氣中的一部份，且陰陽二氣是真實的材質、條理、條件，整體而觀則爲一氣，以主宰作用而觀則分有陰陽之氣。

　　兩漢時期常以五行論相生相勝，王充認爲氣應相親相愛，不似五行之相害，《論衡‧物勢》曰：

> 或曰：五行之氣，天生萬物。以萬物含五行之氣，五行之氣更相賊害。曰：天自當以一行之氣生萬物，令之相親愛；不當令五行之氣，反使相賊害也。或曰：欲爲之用，故令相賊害。賊害相成也。故天用五行之氣生萬物……曰：天生萬物，欲令相爲用，不得不相賊害也？則生虎狼蝮蛇及蜂蠆之蟲，皆賊害人，天又欲使人爲之用邪？且一人之身，含五行之氣，故一人之行，有五常之操。五常，五行之道也。五藏在內，五行氣俱……一人之身，胸懷五藏，子相賊也？
> 〔註224〕

王充以萬物皆稟元氣而生，元氣又稱「一行之氣」，本該相互親愛，漢人認爲五行之氣相生相勝，但王充認爲人身五臟存五行之氣，五臟彼此不會相互賊害，又將五行與五常相應，仁爲木，義爲金，仁義彼此也不會相賊害，又舉「以四獸驗之，以十二辰之禽效之，五行之蟲以氣性相刻，則尤不相應。」

　　　　陽未分以前之氣去理會。他有時說『天地合氣』，只是說天合氣於地，而不是說天地陰陽之氣相合。」徐復觀撰：《兩漢思想史》（上海：華東師範大學出版社，2001年），頁376。
〔註222〕《論衡校釋》，卷18，頁803。
〔註223〕同註222，卷22，頁946。
〔註224〕同註222，卷3，頁147～148。

〔註 225〕以十二地支與五行之蟲、十二獸相互對應後發覺其中並無關聯，且曰「凡萬物相刻賊，含血之蟲則相勝服，至於相啖食者，自以齒牙頓利、筋力優劣，動作巧便，氣勢勇桀。」〔註 226〕說明物與物相勝皆由齒牙、筋力、動作與氣勢取勝，而非生勝關係，徐復觀認為：「他實際想用『元氣』代替陰陽之氣；并且在天地生物的歷程中，排除五行的觀念。」〔註 227〕王充以「元氣」為生物成物之本，與漢代將陰陽、五行皆比附氣的觀念有所差異。

（三）自為自生之氣

王充認為天地間所發生的自然現象為自然而至，與董仲舒天有十端，天為人格神化不同，《論衡・自然》曰：

> 天端為故，自然焉生？無為何居。……夫天無為，故不言。災變時
> 至，氣自為之。〔註 228〕

當時機至來之際，天地萬物自然而生，非天之作為，更無天降災異之說，王充反對董仲舒將事情吉凶歸諸於天，且對於天地生人亦持相同論點，《論衡・物勢》曰：

> 儒者論曰：「天地故生人」，此言妄也。夫天地合氣，人偶自生也。
> 猶夫婦合氣，子則自生也。夫婦合氣，非當時欲得生子，情欲動而
> 合，合而子生矣。且夫婦不故生子，以知天地不故生人也。然則人
> 生於天地也，猶魚之於淵，蟣蝨之於人也。因氣而生，種類相產。
> 萬物生天地之間，皆一實也。〔註 229〕

天地之氣相合，進而人自然而然產生，如同夫妻合氣，子之自生，即「時至，氣自為之」，非天地之氣相合而人得以生，天地之間生化萬物，皆因有氣之實。《論衡・自然》曰：

> 夫人之施氣也，非欲以生子，氣施而子自生矣。天動不欲以生物，
> 而物自生，此則自然也。施氣不欲為物，而物自為，此則無為也。
> 〔註 230〕

王充認為人之生子不是自己要生子，而是受到情欲之動則氣施子生，天亦同

〔註 225〕《論衡校釋》，卷 3，頁 152。
〔註 226〕同註 225，卷 3，頁 152。
〔註 227〕《兩漢思想史》，頁 374。
〔註 228〕同註 225，卷 18，頁 775～785。
〔註 229〕同註 225，卷 3，頁 144。
〔註 230〕同註 225，卷 18，頁 776。

之，天動施氣而萬物以生，天之動非以生物爲目的，甚而連施氣都是自然無爲的，王充以「物自生」來反對漢代思想以人格神的天有意識地生成安排萬事萬物。

（四）天人相異，氣性不相感

王充身處漢代天人感應的氛圍，雖然認爲有同類相動的可能，如《論衡‧譴告》曰：

> 凡物能相割截者，必異性者也；能相奉成者，必同氣也。〔註231〕

又《論衡‧遭虎》曰：

> 象出而物見，氣至而類動，天地之性也。〔註232〕

同氣者能相成，同類者氣必相近而相動，王充認爲同類相感而異類不相應，因此舉龍與人說明不同類不能氣性相感，《論衡‧奇怪》曰：

> 物生自類本種……牝牡之會，皆見同類之物，精感欲動，乃能授施。……今龍與人異類，何能感於人而施氣？〔註233〕

王充以爲天之施氣而生萬物，係自然無爲並不帶有任何目的，且自然生物而不自知，故天生之物與天並無關聯，人爲萬物之一，故天與人並無相關。《論衡‧雷虛》曰：

> 人在天地之間，物也。物亦物也。物之飲食，天不能知；人之飲食，天獨知之？〔註234〕

又《論衡‧明雩》曰：

> 人不能以行感天，天亦不隨行而應人。〔註235〕

天施氣於地而生物，人僅爲萬物之一，王充認爲天不能知萬物飲食，亦不明人之飲食，是故天人不相知，天人不相應，更以此反對漢代天人感應、災異符應之說。

（五）「用氣爲性，性成命定」

王充「元氣論」認爲萬物皆稟氣而生，生而後養，於滋養過程中亦稟存元氣，《論衡‧命義》曰：「人稟氣而生，含氣而長，得貴則貴，得賤則賤。」

〔註231〕《論衡校釋》，卷14，頁638。
〔註232〕同註231，卷16，頁708。
〔註233〕同註231，卷3，頁161。
〔註234〕同註231，卷6，頁299。
〔註235〕同註231，卷15，頁665。

〔註236〕既然生成與育養皆與元氣相關，而人之性與命亦依自然元氣而有富貴之別，故《論衡・初稟》曰：

> 人之性命，當富貴者，初稟自然之氣；養育長大，富貴之命效矣。
> 〔註237〕

又《論衡・无形》曰：

> 人稟氣於天，各受壽夭之命，以立長短之形……器形已定，不可小大。人體已定，不可減增。用氣爲性，性成命定。體氣與形骸相抱，生死與期節相須。形不可變化，命不可減加。〔註238〕

王充說明人稟氣於天，人之氣有別而造成形體、性命之異，係因「用氣爲性，性成命定」，因氣之相異而表現於外在的人之形體有長有短，以氣爲性，性成爲命定的關鍵，故氣與性、命更是相互關聯，人之元氣決定命之壽夭，故《論衡・無形》曰：「人稟氣於天，氣成而形立，則形命相須，以至終死。」〔註239〕王充用命來探討天地間萬物之必然性與偶然性，認爲人之吉凶、禍福、貴賤、夭壽皆稟氣以成就性與命，與人之道德修養、才性操守無關，故《論衡・氣壽》曰：「人之稟氣，或充實而堅強，或虛劣而軟弱。充實堅強其年壽。虛劣軟弱，失棄其身。」〔註240〕又曰：「稟壽夭之命，以氣多少爲主性也。」〔註241〕對此周桂鈿認爲王充的命爲人力所不能及的一種客觀力量，〔註242〕而這個客觀力量即爲氣之多寡，以氣爲主的性命觀，故陳拱認爲王充是「唯氣論」者。〔註243〕

〔註236〕《論衡校釋》，卷2，頁48。
〔註237〕同註236，卷3，頁124。
〔註238〕同註236，卷2，頁159。
〔註239〕同註236，卷2，頁65。
〔註240〕同註236，卷1，頁29。
〔註241〕同註236，卷1，頁29。
〔註242〕周桂鈿撰：《王充評傳》（江蘇：南京大學出版社，1993年），頁335。
〔註243〕「王充的『自然』一詞是用得相當廣的。他嘗以『天道』爲『自然、無爲』，亦嘗以『氣』爲『自然』，『氣變』爲『自然』，『性』爲『自然』，『命』爲『自然』，『命期』爲『自然』，甚至亦以『偶、適』爲『自然』。而在這許多『自然』中，大抵可分爲兩類：天道『自然、無爲』的『自然』爲一類，其他如氣『自然』、性『自然』、命『自然』等『自然』爲另一類。這兩類『自然』，其意義並不相同。天道自然、無爲的『自然』即以『無爲』定，其意義即是『無目的地爲』，最後亦即是『絕對不爲』；其他如氣自然、性自然等『自然』，則只像我們平常所說『自然如此』的『自然』，亦即在天道自然、無爲──絕對不爲──之下，而自然而然的『自然』而已。故在王充，天道自然、無爲

二、《潛夫論》

　　王符，字節信，自號潛夫，東漢安定郡臨涇縣人，《後漢書》未記載王符生卒年，但可確知者為活動於東漢中、晚期之際，[註244]《後漢書・王符列傳》曰：「王符……少好學，有志操，與馬融、竇章、張衡、崔瑗等友善。」[註245]王符為人個性耿介，不阿權貴，與馬融等人交遊，作《潛夫論》以抨擊時政、評論現況，《潛夫論》以元氣為萬物之本，「何非氣然」、「莫不氣之所為也」認為日月草木皆由氣所生所成。

的『自然』，與其他如氣自然、性自然等『自然』，在意義上是顯然不同的。而近人以王充為自然主義，似乎並未判別這兩類自然的不同。所以亦不明白他們究竟是從那個『自然』為說的。如果是從天道自然的『自然』為說，則所謂『自然主義』，勢必只限於天道觀念上方能說通；如果是從氣自然、性自然等『自然』為說，則『自然主義』的意義，又必與天道自然的『自然』有歧異。……氣在王充，乃是天之氣，為天所施，故可說是源於天的。而天雖然以『自然、無為』──『絕對不為』──為道，但究竟還是要動行、施氣的。而且，依王充，皇天固然是有其『大德』的，唯其大德必因施氣之無目的──無目的於生物、為物──而歸於自我封閉。因而，其皇天之大德，就生物、為物言，必不能成為天道觀念之真實內容。皇天之大德既然不能成為天道觀念之真實內容，則其真實內容必只是以氣為主的。同時天只是無目的地施氣，施出氣以後，由氣去創生萬事、萬物。萬物均稟此氣而生、而存，萬事亦均依此氣而變化、云為。這便是王充簡單的宇宙論。所以王充的宇宙論必以氣為主。如果沒有氣，則宇宙即不成其為宇宙，宇宙論亦不能成其為宇宙論了。因此，我們可以說，王充的天道觀念和宇宙論──形上學──方面的思想，應該只是一種唯氣論的思想。」陳拱撰：《王充思想評論・自序》（臺中：私立東海大學，1968 年），頁 1～2。

〔註244〕「關於王符的生卒年代，《後漢書》本傳沒有明文的記載。能夠參考的只有兩條材料，一是王符青年時期同馬融、竇章、張衡、崔瑗等人『友善』，一是度遼將軍皇甫規『解官』歸安定時王符曾拜訪過他。侯外廬等人曾據此推論，『王符的生年似不致前於馬融，卒年不得後於皇甫規』。按，馬融生於漢章帝四年，即公元 79 年。皇甫規卒於漢靈帝熹平三年，即公元 174 年。如是，王符生卒年代應在公元 79～174 年這個區間。此論平實穩妥，許多學者從之。但侯外廬等又具體推論說：『他的生年約在和、安之際。』和、安之際即公元 106 年左右，我們認為這個生年定得太晚。……那麼王符的生年應該是公元 82 年，他比馬融、張衡等人小三、四歲，但仍然屬於同輩。至於王符的卒年，現在有人推測曰公元 162 年或 163 年。按，公元 162 年為漢桓帝延熹五年，這是皇甫規『解官』歸安定和王符拜訪皇甫規的時間。若以此年為卒年，則王符拜訪皇甫規後同年即去世。以情理推之，史傳未稱王符當時有疾，他在見到皇甫規後似還應有幾年的活動。所以斷在『桓、靈之際』，即公元 167 年左右，必較恰當。」劉文英撰：《王符評傳》（江蘇：南京大學出版社，1993 年），頁 3～6。

〔註245〕《後漢書》，卷 49，頁 585。

（一）「莫制莫御」之元氣論

繼王充元氣論以來，王符亦以「元氣」為宇宙萬物的本原，而此本原無人格神之主宰與干預，是自己演化而致，《潛夫論·本訓》曰：

> 上古之世，太素之時，元氣窈冥，未有形兆，萬精合并，混而為一，
> 莫制莫御。若斯久之，翻然自化，清濁分別，變成陰陽。陰陽有體，
> 實生兩儀，天地壹鬱，萬物化淳，和氣生人，以統理之。〔註246〕

王符並未依循《易緯·乾鑿度》「太易者，未見氣也；太初者，氣之始也；太始者，形之始也；太素者，質之始也。」〔註247〕將宇宙演化過程分成四個階段，使氣、元氣落入「氣之始」與「未見氣」的不同演化進程，但王符卻直接地言「上古之世，太素之時」闡明遠古以來就有「元氣」存在，「元氣」在混沌窈冥未分至精氣相混就已存在，元氣乃「莫制莫御」、「翻然自化」，王符以混沌元氣為宇宙萬物之本，自制自御且自己分化為清濁、陰陽，陰陽之體為兩儀，兩儀實象即為天地，而後生成萬物與人，故可反推天地間萬物之源於「元氣」。《潛夫論·本訓》又曰：

> 天之以動，地之以靜，日之以光，月之以明，四時五行，鬼神人民，
> 億兆醜類，變異吉凶，何非氣然？〔註248〕

> 及其乖戾，天之尊也氣裂之，地之大也氣動之，山之重也氣徙之，
> 水之流也氣絕之，日月神也氣蝕之，星辰虛也氣隕之，旦有晝晦，
> 宵有夜明〔註249〕，大風飛車拔樹，僨電為冰，溫泉成湯，麟龍鷩鳳，
> 蜚蠻蟂蝗，莫不氣之所為也。以此觀之，氣運感動，亦誠大矣。變
> 化之為，何物不能？所變也神，氣之所動也。〔註250〕

天地、日月、四時、五行、鬼神與人民等自然萬物，皆由氣所生、由氣而為，以一氣貫通天地宇宙之產生與變化，經由氣運變動而無物而不能。劉文英在《王符評傳》〔註251〕中說明王符將「元氣」和「氣」作為宇宙萬物之本，雖

〔註246〕〔漢〕王符撰；〔清〕汪繼培箋；彭鐸校正：《潛夫論箋校正》（北京：中華書局，1997年），頁365。

〔註247〕〔漢〕鄭玄注：《易緯八種》（臺北：新興書局，1966年），卷2，頁58。

〔註248〕同註246，頁367～368。

〔註249〕汪繼培《箋》引王先生云：「按『宵有』下有脫文。以『晝晦』例之，疑是『夜明』二字。莊七年《左傳》：『恆星不見，夜明也。』」故「宵有」下補「夜明」也。

〔註250〕同註246，頁368～369。

〔註251〕「唯有王符在其《潛夫論》中，第一次把元氣和氣作為宇宙萬物之『本』，

然僅初步提出氣本體論，但卻對後代中國哲學氣論的發展有深遠的影響。

（二）「道」為氣之變化規律

道家將「道」提至生成萬物的本體高度，而《潛夫論》之「道」與道家之「道」是截然不同之定位，《潛夫論・本訓》曰：

> 是故道德之用，莫大於氣。道者〔註252〕之根也。氣者，道之使也。
>
> 必有其根，其氣乃生；必有其使，變化乃成。〔註253〕

氣運變化有規律途徑，其名曰「道」，而道德實存作用乃氣所為，氣能「翻然自化」，自化而使物有所動，進而變動化成，這一切無形律動準則為氣之所使，王符稱此規律為「道」，但「道」不為氣之先，僅為萬物本原之氣的變動規律之名，故黃盛雄認為王符的「道」與「氣」是一體兩面。〔註254〕

（三）氣成三才

中國以天、地、人為三才，《荀子》主張「明於天人之分」〔註255〕，又

提出了唯物主義的元氣一元論或氣一元論。《本訓》之『本』，具體說來，有兩層含義：一曰『本源』，即天地萬物和人均由元氣所『自化』、『自生』；二曰『本體』，即天地和天地間的一切存在及其變化均為『氣之所然』或『氣之所為』。就其『本源』的意義來看，王符的思想是典型的氣本原論；就其『本體』意義來看，王符又初步提出了氣本體論。關於這兩層含義，王符并沒有充分闡發與發展，卻對後世中國哲學氣論的發展產生了重要的影響。……從歷史的發展來看，王符的氣論或元氣論，要比張載、王廷相的氣論簡單得多、粗糙得多。但在王符提出『何非氣然』和『莫不氣之所為』的論斷中，我們已經看到張載氣本體論和王廷相元氣本體論的端倪。」《王充評傳》，頁225～226。

〔註252〕汪繼培《箋》曰：「『氣』舊脫。」然補之為「道者，氣之根也。」與全文以「元氣」為萬物本原之宗不符，故筆者不取之。

〔註253〕《潛夫論箋校正》，頁367。

〔註254〕「王符以為宇宙所以能發展，是由於『道』與『氣』的作用。『道』與『氣』是一體的兩面，王符云：『道者氣之根也，氣者道之使也。必有其根，其氣乃生，必有其使，變化乃成。』可見，道是體、氣是用，道為靜態，氣為動態。道（氣）之運作推動，才有天、地、人的產生。道（氣）具有神妙的力量，靠著它的『變化』可以成就極大的『功』，王符云：『道之為物也，至神以妙，其為功也，至彊以大。』又云：『氣運感物，亦誠大矣，變化之為，何物不能？所變也神，氣之所動也。』由『至神以妙』一語，王符這裏所談的道，可看出與道家有淵源的消息。」黃盛雄撰：《王符思想研究》（臺北：文史哲出版社，1982年），頁72。

〔註255〕〔唐〕楊倞注；〔清〕王先謙集解：《荀子集解》（臺北：世界書局，2000年），卷11，頁285。

言「天有其時，地有其材，人有其治」〔註256〕認為三才各有其位、各司其職，直至西漢董仲舒提倡「天人合一」、「天人相副」，因天道與人道數量相仿而吉凶相依，而東漢王符以天道、地道及人道皆由氣所成，《潛夫論・本訓》曰：

> 是故天本諸陽，地本諸陰，人本中和。三才異務，相待而成，各循
> 其道，和氣乃臻，機衡乃平。〔註257〕

王符元氣論認為氣生萬物，天、地、人三才亦由氣而成，天生於清陽之氣，地由濁陰之氣而來，人是中和陰陽、清濁之氣而生，三者如同《荀子》所言各有職分，但又相互依待，所行常道則曰天道、地道、人道。又《潛夫論・本訓》曰：

> 天道曰施，地道曰化，人道曰為。為者，蓋所謂感通陰陽而致珍異
> 也。人行之動天地，譬猶車上御馳馬，蓬中擢舟船矣。雖為所覆載，
> 然亦在我何所之可。……從此觀之，天呈〔註258〕其兆，人序其勛，
> 《書》故曰：「天功人其代之。」〔註259〕

三才所行之規律曰天道、地道、人道，天道施發而日月雲雨動行，地道化育而草木牲畜繁衍，人道能為而萬事萬物動成，「人道曰為。為者，蓋所謂感通陰陽而致珍異也。」強調人為的主動性與差異性，故黃盛雄認為「人道曰為」為天人思想的一大突破，〔註260〕因三才皆氣所生，人稟陰陽多寡之氣各有所異，所表現的行為必有所別，人的行動通過所稟之氣而展現，此在闡明人的

〔註256〕《荀子集解》，卷11，頁285。
〔註257〕《潛夫論箋校正》，頁366。
〔註258〕原文為「天其兆」，由上下文字中可推其字缺矣，汪繼培箋曰：「程本作『呈』」，當改為「天呈其兆」。
〔註259〕同註257，頁366。
〔註260〕「天、地、人是為三才，而道落實於三才，則為天道、地道、人道。王符以為：『天道曰施，地道曰化，人道曰為。』這一句話，胡楚生氏釋云：『天之作用，如風霜雨露，滋潤大地，日月星辰，普照寰宇，都是一種「施惠」的表現。地之作用，如土壤田圃，長養植物，川澤山藪，涵育動物，都是一種「化育」的表現。人之作用，則在輔相天地，將天施地化之作用，廣為推動，以發揮積極主動之功能，進而統御萬物，宰制萬物，以謀求宇宙間的生生不息，積健不已，以完成「三才」的大用，這便是一種「作為」的表現。』由胡氏這段話，鉤劃出王符思想的特點：格外強調人道，賦予人道更積極、更主動的意義，一個『為』字，實兼攝了天道與地道的精神，只有人道的『為』才使三才的大用得以發揮。以往是藉天道以言人道，尚隔一層煙霧；如今是正面，直接談人道的價值，天道、地道反成虛位。『人道曰為』一觀念之提出，實是天人思想之一大突破。」《王符思想研究》，頁73～74。

生長涵養之相異性與價值性，顯示氣是具體行爲下的存在，人順其常日道，人依道日爲，人由陰陽之氣所生，所行所爲亦爲氣之行，因此，王符認爲人的行動可感動天地，天道與地道非人所能掌握，但人能主宰方向，故王符強調稟氣之人以具體行動來感通天地。

第五節　《易》家之氣

前章已論孟喜《易》學之「四正卦主四時、值二十四節氣」、「卦以配候及六日七分說」、「十二辟卦配十二月」等卦氣思想，且孟喜《易》學僅載於它書，所存爲少，故此章節以《京氏易傳》、《太玄經》、《易緯》闡明漢代《易》學中氣的觀念及運用。

一、《京氏易傳》

（一）「天地運轉，氣在其中」之卦爻陰陽

京房延續孟喜「八卦卦氣說」，將卦象與節氣相互結合對應，此外，又將陰陽二氣之概念運用於陰陽爻體，《京氏易傳》坤卦日：

> 陰陽二氣，天地相接，人事吉凶，見乎其象，六爻適變，八卦分焉……升降反復，不能久處，千變萬化，故稱乎《易》，《易》者變也。〔註261〕

《京氏易傳》泰卦日：

> 陽氣內進，陰氣升降，升降之道，成於泰象。〔註262〕

《易》道以變爲常，卦體六爻則以陰陽爻位進退升降爲變動之道，陰陽二氣展現象，此象即卦體陰陽爻象，故陰爻爲陰氣，陽爻爲陽氣，而泰卦內卦爲「乾」，故日「陽氣內進」，外卦爲「坤」，故稱「陰氣升降」，卦體爻位間陰陽有進退、升降之關係。《京氏易傳》坤卦日：

> 陰中有陽，氣積萬象。〔註263〕

《京氏易傳》離卦日：

> 本於純陽，陰氣貫中，稟於剛健，見乎文明。……始於陽象，而假

〔註261〕〔漢〕京房撰；〔吳〕陸績註；〔明〕范欽訂：《京氏易傳》（臺北：臺灣商務印書館《四部叢刊》影印上海商務印書館縮印天一閣刊本，1976年），頁14。
〔註262〕《京氏易傳》，頁15。
〔註263〕同註262，頁14。

以陰氣，純用剛健不能明照，故以陰氣入陽。〔註264〕

卦體中陰陽二氣是否有純陽、純陰之說？以坤卦為例，坤為六爻皆陰，而《京氏易傳》曰「陰中有陽」，故知非有純陰、純陽之體，陰氣中仍存有陽氣，而離卦為陰氣入陽，剛健陽氣因有陰氣而能照明。《京氏易傳》晉卦曰：

> 天地運轉，氣在其中矣。乾道變化，萬物通矣。六爻交通，至於六
> 卦，陰陽相資、相返、相尅、相生。〔註265〕

《京氏易傳》豐卦曰：

> 於八卦，陽盪陰，陰盪陽，二氣相感而成體，或隱或顯，故繫云：
> 「一陰一陽之謂道。」〔註266〕

《京氏易傳》藉卦爻關係闡明陰陽二氣思想，天地宇宙氣存其中，陰陽二氣有「相資」、「相返」、「相尅」、「相生」、「相盪」等關係，因二氣相感相通而萬物得以生成，此外，《京氏易傳》坤卦曰：「陰極則陽來，陰消則陽長，衰則退，盛則戰。」〔註267〕陰陽二氣有盛極而衰的反覆關係，坤卦六爻皆陰，陰極而陽生，陰消而陽長，故知京房將陰陽二氣是作爻體陰陽，藉以表徵天地陰陽關係之互通感應。

（二）八卦卦氣說

《說卦傳》「文王後天八卦說」已將八卦與方位對應，其中蘊含八卦與十二月之關聯，故京房在孟喜與《說卦傳》「卦氣說」的基礎上，將八卦與一年十二月作結合，見《京氏易傳》卷下曰：「龍德十一月在子在坎卦左行，虎刑五月午在離卦右行。」〔註268〕《太平御覽》引《京房易占》曰：「夏至離王」〔註269〕、「立秋坤王」〔註270〕，故知京房於孟喜四正卦配以十二月、二十四節氣後，再加上四維卦。四正卦配以二至二分，如震主春分、離主夏至、兌主秋分、坎主冬至，四維卦中艮主立春、巽主立夏、坤主立秋、乾主立冬。

（三）六子卦氣說

京房以震、坎、艮、巽、離、兌六卦配對一年二十四節氣，然而此六卦

〔註264〕《京氏易傳》，頁20。
〔註265〕同註264，頁4。
〔註266〕同註264，頁9。
〔註267〕同註264，頁14。
〔註268〕同註264，頁28。
〔註269〕《太平御覽》，卷23，頁341。
〔註270〕同註269，卷25，頁355。

是乾、坤所生，故謂「六子」，六卦配以二十四節氣則爲「六子卦氣說」，《京氏易傳》卷下曰：

> 立春，正月節在寅，坎卦初六，立秋同用；雨水，正月中在丑，巽卦初六，處暑同用；驚蟄，二月節在子，震卦初九，白露同用；春分，二月中在亥，兌卦九四，秋分同用；清明，三月節在戌，艮卦六四，寒露同用；穀雨，三月中在酉，離卦九四，霜降同用；立夏，四月節在申，坎卦六四，立冬同用；小滿，四月中在未，巽卦六四，小雪同用；芒種，五月節在午，乾宮九四，大雪同用；夏至，五月中在巳，兌宮初九，冬至同用；小暑，六月節在辰，艮宮初六，小寒同用；大暑，六月中在卯，離宮初九，大寒同用。〔註271〕

京房「六子卦氣說」與孟喜「卦氣說」於排列順序上截然不同，京房將二十四節氣分成兩個部分，立春至大暑爲一部分，立秋至大寒爲一部分，各十二節氣，因此立春至大暑所值之地支、所配之卦爻與立秋至大寒相同，故曰「同用」，又所值之卦的順序爲「坎、巽、震、兌、艮、離」，所值之爻爲初爻與四爻，各爲上下卦之首，而此六卦排列理序爲：「立春」值坎卦初六、「雨水」值巽卦初六、「驚蟄」值震卦初九、「春分」值兌卦九四、「清明」值艮卦六四、「穀雨」值離卦九四、「立夏」值坎卦六四、「小滿」值巽卦六四、「芒種」值震卦九四、「夏至」值兌卦初九、「小暑」值艮卦初六、「大暑」值離卦初九、「立秋」值坎卦初六、「處暑」值巽卦初六、「白露」值震卦初九、「秋分」值兌卦九四、「寒露」值艮卦六四、「霜降」值離卦九四、「立冬」值坎卦六四、「小雪」值巽卦六四、「大雪」值震卦六四、「冬至」值兌卦初九、「小寒」值艮卦初六、「大寒」值離卦初九。然京房「六子卦氣說」在排列對應上較未被人接受，故於傳承上較不通達。

（四）蒙氣說

京房創立「蒙氣說」係自然災異顯現於外之方式，《京房易傳》「蒙如塵雲」，班固「陰雲之類」〔註272〕皆爲蒙氣之屬，而蒙氣在不同面向有不同解

〔註271〕《京氏易傳》，頁 27～28。

〔註272〕《漢書・五行志下之上》曰：「此常陰之明效也。《京房易傳》曰：『……蒙如塵雲……臣私祿及親，茲謂罔辟，厥異蒙，其蒙先大溫，已蒙起，日不見。行善不請於上，茲謂作福，蒙一日五起五解。辟不下謀，臣辟異道，茲謂不見，上蒙下霧，風三變而俱解。立嗣子疑，茲謂動欲，蒙赤，日不明。德不序茲謂不聰，蒙，日不明，溫而民病。德不試，空言祿，茲謂主窳臣天，蒙起而白。

釋，如天地自然之蒙氣爲季節氣候異於常態之烏氣，若在卦爻象則指十二消息卦以外的雜卦之氣，在邦國社稷則爲相對於君王之氣的臣下之氣，故「蒙氣說」是在闡論天地災異與國之王政的關聯，《漢書·京房傳》曰：

> 辛酉以來，蒙氣衰去，太陽精明，臣獨欣然，以爲陛下有所定也。
>
> 然少陰倍力而乘消息……迺辛巳，蒙氣復乘卦，太陽侵色，此上大
>
> 夫覆陽而上意疑也。〔註273〕

此喻漢元帝與石顯等君臣關係，辛酉之際，「太陽精明」之元帝排去石顯等對京房之非議，猶如蒙氣衰弱沓去，其後又因元帝聽石顯之見，驅京房爲太守，如太陽侵色，故陰氣聚而盛之，雜卦之氣乘其而上，故知「蒙氣」爲陰氣、烏氣、小人之氣，對應國家爲政則爲臣下當道，小人爲首，「蒙氣說」是自《春秋繁露》以來於「天人感應」的另一種表現模式，所謂「蒙氣」即蒙蔽正常之氣，使氣不得順暢通達，藉天象變化來象喻人世之君臣上下、陰陽消長等對應關係。

二、《太玄經》

揚雄，字子雲，蜀郡成都人，生於漢宣帝甘露元年（53B.C），卒於新莽天鳳五年（18），年七十一，揚雄依《易》而作《太玄》，改《易》之陰陽而創立陰陽和的三分法，《太玄》中有八十一首，每首由上至下而爲「方、州、部、家」，變化由下至上爲「家、部、州、方」，「方、州、部、家」每一部

君樂逸人茲謂放，蒙，日青，黑雲夾日，左右前後行過日。公不任職，茲謂怙祿，蒙三日，又大風五日，蒙不解。利邪以食，茲謂閉上，蒙大起，白雲如山行蔽日。公懼不言道，茲謂閉下，蒙大起，日不見，若雨不雨，至二十日解，而有大雲蔽日。祿生於下，茲謂誣君，蒙微而小雨，已乃大雨。下相攘善，茲謂盜明，蒙黃濁。下陳功，求於上，茲謂不知，蒙，微而赤，風鳴條，解復蒙。下專刑茲謂分威，蒙而日不得明。大臣厭小臣茲謂蔽，蒙微，日不明，若解不解，大風發，赤雲起而蔽日。眾不惡惡茲謂閉，蒙，尊卦用事，三日而起，日不見。漏言亡喜，茲謂下厝用，蒙微，日無光，有雨雲，雨不降。廢忠惑佞茲謂亡，蒙，天先清而暴，蒙微而日不明。有逸民茲謂不明，蒙濁，奪日光。公不任職，茲謂不紲，蒙白，三辰止，則日青，青而寒，寒必雨。忠臣進善君不試，茲謂過，蒙，先小雨，雨已蒙起，微而日不明。惑眾在位，茲謂覆國，蒙微而日不明，一溫一寒，風揚塵。知佞厚之茲謂庳，蒙甚而溫。君臣故弼茲謂悖，厥災風雨霧，風拔木，亂五穀，已而大霧。庶正蔽惡，茲謂生孽災，厥異霧。』此皆陰雲之類云。」〔漢〕班固撰；〔唐〕顏師古注；〔清〕王先謙補注：《漢書》（臺北：藝文印書館，1996年），頁642～643。

〔註273〕《漢書》，卷75，頁1398～1399。

分又有陰陽和三種不同變化，三三而九，九九八十一，故八十一首乃成，每首又有九贊，共七百二十九贊，另又外加「踦」、「嬴」兩贊，七百二十九贊中每贊爲二分之一日，共三百六十四又二分之一日，「踦」贊爲二分之一日，「嬴」贊爲四分之一日，總計爲一年之數三百六十五又四分之一日。另又創「罔、直、蒙、酋、冥」〔註274〕與四方、四時、萬物生長之有形無形變化及君子五德等相應，以期《太玄》體系能統攝天地間群倫萬物，冀以無限的有限事物以達無限之境。本文擇選《太玄》與氣論相關之本體宇宙思想來討論。

（一）「玄」為氣化本體

鄭萬耕歸納《太玄》之「玄」有五種不同涵義〔註275〕，另筆者於《揚雄《太玄》《法言》之氣論思想研究》中補充「玄」字另有「陰之極」、「幽隱」、「陽之極」、「心」與「天」等意，然《太玄》中將「玄」置於本體宇宙之本原、一切變化之準則，《太玄・玄瑩》曰：

> 天地開闢，宇宙拓坦。天元屺步，日月紀數。周運曆統，羣倫品庶。或合或離，或嬴或踦。或曰假哉天地，啗函啓化，罔衰於玄。〔註276〕

〈玄圖〉曰：「夫玄也者，天道也，地道也，人道也。」〔註277〕〈玄攡〉曰：

〔註274〕《太玄・玄文》曰：「罔、直、蒙、酋、冥。罔，北方也，冬也，未有形也。直，東方也，春也，質而未有文也。蒙，南方也，夏也，物之修長也，皆可得而載也。酋，西方也，秋也，物皆成象而就也。有形則復於無形，故曰冥。故萬物罔乎北，直乎東，蒙乎南，酋乎西，冥乎北。故罔者有之舍也，直者文之素也，蒙者亡之主也，酋者生之府也，冥者明之藏也。罔舍其氣，直觸其類，蒙極其修，酋考其就，冥反其奧。罔蒙相極，直酋相敕，出冥入冥，新故更代。陰陽迭循，清濁相廢。將來者進，成功者退。已用則賤，當時則貴。天文地質，不易厥位。」〔漢〕揚雄撰；〔宋〕司馬光集注；劉韶軍點校：《太玄集注》（北京：中華書局，2005年），頁205。
〔註275〕「其一是指《太玄》書，如《太玄瑩》所說：『玄術瑩之。』其二是指《太玄》這部書的哲學體系，也即上述那個世界圖式。其三是指事物變化的規律或法則，如《太玄圖》所說：『夫玄也者，天道也，地道也……』其四是指事物的變化神妙莫測，如《太玄告》所說：『《玄》者，神之魁（藏）也。天以不見爲玄……』其五，就自然觀或宇宙形成論的意義來說，它又是指世界的最高本原，天地萬物的根本。」鄭萬耕撰：《揚雄及其太玄》（臺北：藍燈文化事業股份有限公司，1992年），頁122。
〔註276〕《太玄集注》，頁188。
〔註277〕同註276，頁212。

「玄者，以衡量者也。」〔註278〕〈玄圖〉曰：「玄有一規一榘。一繩一準，以
從橫天地之道，馴陰陽之數。」〔註279〕「玄」統攝天地宇宙之空間、天元曆
數之時間及萬殊形類之事物，總合天道、地道、人道，成為縱橫天地間的規
範準繩，陰陽二氣亦順循其道而行。《太玄·玄攡》曰：

> 玄者，幽攡萬類而不見形者也。資陶虛無而生乎規，攔神明而定摹，
> 通古今以開類，攡措陰陽而發氣。一判一合，天地備矣。天日回行，
> 剛柔接矣。還復其所，終始定矣。一生一死，性命瑩矣。〔註280〕

玄者幽隱而不見其形，但卻能化育萬類。「資陶」、「攔」、「通」及「攡措」
皆為玄者造化作用，對於虛無、神明、古今、陰陽則能有造化之效，玄運行
於中而備有天地、剛柔、終始與性命，換言之，玄存在於天地萬物之間，雖
然無形卻冥冥窅窅統理一切，妙用無窮，「攡措陰陽而發氣」玄能使陰陽分
離而發氣，故有陰氣、陽氣之別。《太玄·玄攡》曰：

> 瑩天功、明萬物之謂陽也，幽無形、深不測之謂陰也。陽知陽而不
> 知陰，因知陰而不知陽，知陰知陽、知止知行、知晦知明者，其唯
> 玄乎！〔註281〕

統理萬物最高本體之玄，有造化萬物的作用與效能，能分而為陰陽，陰陽互
不相知，但最高本體之「玄」能「知陰知陽、知止知行、知晦知明」，陰陽
二氣未分之前為「玄」，但《太玄》中未將「玄」與「氣」併稱，亦未出現
「元氣」一詞，故值得注意的是「玄」為何可稱為氣化之本體？「玄」為天
地萬物的總則，萬物以「玄」為依歸，「玄」超越空時界限，位歸於上而流
行廣泛，既能「馴陰陽之數」又可「攡措陰陽而發氣」，「玄」若未有陰陽之
潛質，怎能攡散分別陰與陽，陰陽發顯而成氣，氣之由來本於「玄」，且《太
玄》未將「玄」體置於上位而無所運動，〈玄攡〉曰：「仰而視之在乎上，俯
而窺之在乎下，企而望之在乎前，棄而忘之在乎後，欲違則不能，默而得其
所者，玄也。」〔註282〕陳鼓應〈漢代道家易學鉤沉〉認為揚雄的「玄」有
漢代「元氣」的觀念，〔註283〕「玄」不僅為萬物宗法之本體，「玄」亦藉由

〔註278〕《太玄集注》，頁187。
〔註279〕同註278，頁214。
〔註280〕同註278，頁184～185。
〔註281〕同註278，頁186。
〔註282〕同註278，頁186。
〔註283〕「揚雄以『陰陽參』，『渾行無窮』（〈玄首都序〉）形容『玄』的特性，似乎是

陰陽二氣運動而形構萬物。

（二）潛存陽氣之玄

《太玄》以八十一首、七百二十九贊企圖總括世間萬物，《太玄‧玄掜》曰：

> 玄之贊辭，或以氣，或以類，或以事之觟辛。謹問其姓而審其家，
> 觀其所遭遇，劚之於事，詳之於數，逢神而天之，觸地而田之，則
> 玄之情也得矣。〔註284〕

《太玄》贊辭以陰陽二氣之生剋、各異事物之感應、行事作爲之終始來詮釋文中所代表吉凶禍福之情，「或以氣」係以陰陽二氣來看事物間的對應關係，更顯見「氣」具體而微地影響著事物，而「玄」爲天地宇宙之本體，徧在萬物，爲無形的存有，《太玄‧玄首序》曰：

> 馴乎玄，渾行無窮正象天。陰陽批參，一陽乘一統，萬物資形。
> 〔註285〕

《太玄‧玄圖》曰：

> 玄有二道，一以三起，一以三生。以三起者，方州部家也。以三生
> 者，參分陽氣以爲三重，極爲九營，是爲同本離末，天地之經也。
> 〔註286〕

本體上位概念之「玄」可使陰陽發氣而萬物生成，《太玄》以陰陽和三分法來架構世界圖式，故言有陰有陽而後合爲參，「三起」爲構造《太玄》圖式之方州部家各有三分之法，一玄爲三方，一方爲三州、三方爲九州，一州爲

指『玄』是在不斷運動中陰陽二氣渾沌未分的統一體，其實也就是漢朝流行的『元氣』觀念。《太玄》中雖然並無出現『元氣』一詞，但揚雄在〈竅靈〉中曾提出『自今推古，至於元氣始化』的說法，另外在〈解嘲〉也提『大者含元氣，纖者入無倫』，認爲天地間一切事物的創生，都是始於渾沌無形的元氣分化，藉著『攡措陰陽而發氣』所展開的一系列氣的發散與凝聚的自然演化過程，元氣分化爲陰陽，陰陽一分一合，互相作用，形成天地與物類的生死盛衰。萬物以元氣作爲共通的基本構成元素並得以綴連貫通成一體，所謂『同本離末，天地之經也；旁通上下，萬物並也。』（〈玄圖〉），這明顯是吸收稷下道家、《淮南子》、《老子指歸》的宇宙生成論與構成說。」陳鼓應撰：〈漢代道家易學鈎沉〉，《臺大文史哲學報》第57期（2002年12月），頁60〜61。

〔註284〕《太玄集注》，頁208。

〔註285〕同註284，頁1。

〔註286〕同註284，頁212。

三部、九州爲二十七部，一部爲三家、二十七部爲八十一家，而「三生」是玄之三分演進法，以陰陽和爲創生之道，有方州部家，八十一首中又分天、地、人三玄，每一玄又可分三「天」，共「九天」，此爲數三之延伸建構的世界。上文值得注意者爲「玄」體創生之順序進程及陽氣在其中所扮演的角色爲何？循其文理，「玄」爲天地宇宙本體，「玄」後有陰陽二氣，陰陽相合而爲參、爲和，陰陽和後則生萬物，有《老子》「道生一，一生二，二生三，三生萬物」的觀念，《老子》之道即爲《太玄》之玄，但《太玄》直言「玄」後有陰陽，陰陽合而有三之和，越過「道生一」形上虛無至形下物質的過程，換言之，亦爲形上形下不離，故「玄」之道雖能生化陰氣與陽氣，但「玄」亦處陰陽二氣之中，此說同於漢代本體論與宇宙論交融爲一，在陰陽妣參之後，其理當爲萬物資形，但又說「一陽乘一統」象喻「玄道」在陰陽和至萬物中統攝一切，並爲一切生成理序之最高統一原則，但爲何不言「玄乘一統」而言「一陽乘一統」？再則「參分陽氣以爲三重」闡明玄道三生，於理當言「參分玄以爲三重」，由此可推《太玄》以玄爲最高本體又發顯於宇宙萬物間，但「玄」之道潛存陽氣，或可推論陰陽生成的過程中，陽氣有主宰義，陽氣被參分，說明陽氣先於陰氣，而非陰陽二氣同時齊生，陽氣又能一統萬物，此陽氣與玄道概念相近，故《太玄‧玄攡》曰：

> 冬至及夜半以後者，近玄之象也。進而未極，往而未至，虛而未滿，
> 故謂之進玄。夏至及日中以後者，遠玄之象也。進極而退，往窮而
> 還，已滿而損，故謂之遠玄。〔註287〕

上文「近玄」、「遠玄」，以「玄」代表陽氣之極，又《太玄‧戾‧玄首文》曰：「陽氣孚微，物各乖離，而觸其類。」〔註288〕司馬光注曰：「陽氣始化，其氣尚微，萬物之形粗可分別，則各以類生而相乖離矣，戾之象也。」〔註289〕故再證《太玄》中多以陽氣來比喻玄道，玄道不僅存於上位概念亦流行於萬物，陽氣可參分爲三重，故玄道中有陽氣潛存，陽氣的發動先於陰氣，陽氣有主宰統一的特性。

（三）氣應相感

萬物各具陰陽二氣，殊形異類係因二氣比例多寡之不同所造成，換言

〔註287〕《太玄集注》，頁188。
〔註288〕同註287，頁15。
〔註289〕同註287，頁15。

之，飛潛動植之形構存有相同的潛質，故彼此能相摩相盪、相應相感，《太玄·交·玄首文》曰：

> 陽交於陰，陰交於陽，物登明堂，喬喬皇皇。〔註290〕

陰陽之氣相交而萬物化育，於「交」之玄首文中可知透過陰陽二氣相交，事物各自生成茂盛，《太玄·玄文》曰：「風而識虎，雲而識龍，賢人作而萬類同。」〔註291〕風從虎，雲從龍，風虎與雲龍有同質相應的關係，萬物各從其類，故賢者依循天地必然常道爲準繩，萬物亦秉其道而行，賢者與萬物皆來自陰陽二氣，故能互動互通。又「迎」首中以自然界之情狀來說明事物的溝通互動，《太玄·迎·次二》曰：

> 次二　蛟潛於淵，陵卵化之，人或陰言，百姓和之。測曰：蛟潛之化，中精誠也。〔註292〕

《太玄·迎·次三》曰：

> 次三　精微往來，妖先靈覺。測曰：精微往來，妖咎徵也。〔註293〕

《太玄·迎·次六》曰：

> 次六　玄黃相迎，其意感感。測曰：玄黃相迎，以類應也。〔註294〕

《淮南子·泰族》曰：「夫蛟龍伏寢於淵，而卵剖於陵；螣蛇雄鳴於上風，雌鳴於下風，而化成形，精之至也。故聖人養心莫善於誠，至誠而能動化矣。」〔註295〕《淮南子》與《太玄·迎·次二》皆以蛟龍爲例，范望曰：「蛟潛於水，產卵高陵，下伏於淵，氣應相感，然後剖化。」〔註296〕蛟龍因氣相感，雖產卵於高陵而下伏於淵水，卵能自己化育係因蛟龍與卵同屬其氣，陰陽二氣能相互感應，「迎」首次三以精誠微感相互感通，人若於往來互通之中捨精取禔則災咎異象乃現，又以天地玄黃來比喻，「范曰：『天玄地黃，天地相迎則風雨時調，君臣相迎，則政教以度。』光謂，六爲極大、感之盛也。自天地至於萬物，君臣上下夫婦朋友，無不以類相應也。」〔註297〕自然界中天地相感

〔註290〕《太玄集注》，頁 37。
〔註291〕同註 290，頁 206。
〔註292〕同註 290，頁 87。
〔註293〕同註 290，頁 262。
〔註294〕同註 290，頁 88。
〔註295〕《淮南子》，卷 20，頁 151。
〔註296〕同註 290，頁 87。
〔註297〕同註 290，頁 88。

而風雨依時興作，人文互動君臣上下各守其份則政治教化通暢，「迎」首以天地玄黃、動植萬物、君臣聖賢譬喻天地萬物皆秉陰陽二氣，彼此間可相互感通、往來、摩盪，藉此以認識不同個體，進而學習、調整、肯認以完成氣化整體之價值。

三、《易緯》

《易緯》包含《乾鑿度》、《乾坤鑿度》、《稽覽圖》、《辨終備》、《通卦驗》、《乾元序制記》、《是類謀》、《坤靈圖》等，為注解銓釋《周易》之書。漢代統治者多好方術，〔註298〕讖緯運用，《四庫全書總目》曰：「儒者多稱讖緯，其實讖自讖，緯自緯，非一類也。讖者詭為隱語，預決吉凶。《史記・秦本紀》稱盧生奏《錄圖書》之語是其始也。緯者經之支流，衍及旁義。《史記・自序》引《易》『失之毫釐，差以千里』，《漢書・蓋寬饒傳》引《易》『五帝官天下，三王家天下』。注者均以為《易緯》之文是也。」〔註299〕故知緯書為闡發經學之微言大義，廣通旁義，與讖言不同，讖係以隱晦之言來預測吉凶禍福，為徵驗、占驗之書。呂凱則認為緯書之成乃為方術之士附會儒學，儒者以陰陽五行雜於經學，有時代趨勢之必要〔註300〕，而鍾肇鵬說明今文經與緯書之關聯，足見緯書為有目的地闡論經學大義，而《易緯》承繼緯書之陰陽災異，將卜筮之《易》改為含括天文曆法、陰陽五行與四時災異之《易》

〔註298〕《後漢書・方術列傳》曰：「漢自武帝頗好方術，天下懷協道藝之士，莫不負策抵掌，順風而屈焉。後王莽矯用符命籙，及光武尤信讖言，士之赴趨時宜者，皆馳騁穿鑿，爭談之也。故王梁、孫咸名應圖越登槐鼎之任，鄭興、賈逵以附同稱顯，桓譚、尹敏以乖忤淪敗。自是習為內學，尚奇文，貴異數，不乏于時矣。」《後漢書》，卷82，頁965。

〔註299〕〔清〕永瑢等撰：《四庫全書總目》（臺北：臺灣商務印書館，1968年），第2冊，卷6，頁114。

〔註300〕「六經雖具權威，然而有『詩書故而不切』之病，且經為常典，必須固定，解說或可出新意，要亦有其限制，故無以應時代之要求，於是與經書同具權威之讖緯大量而出矣。緯之配經，蓋緣是而來也。同時，儒家經秦末漢初之摧折，幾乎無以自立（由漢初經書之傳授與蒐求可以推知），茲忽得漢武帝之大力尊崇，如絕處而逢生。然儒者亦有自知之明，若其學不能應世，則必再度遭阨，欲行其術，非容『時學』無以當之。故陰陽五行之說，四時災異之變，儒者掠而以為其說矣。此固時會所趨，然亦儒者所不得不如此也。……因漢武帝之外崇儒術，內好方士。故使時之方士，以儒學文飾以附時會；而時之儒者，則雜陰陽五行以合需要。二者交互影響，而成緯書。」呂凱撰：《鄭玄之讖緯學》（臺北：臺灣商務印書館，1982年），頁36～37。

學。〔註301〕

（一）「氣形質具」之氣化宇宙論

以「太易」、「太初」、「太始」、「太素」爲宇宙進化之階段，但以此論宇宙進程則在《莊子》、《淮南子》已有所見，〔註302〕《易緯・乾鑿度》曰：

> 昔者聖人因陰陽，定消息，立乾坤，以統天地也。夫有形生於无形，乾坤安從生？故曰有太易、有太初、有太始、有太素也。太易者，未見氣也；太初者，氣之始也；太始者，形之始也；太素者，質之始也。氣形質具而未離，故曰渾沌。渾沌者，言萬物相渾成而未相離。〔註303〕

《易緯・乾坤鑿度》曰：

> 易起無，從無入有，有理若形，形及於變而象，象而後數。〔註304〕

> 太易變教民不倦，太初而後有太始，太始而後有太素，有形始於弗形，有法始於弗法。〔註305〕

《易緯》依道家宇宙生成的理路，以「有」生於「無」，「有」又可分爲有理之「形」，形變之「象」，象後之「數」，而「無」至「有」之精微變化階段則可歸納爲「太易」、「太初」、「太始」、「太素」，《易緯》以「太易」、「易」視爲本體位階，故《易緯・乾鑿度》曰：「易者。以言其德也，通情無門，藏神無內也，……虛無感動，清淨炤哲，移物致耀，至誠專密，不煩不撓，

〔註301〕「在今文經中，又以《公羊春秋》對讖緯的影響最大，讖緯裡直接採取公羊家之說。……在今文經中只有公羊高及董仲舒的名字見於讖緯，兩人都是《公羊》學派的領袖，可見《公羊》學派董仲舒的後學至少有一部份直接參與了讖緯的造作，因此將他們的學派及先師的名字寫到讖緯裡面。」鍾肇鵬撰：《讖緯論略》（臺北：洪葉文化出版社，1994 年），頁 121～122。

〔註302〕「『太初』又作『泰初』，《莊子・天地篇》云：『泰初有无，无有无名。』……《淮南子・詮言篇》說：『稽古太初，人生於无，形於有。』太素一詞也見於《淮南子》。《淮南子・精神篇》說：『明白太素，无爲復補，體本抱神，以游於天地之樊。』又曰：『棄聰明反太素』《俶眞篇》『偃其聰明而抱其太素』……揚雄《橄靈賦》云：『太始之始，太初之先，馮馮沈沈，奮博无端。』（《太平御覽》卷一引）在《太玄賦》裡又說：『觀大易之損益兮，覽老氏之倚伏。』」鍾肇鵬撰：《中國古代佚名哲學名著評述》（濟南：齊魯書社，1985 年），頁 147～148。

〔註303〕《易緯八種》，頁 58～59。

〔註304〕同註 303，頁 25。

〔註305〕同註 303，頁 9。

淡泊不失，此其易也。」〔註306〕如同道家之「道」、「太一」，而「太易」爲「未見氣」，此處可思考者爲「未見氣」是未有氣之存在或存在其氣但未能見之？「太易」下一階段爲「太初」，「太初者，氣之始也」闡明「太初」即爲氣始之端，換言之，於「太初」階段方有氣之產生，反推「太易」乃爲未有氣存在之階段，而非氣雖存在但未能見之，因此更可確定「太易」在《易緯》中歸屬本體位階，「太易」、「太初」、「太始」、「太素」爲本體宇宙從無至有，爲氣、形、質之演化進程。《易緯・乾鑿度》曰：

> 易者，易也，變易也，不易也，管三成爲道德苞籥。……變易也者，
> 其氣也。天地不變，不能通氣，五行迭終，四時更廢，君臣取象，
> 變節相和，能消者息，必專者敗。君臣不變，不能成朝，紂行酷虐，
> 天地反，文王下呂，九尾見。夫婦不變，不能成家。妲己擅寵，殷
> 以之破。大任順季，享國七百，此其變易也。〔註307〕

易有簡易、變易及不易之道，變易者所變爲氣，大者如天地，天地有所變化係因氣變而通，「太初」爲氣之始，「太易」爲天地未見氣之際，氣形質構成天地萬物，萬物間皆存氣，飛潛動植有所改變係氣之變化轉移，故曰變易，變義的對象爲氣，因氣是生成萬物的基礎。

（二）八卦卦氣說

孟喜以坎、震、離、兌爲四正卦，值四方、四季、二十四節氣，而《易緯》中亦以四正卦表徵陰陽消長、節氣轉變，《易緯・乾元序制記》曰：

> 坎初六冬至，廣莫風；九二小寒；六三大寒；六四立春，條風；九
> 五雨水；上六驚蟄。震初九春分，明庶風；六二清明；六三穀雨；
> 九四立夏，溫風；六五小滿；上六芒種。離初九夏至，景風；六二
> 小暑；九三大暑；九四立秋，涼風至；六五處暑；上九白露。兌初
> 九秋分，閶闔風，霜下；九二寒露；六三霜降；九四立冬，始冰，
> 不周風；九五小雪；上九大雪也。〔註308〕

四正卦、二十四爻配以四季、二十四節氣，《乾元序制記》中四正卦所對應之四時仍較爲粗略，實際上將八卦卦氣說詳細闡述者爲《易緯・乾鑿度》，其曰：

〔註306〕《易緯八種》，頁51～52。
〔註307〕同註306，頁51～52。
〔註308〕同註306，頁256～257。

八卦成列，天地之道立，雷、風、水、火、山、澤之象定矣。其布
散用事也。震生物於東方，位在二月；巽散之於東南，位在四月；
離長之於南方，位在五月；坤養之於西南方，位在六月；兌收之於
西方，位在八月；乾制之於西北方，位在十月；坎藏之於北方，位
在十一月；艮終始之於東北方，位在十二月。八卦之氣終，則四正
四維之分明，生長收藏之道備，陰陽之體定，神明之德通，而萬物
各以其類成矣。皆《易》之所包也，至矣哉，易之德也。孔子曰：
歲三百六十日而天氣周，八卦用事，各四十五日，方備歲焉。〔註309〕

《易緯‧通卦驗》曰：

乾，西北也，主立冬……坎，北方也，主冬至……艮，東北也，主
立春……震，東方也，主春分……巽，東南也，主立夏……離，南
方也，主夏至……坤，西南也，主立秋……兌，西方也，主秋分。

〔註310〕

以方位而言，震為東方，巽為東南，離為南方，坤為西南，兌為西方，乾為
西北，坎為北方，艮為東北。以月份而言，四正卦與月份之配對：坎主十一
月，震主二月，離主五月，兌主八月，又《易緯‧乾鑿度》曰：「艮漸正月，
巽漸三月，坤漸七月，乾漸九月。」〔註311〕四維卦有始與終之別，各主兩
個月，如艮卦正位在立春、十二月為始，而終於正月，巽卦正位在立夏，三
月為始，而終於四月，坤卦正位在立秋，六月為始，而終於七月，乾卦正位
在立冬，九月為始，而終於十月。四正卦各主一個月，因而可知《易緯》提
「四正四維」之說，將「坎、震、離、兌」四正卦與「艮、巽、坤、乾」四
維卦配以月份、節氣、方位，其源於孟喜、京房之卦氣說。但乾、坤二卦置
於四維之位，是否降低兩卦之主宰義？《易緯‧乾鑿度》曰：

乾者，天也，終而為萬物始，北方萬物所始也，故乾位在於十月。
艮者，止物者也，故在四時之終，位在十二月。巽者，陰始順陽者
也，陽始壯於東南方，故位在四月。坤者，地之道也，形正六月，
四維正紀，經緯仲序，度畢矣。孔子曰：乾坤，陰陽之主也，陽始
於亥，形於丑，乾位在西北，陽祖微據始也。陰始於巳，形於未，

〔註309〕《易緯八種》，頁54～55。
〔註310〕同註309，頁214～219。
〔註311〕同註309，頁55。

　　　　據正立位，故坤位在西南，陰之正也。〔註312〕

乾坤爲天地之道，乾爲萬物之始，坤爲萬物之正，殊異萬類難於生化之始，形體端正亦爲難，物體形正則經緯暢序，故乾坤處統制物類的重要地位，且乾坤爲「陰陽之主也」，主宰陰陽二氣，爲陰陽消長、物類生化之關鍵。而八卦卦氣除運用於日、月、歲、節氣之對應上，《易緯》尚與人文活動、政治社會、朝代興衰作比附，《易緯・通卦驗》曰：

　　　凡易八卦之氣，驗應各如其法度，則陰陽和，六律調，風雨時，五
　　　穀成熟，人民取昌，此聖帝明王所以致太平法。故設卦觀象以知有
　　　亡。夫八卦繆亂，則綱紀壞敗，日月星辰失其行，陰陽不和，四時
　　　易政，八卦氣不效，則災異氣臻，八卦氣應失常。……夫卦之效也，
　　　皆指時卦，當應他卦氣，及至其災，各以其衝應之，此天所以示告
　　　於人者也。〔註313〕

《易緯・是類謀》曰：

　　　徵王亡，一曰震氣不效，倉帝之世，周晚之名，曾之候在兌，鼠孽
　　　食人，菟群開，虎龍恅出，篝守大辰，東方之度，天下亡。二曰離
　　　氣不效，赤帝世，屬軼之名，曾之候在坎，女譌誣，虹蚓數興，石
　　　飛山崩，天拔刀，蛇馬怪出，天下甚危。……三曰坤氣不效，黃帝
　　　世，次遲之名，曾之候在艮，名水赤，大魚出，斗撥紀，天下亡。
　　　四曰兌氣不效，白帝世，討吾之名，曾之候在震，曚氣錯，盡昏地
　　　裂，大霆橫作，天下亡。五曰坎氣不效，黑帝世，胡誰之名；曾之
　　　候在離，五角禽出，山崩日旣，爲天下亡。六曰巽氣不效，霸世之
　　　主，名筮喜，曾之效在乾，大水，名川移，霸者亡。七曰艮氣不效，
　　　假驅之世，若檐柔之比，曾之候在坤，長人出，星亡，隕石，怪辭
　　　之主亡。八曰乾氣不效，天下耀空，將元君，州每王，雌擅權，國
　　　失雄，……其王可諫者全，不移者亡。〔註314〕

《通卦驗》八卦卦氣合其法度則自然陰陽、音樂律呂、時節穀物、黎民生活皆太平昌隆，但若八卦之氣不效則其氣失常，災異亂起，古人設卦觀象藉以知曉天示之兆，《是類謀》更以八卦之氣若不效則會帝王滅亡、朝代迭更，禍

〔註312〕《易緯八種》，頁56。
〔註313〕同註312，頁213～214。
〔註314〕同註312，頁270～276。

災皆可從八卦卦氣中得其徵兆，故林忠軍認《易緯》八卦卦氣包含神學與科學特徵，以神學勸勉統治者治國平天下，對自然與人體萬物之理解，雖有時荒謬，卻有它的特殊意涵。〔註315〕

（三）《易》數之氣變

《易緯》將宇宙生成由「太易」、「太初」、「太始」、「太素」闡明從「無」至「有」的生化過程，更以數變來象徵變化序列，《易緯・乾鑿度》卷下：

> 有太易、有太初、有太始、有太素。太易者，未見氣；太初者，氣之始；太始者，形之始；太素者，質之始。氣形質具而未相離，故曰渾淪。……易，无形埒也。易變而爲一，一變而爲七，七變而爲九。九者，氣變之究也，乃復變而爲一。一者，形變之始，清輕上爲天，濁重下爲地。物有始有壯有究，故三畫而成乾，乾坤相並俱生。物有陰陽，因而重之，故六畫而成卦。卦者掛也，掛萬物視而見之，故三畫已下爲地，四畫已上爲天，物感以動，類相應也。陽氣從下生，動於地之下，則應於天之下；動於地之中，則應於天之中；動於地之上，則應於天之上。故初以四，二以五，三以上，此謂之應。陽動而進，陰動而退，故陽以七，陰以八爲象，易一陰一陽合而爲十五之謂道。陽變七之九，陰變八之六，亦合於十五，則象變之數若一。陽動而進，變七之九，象其氣之息也；陰動而退，變八之六，象其氣之消也。〔註316〕

宇宙進化的過程中，「太易」未有氣，而「太初」、「太始」、「太素」爲氣、形、質之始，對應於易數上則爲「一」、「七」、「九」，「九」爲氣變之究，終而返一，值得注意者爲「乃復變而爲一」爲何不是變至最初始之「易」？係因「一」

〔註315〕「《易緯》八卦卦氣的神學特徵十分突出，與其說是在闡發《周易》象數，不如說是在建構比漢初董仲舒天人感應說更爲龐大、更爲精緻的神學體系。當然，我們除了要認識到其神學的荒謬外，還要看到這種神學在政治上的積極意義。它強調八卦之氣的神秘力量，自然削弱了君王的權力。因爲包括君王在內的人都要順從這種自然之氣，否則就會出現災異，天下就會不太平，王朝也將滅亡。這就告誡統治者不可妄爲。這實質上是以神學作爲工具來勸勉統治者治國平天下。同時，《易緯》八卦卦氣說中也包含了一些科學的因素，如它對自然與萬物關係的認識，對自然與人體關係的認識，有利於古代農學及醫學的發展，這是值得肯定的。」林忠軍撰：《《易緯》導讀》（濟南：齊魯書社，2002 年），頁 48～49。

〔註316〕《易緯八種》，頁 77～80。

為形氣之始，以萬物活動範圍而論，變化歸返於形氣之始而非無形氣之境，由「一」、「七」、「九」之數代表氣的變化順序，「九」為終為末。又說明三畫卦之起於物之有始、有壯、有究，物有陰陽，重之而有六畫卦，故可知「太易」、「易」此階段即為形上境界，而「太初」、「太始」、「太素」或「一」、「七」、「九」則存於氣化世界，萬物秉氣而生而殊異形類得以感動相應，對應於卦爻中為初與四、二與五、三與上，稱之為「應」，陽氣動作則進，陰氣活動則退，陽動而變七為九，陰動而變八為六，陽動如氣之息長，陰動如氣之消亡，《易緯》依大衍筮法，或六，或七，或八，或九，七、八不變而六、九變，顯而可見《易緯》取筮法中陰陽爻變為陰陽二氣變化之道，《易緯》將天地宇宙生成過程以「易」、「一」、「七」、「九」之數視之，以數比喻自然界形氣變化，故數變即氣變。

　　《周易》經傳以卦爻為象，爻分陰陽，故常以陰陽二爻代表陰陽二氣，卦體中陰陽二爻消息變化猶如《春秋繁露》「天」、「元」及《白虎通義》「元氣」下所流於皮毛腠理之陰陽二氣，《淮南子》道體中所存的陰陽與《老子指歸》「太和」中所含之陰陽，《太平經》之「太陰」、「太陽」與《周易參同契》之陰陽二氣，《論衡》天施地生之陰陽氣與《潛夫論》之清濁、陰陽二氣，所謂「太極有兩儀」，「兩儀」為卦爻中清晰可見之陰陽兩爻，《易》學家稱它為陰陽二氣，此為《易》家之氣與各家之氣在詮釋上的重要分別。

　　「《易》家之氣」中最大特色係將卦爻與季節氣候相互對應，進而形成一個整全的卦氣世界，自孟喜、焦延壽、京房、鄭玄、揚雄及《易緯》等皆以卦配氣，雖各家內容與對應方式有別，如孟喜「四正卦」之卦氣說，「六十卦」與候相配，「六日七分說」，「十二辟卦說」，焦延壽「六十四卦值日法」，京房「八卦卦氣說」、「六子卦氣說」，鄭玄「爻辰說」，揚雄以八十一首、七百二十九贊與「踦」、「嬴」兩贊配以一年之天數，以「罔、直、蒙、酋、冥」配以四方、四時，《易緯》「八卦卦氣說」，上述皆以卦爻或揚雄仿《易》作《玄》之首贊，與時節相互對應，因《易》學中以「象、數、理、義」闡論天地宇宙之道，其形式上與儒家、道家、道教及自然派者皆不同，故在論氣的形式與方法上有本質上的差別，但《易》學家致力於卦與氣之精確對應，冀能藉由著策占斷或注經求道以通天人。